# 新疆乡村振兴发展报告 (2022)

赵　妤　阿布都伟力·买合普拉◎编著

2022

中国农业出版社
北京

**图书在版编目（CIP）数据**

新疆乡村振兴发展报告.2022／赵妤，阿布都伟力
·买合普拉编著.—北京：中国农业出版社，2023.9
ISBN 978-7-109-31085-8

Ⅰ.①新⋯　Ⅱ.①赵⋯　②阿⋯　Ⅲ.①农村－社会主
义建设－研究报告－新疆－2022　Ⅳ.①F327.45

中国国家版本馆 CIP 数据核字（2023）第 165808 号

中国农业出版社出版

地址：北京市朝阳区麦子店街 18 号楼
邮编：100125
策划编辑：屈　娟
责任编辑：陈　亭　　文字编辑：吴沁茹　陈　灿
版式设计：王　怡　　责任校对：周丽芳
印刷：中农印务有限公司
版次：2023 年 9 月第 1 版
印次：2023 年 9 月北京第 1 次印刷
发行：新华书店北京发行所
开本：787mm×1092mm　1/16
印张：13
字数：290 千字
定价：68.00 元

# 《新疆乡村振兴发展报告（2022）》
# 编 写 人 员

编　　著　赵　妤　阿布都伟力·买合普拉

参　　编　（以姓氏笔画为序）

白哈提古力·买明　李　婷　李文春　李传善

吾斯曼·吾木尔　张　岩　张蒙蒙　阿曼古丽·阿不力孜

陈　楣　陈鲲玲　孜列·木合牙提　热合木提拉·图拉巴

韩　鹏　潘　浩　额尔代

# 摘　要

《新疆乡村振兴发展报告（2022）》是由新疆社会科学院组织经济、社会、文化、生态方面的专家和地（州）分所（站）科研人员撰写的年度报告。力争全面把握年度乡村振兴各方面工作的形势特点，全面反映新疆乡村振兴取得的新进展、新成效，面临的新机遇，出现的新难题；科学判断新疆乡村振兴工作的推进趋势。

《新疆乡村振兴发展报告（2022）》在篇章结构上分为总报告、专题报告、调研报告、案例报告和附录 5 个部分。由于《新疆统计年鉴　2022》受疫情影响延期发布，本书部分数据采用了 2021 年的数据。

总报告分析了 2022 年新疆乡村振兴工作推进形势。在 2022 年，新疆维吾尔自治区党委和自治区人民政府全面完善乡村振兴工作机制，行业管理部门和地（州）、县（市）有效履行主体责任、配合责任和落实落地责任，牢牢守住保障国家粮食安全和不发生规模性返贫两条底线，扎实有序地推进乡村发展、乡村建设、乡村治理重点工作，以优异成绩迎接党的二十大胜利召开。同时，总报告还分析了新疆乡村振兴工作面临的机遇和挑战，提出了全面推进乡村振兴的对策建议。

专题报告全面分析了新疆乡村产业振兴、文化振兴、生态振兴、粮食安全和重要农副产品供给、乡村治理、乡村建设等方面发展的基本情况和面临的机遇与挑战，提出了进一步推进工作的对策建议。

调研报告围绕新疆涉农龙头企业发展、乡村振兴战略分类推进、农牧民收入增长和民生保障等方面展开了深入研究。

案例报告对新疆部分县（市）和乡、村的乡村振兴典型案例进行了抽样研究，涉及休闲农业发展、乡村治理、乡村振兴发展模式等典型问题。

附录部分回顾了 2022 年新疆乡村振兴推进工作中的一些重要会议、制度、文件、规划和活动等。

# 目 录

## 1 总 报 告

## 2 专题报告

## 3 调研报告

## 4 案例报告

# 1

## 总 报 告

# 2022 年新疆乡村振兴推进报告

阿布都伟力·买合普拉①

**摘 要**

实施乡村振兴战略，是全面建设社会主义现代化国家的重大历史任务，是新时代做好"三农"工作的总抓手。2022 年是持续推动巩固拓展脱贫攻坚成果同乡村振兴战略有效衔接的关键之年，是《乡村振兴战略规划（2018—2022 年）》收官之年，也是党的二十大召开之年，做好 2022 年的工作意义重大。2022 年，新疆维吾尔自治区党委和人民政府坚持和加强党对"三农"工作的全面领导，全面完善乡村振兴工作机制，牢牢守住保障国家粮食安全和不发生规模性返贫两条底线，以乡村振兴统揽新时代"三农"工作，突出年度性任务、针对性举措、实效性导向，充分发挥农村基层党组织领导作用，扎实有序做好乡村发展、乡村建设、乡村治理重点工作，推动乡村振兴取得新进展、农业农村现代化迈出新步伐。但是，处于起步阶段的乡村振兴仍面临着人才资源短缺、发展资金不足、农民收入可持续增加的思路和方法少、农村基础设施存在短板、农村改革滞后等多种挑战。为此，必须继续加强重要农产品稳产保供，加快乡村产业振兴，持续推进农牧民增收，扎实推动乡村人才振兴，加快补上农村基础设施和公共服务短板，加大农业农村改革力度。

**关键词**

新疆；乡村振兴；推进；对策

实施乡村振兴战略，是全面建设社会主义现代化国家的重大历史任务，是新时代做好"三农"工作的总抓手。2022 年中央 1 号文件明确指出，从容应对百年变局和世纪

---

① 阿布都伟力·买合普拉，新疆社会科学院农村发展研究所所长、研究员。

疫情，推动经济社会平稳健康发展，必须着眼国家重大战略需要，稳住农业基本盘、做好"三农"工作，接续全面推进乡村振兴，确保农业稳产增产、农民稳步增收、农村稳定安宁。习近平总书记视察新疆期间，特别强调要加快经济高质量发展，培育壮大特色优势产业，增强吸纳就业能力。要把巩固拓展脱贫攻坚成果同乡村振兴有效衔接起来，健全乡村可持续发展长效机制。要扎实推进乡村振兴，推动实现农村更富裕、生活更幸福、乡村更美丽。2022年，自治区党委和人民政府坚持以习近平新时代中国特色社会主义思想为指导，深入贯彻落实习近平总书记关于"三农"工作和乡村振兴重要论述，不断提高政治判断力、政治领悟力、政治执行力，切实把思想和行动统一到习近平总书记重要论述和党中央决策部署上来，全面推进乡村振兴，奋力开启新时代新疆农业农村现代化新征程。

## 一、2022年新疆乡村振兴推进工作基本框架与进展

2022年是持续推动巩固拓展脱贫攻坚成果同乡村振兴战略有效衔接的关键之年，是《乡村振兴战略规划（2018—2022年）》收官之年，也是党的二十大召开之年，做好2022年的工作意义重大。2022年以来，自治区党委和人民政府按照"产业兴旺、生态宜居、乡风文明、治理有效、生活富裕"的总要求，贯彻"创新、协调、绿色、开放、共享"的新发展理念，推动巩固拓展脱贫攻坚成果同乡村振兴有效衔接，建立健全城乡融合发展体制机制和政策体系，统筹推进了农村经济、政治、文化、社会、生态文明和党的基层组织建设。

### （一）自治区党委和人民政府高位推动

#### 1. 自治区党委和人民政府压实领导责任

为全面落实2022年乡村振兴推进工作，自治区党委和人民政府加强党对"三农"工作的全面领导，建立了各级党委和各级政府"一把手"总负责、亲自抓，党政分管领导抓具体、具体抓，各级党委农村工作领导小组牵头抓总、形成合力，各级党委农办完善机制、推动落实的工作体制机制。自治区党委办公厅、自治区人民政府办公厅印发了《关于成立自治区党委农村工作领导小组暨乡村振兴领导小组的通知》，调整和完善了自治区党委农村工作领导小组暨乡村振兴领导小组，压实党委、政府"一把手"第一责任人责任、分管同志具体责任、农业系统主体责任和有关部门配合责任。自治区级领导全覆盖包联93个有农村人口的县（市、区），带动各级落实乡村振兴联系点制度。自治区党委书记马兴瑞到全疆各地进行广泛调研，多次深入农村生产加工第一线，强调要巩固脱贫攻坚成果，扎实推进乡村振兴，让发展成果更多惠及各族群众。自治区党委十届三次全会强调，要提升现代农牧业发展水平，推动巩固拓展脱贫攻坚成果同乡村振兴有效衔接，提高基本公共服务和社会保障水平。

### 2. 自治区高规格会议统筹部署重点工作

为全面推进 2022 年乡村振兴重点工作，新疆分别于 3 月、4 月和 8 月底召开了 3 次规格较高的涉农工作会议，包括自治区党委农村工作会议、自治区巩固拓展脱贫攻坚成果同乡村振兴有效衔接工作推进会、自治区党委农村工作领导小组暨乡村振兴领导小组会议，将乡村振兴工作提升作为全自治区全局工作的重大基本面来加以推进。在会议上，自治区党委书记马兴瑞数次强调，要深入学习贯彻习近平总书记关于"三农"工作重要论述和中央经济工作会议、中央农村工作会议精神，贯彻落实第三次中央新疆工作座谈会精神，扎实做好新疆"三农"工作，推动乡村振兴取得新进展、农业农村现代化迈出新步伐，以优异成绩迎接党的二十大胜利召开。数次会议对全自治区乡村振兴工作做了多次再动员再部署，高位推进阶段性工作，使全自治区乡村振兴工作不断引向深入。

### （二）行业管理部门精准发力

#### 1. 农口部门坚定履行主体责任

各级党委农办、农业农村和乡村振兴部门理清思路、攻坚克难、扎实工作，加快健全党委农办、农业农村部门、乡村振兴部门"三位一体"抓乡村振兴的机制办法，完善协同运行机制，强化配合形成合力，强有力履行主体责任。依法全面履行推动乡村振兴和农业农村现代化的各项法定职责，稳妥推进涉农重点领域地方性立法，构建农业农村领域法治化工作格局。出台教育、医疗、住房、搬迁后续扶持等衔接文件，推进脱贫攻坚政策举措、工作体系、机构队伍向乡村振兴平稳过渡、有序转型。自治区农业农村厅重点落实乡村产业振兴与规划、农业农村法治化建设、农村人居环境建设、农业农村改革、乡村特色产业发展、粮食安全和重要农产品供给、农业农村经营主体培育、农业农村人才工作等方面的行业管理和服务责任。自治区乡村振兴局厅级领导分片包干地（州、市），围绕巩固"两不愁三保障"成果、干部能力提升、资金项目管理、短板弱项补齐等重点任务，组建行业单位参与的帮助指导组，全覆盖、常态化开展巩固脱贫成果后评估、乡村振兴重点工作调研指导，帮助解决问题。农业系统针对新发展阶段"三农"工作形势和新情况新挑战，加强理论学习和调查研究，组织开展学习培训，着力培养造就一支懂农业、爱农村、爱农民的"三农"工作队伍。深化"三农"领域作风转变，树牢正确政绩观，以求真务实、真抓实干的实际行动全面推进乡村振兴。切实拧紧责任链条，健全完善乡村振兴考核机制和表彰激励制度。

#### 2. 行业部门有效落实配合责任

行业部门具有乡村振兴工作落实的配合责任，其职能体现在出台中央文件的实施意见、制度规范化建设、规划研究、项目和资金运行管理、监督检查政策实施等诸多方面。各相关行业管理部门积极落实乡村振兴配合责任，从不同行业视角协调推进乡村产业振兴、人才振兴、文化振兴、生态振兴和组织振兴等。例如，财政、发改等部门抓好乡村振兴资金下达、项目统筹管理等工作。为深入开展政府采购脱贫地区农副产品工作，支持和帮扶脱贫地区乡村振兴，自治区财政厅会同农业农村厅、乡村振兴局、供销合作社、总工会联合印发了《关于深入开展政府采购脱贫地区农副产品工作推进乡村振兴的实施意见》，进一步明确工作要求，多措并举落实采购任务，推动脱贫地区产业发展和农民群众持续增收。乌鲁木齐海关出台《乌鲁木齐海关助力乡村振兴十条措施》，进一步便利化新疆特色农产品出口流程。自治区交通运输厅出台"八大实招""八项举措"助力乡村振兴。自治区审计厅分别赴喀什、和田等地的部分县（市）审计现场，调研指导乡村振兴重点帮扶县相关政策落实和资金审计工作，深入了解工作中存在的新情况、新问题，与相关县（市）主要领导、部门负责人和审计组成员进行座谈，有效地推进了乡村振兴审计工作。自治区人力资源和社会保障厅牵头组织实施"三支一扶"[①] 计划，在克拉玛依市乌尔禾区举办自治区"三支一扶"人员乡村振兴能力提升培训班，对来自克拉玛依市、吐鲁番市、克孜勒苏柯尔克孜自治州、阿克苏地区、喀什地区、和田地区的学员进行培训。自治区自然资源厅、自治区住房和城乡建设厅等部门分别从各自行业管理领域出台助力乡村建设的系列工作方案和措施。新疆卫生健康管理部门深入推进紧密型医共体建设，推进乡村振兴工作向纵深发展，促进优质医疗资源向基层下沉，等等。

### 3. 各厅（局）单位统筹推进包联责任

自治区各厅（局）单位按照自治区农村工作领导小组暨乡村振兴领导小组《关于做好自治区部门单位定点帮扶和助力示范工作全面推进乡村振兴的通知》要求，统筹推进乡村振兴助力示范包联各项工作。结合各厅（局）实际，重点落实开展现场调研共谋发展策略、加强督促指导乡村振兴政策落实、发挥单位优势提升帮扶成效、激发内生动力培育文明新风、加强基层党建完善乡村治理、开展消费帮扶增加农民收入 6 项主要工作要求。充分发挥自治区各部门单位优势，立足助力包联村实际，从政策、资金、人才、信息、技术、市场等方面予以帮扶，创新帮扶方式、开展精准帮扶。例如，自治区文化和旅游厅组织召开 2022 年定点帮扶和助力示范工作联席会议，提出务必要接续履行政治责任，全方位、多角度地向"三农"工作倾斜，针对"定点帮扶""助力示范"基层点，拿出实的政策、硬的举措，推动包联村实现巩固拓展脱贫攻坚成果同乡村振兴有效衔接。又如，自治区水利厅于 2022 年 6 月牵头召开各部门单位助力示范伊州区乡村振兴工作座谈会中指出，对标乡村振兴示范村 8 个方面 32 项具体要求，进一步摸清帮扶村具体情况，做到有的放矢，精准帮扶；做好就业帮扶，实现稳定增收；把消费帮扶作为对口帮扶和助力示范工作的一项重要举措长期坚持等。

---

① "三支一扶"是指高校大学生在毕业后到农村基层从事支农、支教、支医和帮扶乡村振兴。

### （三）各地（州、市）基层狠抓落实

#### 1. 地（州、市）切实抓好贯彻谋划

各地（州、市）党委和人民政府按照自治区党委的工作要求，紧密结合实际，坚持问题导向、目标导向、结果导向，科学谋划、精准发力，切实抓好贯彻落实。以巩固拓展脱贫攻坚成果为根本任务，坚决守住不发生规模性返贫底线；以农村人居环境整治为抓手，推动乡村建设行动有序实施；以夯实基层基础为关键，推动建立健全自治法治德治相结合的乡村治理体系；以提升基层公共服务为重点，推动农村社会事业健康快速发展。例如，阿克苏地区及时拨付自治区下达的 3.99 亿元乡村振兴补助资金的同时，发行两期农村产业融合发展专项债券共募集资金 15 亿元，全部用于阿克苏地区农村产业融合发展项目，推动农村一二三产业的融合发展①。又如，喀什地区认真对照自治区全面推进乡村振兴示范村"经济发展好、生态环境好、宜居条件好、配套服务好、乡风文明好、人才支撑好、有效治理好、生活富裕好"8 个好 32 项创建标准，指导县市结合县域村情推进乡村振兴示范村创建工作。截至 2022 年 8 月 23 日，自治区重点支持的 18 个乡村振兴示范村已安排项目 118 个、资金 4.62 亿元，项目已完工 51 个。同时，带动 201 个地区级示范村建设工作，已安排资金 6.37 亿元，编制项目 214 个②。

#### 2. 县（市）、乡（镇）、村全面履行落地责任

各县（市）、乡（镇）、村的乡村振兴落实落地责任主要体现在脱贫户监测管理、对照乡村振兴指标要求解决具体不达标问题、落实产业项目和基础设施项目的实施、基础信息采集与上报、人居环境综合整治、实施各类公共服务和社会保障政策、保障基层工作组织正常运行等诸多方面。根据自治区乡村振兴工作分类推进的指导意见，新疆将有乡村振兴人口的 93 个县（市、区）划分为巩固提升县（35 个）、示范引领县（20 个）、稳步发展县（38 个）3 类。其中，巩固提升县突出抓好加强返贫监测、强化稳岗就业、壮大特色优势产业、抓好易地搬迁后期扶持、完善基础设施、提升基本公共服务、改善农村人居环境、深化农村改革、加强精神文明建设、培育乡村人才、加强基层组织、维护社会稳定、加大资金支持、强化兜底保障 14 项重点工作。示范引领县坚持先行先试、示范引领，立足产业基础再造和产业链提升，加快实施农业产业链现代化、人才服务乡村振兴、乡风文明提升、美丽乡村建设、乡村治理能力现代化、农民共同富裕、基本公共服务优质共享、城乡融合发展"八大示范行动"。稳步发展县在全面推进乡村振兴基

---

① 新疆国资委办公室．巩固脱贫攻坚成果 发展乡村振兴产业阿克苏地区绿色实业第二期农村产业融合债券成功发行［EB/OL］．（2022 - 03 - 17）［2023 - 04 - 28］．http：//gzw. xinjiang. gov. cn/gzw/gzyw/202203/5a01ea29ed14430385ffda4da45c66cc. shtml.

② 喀什地区乡村振兴局．喀什地区乡村振兴示范创建工作有序推进［EB/OL］．（2022 - 08 - 26）［2023 - 04 - 28］．http：//www. kashi. gov. cn/ksdqxzgs/c112183/202208/766d15eddd7a49189c503be4290b7675. shtml.

础上，补短板、强弱项、抓重点，着力做到加快提升农产品有效供给能力，加快推进一二三产业融合发展，加快强化农业科技和物质装备，加快实施乡村建设行动，加快提高农民收入水平，加快激活农村资源要素，加快培养乡村振兴干部人才队伍"七个加快"发展。各类县（市）积极、主动做好乡村振兴项目储备、申报、实施落地、计划任务执行工作，不断探索结合自身实际的乡村振兴工作举措。

### （四）加大乡村振兴保障机制和制度创新

#### 1. 强化法治建设　护航乡村振兴

2022 年，新疆"三农"工作的一个特点是认真学习领会自治区党委关于依法治疆的工作思路，在实际工作环节更多注入法治化发展理念和工作思路。根据《中华人民共和国乡村振兴促进法》和有关法律、行政法规，结合新疆实际，自治区第十三届人民代表大会第五次会议制定了《新疆维吾尔自治区乡村振兴促进条例》。该条例由总则、规划先行、产业发展、人才支撑、文化引领、生态宜居、乡村善治、城乡融合、保障措施、监督检查和附则 11 章内容组成①。自治区农业农村厅出台了《2022 年自治区农业农村法治建设工作要点》，具体工作内容包括：落实法治政府建设工作责任、健全权力运行监督制约机制、完善依法行政法规制度体系、进一步推进"放管服"改革、强化农业综合行政执法监管、扎实推进基层普法宣传、推动提升乡村依法治理水平、提升涉农突发事件依法处置能力 8 个方面。

#### 2. 加大资金倾斜　助力乡村振兴

在资金保障方面，经济和金融管理部门出台切实可行的政策措施，有力支撑乡村振兴推进工作。自治区财政厅、乡村振兴局、发展改革委等部门，结合新疆实际，研究制定了《关于加强财政衔接推进乡村振兴补助资金使用管理的指导意见》，提出"进一步优化资金使用结构，突出资金支持重点，创新资金使用方式，强化资金项目管理，切实提升资金使用效益，为巩固好脱贫攻坚成果，衔接全面推进乡村振兴提供有力支撑"②。自治区党委办公厅、自治区人民政府办公厅印发《关于调整完善土地出让收入使用范围优先支持乡村振兴的实施方案》，要求"各地（州、市）要逐年提高土地出让收入用于农业农村的比例，确保到'十四五'末全自治区土地出让收入用于农业农村比例达到15％以上，土地出让收益用于农业农村比例达到50％以上"③。中国人民银行乌鲁木齐

---

① 新疆维吾尔自治区第十三届人民代表大会第五次会议于 2022 年 1 月 27 日通过《新疆维吾尔自治区乡村振兴促进条例》，自 2022 年 3 月 1 日起施行。

② 新疆维吾尔自治区财政厅、新疆维吾尔自治区乡村振兴局、新疆维吾尔自治区发展改革委等部门印发《关于加强财政衔接推进乡村振兴补助资金使用管理的指导意见》，新财振〔2022〕5 号。

③ 新疆维吾尔自治区党委办公厅，新疆维吾尔自治区人民政府办公厅.关于调整完善土地出让收入使用范围优先支持乡村振兴的实施方案［EB/OL］.（2022 - 08 - 03）［2023 - 04 - 28］. http：//nynct. xinjiang. gov. cn/nynct/zcfg/202208/c506c03bc7b443b29a92019c75e6b3a1. shtml.

中心支行出台《关于做好 2022 年度新疆金融支持全面推进乡村振兴重点工作的通知》，围绕新疆乡村振兴金融服务工作，提出优化粮食安全领域金融服务保障、推动农户贷款增量扩面、强化乡村产业振兴产品服务支撑、加大金融机构内部资源倾斜力度、持续改善农村基础金融服务等 13 条细化举措，聚焦农业农村发展的关键领域，进一步提升金融支持全面推进乡村振兴的能力和水平。在资金使用层面，新疆做到中央财政衔接推进乡村振兴补助资金用于产业发展的比例超过 55%。新疆有效衔接资金和脱贫县统筹整合财政涉农资金优先支持特色产业发展壮大，强化龙头带动，增强造血功能和内生发展动力。在援疆帮扶层面，确保 80% 以上的援疆资金用于保障和改善民生、用于县级以下基层，确保援疆资金项目向脱贫县、退出村、脱贫人口倾斜等。

### 3. 抓好人才建设　保障乡村振兴

在人才保障方面，从中央 1 号文件到自治区出台 1 号文件，进一步强调了要加强乡村振兴人才队伍建设。包括：启动"神农英才"计划，深入推行科技特派员制度，实施高素质农民培育计划、乡村产业振兴带头人培育"头雁"项目、乡村振兴青春建功行动、乡村振兴巾帼行动等。落实艰苦边远地区基层事业单位公开招聘倾斜政策，对县以下基层专业技术人员开展职称评聘"定向评价、定向使用"工作，对中高级专业技术岗位实行总量控制、比例单列。优化学科专业结构，支持办好涉农高等学校和职业教育。培养乡村规划、设计、建设、管理专业人才和乡土人才等。根据《农业农村部　财政部关于印发〈乡村产业振兴带头人培育"头雁"项目实施方案〉的通知》要求，结合新疆实际，自治区农业农村厅面向全国公开遴选"头雁"项目培育高校。按照"头雁"项目培育机构遴选条件，遴选出新疆农业大学、西北农林科技大学、华中农业大学 3 所高校作为新疆 2022 乡村产业振兴带头人培育"头雁"项目培育机构。从 2022 年开始，自治区农业农村厅计划用 5 年时间为全自治区培养一支 3 000 人规模的乡村产业振兴带头人"头雁"队伍，夯实农业农村高质量发展人才基础。

## 二、新疆乡村振兴工作取得明显成效

2022 年，新疆紧密结合实际，进一步找准工作着力点，扎实推进全自治区"三农"和乡村振兴重点工作落实落地。坚持稳字当头、稳中求进，牢牢守住保障国家粮食安全和不发生规模性返贫两条底线，扎实有序推进乡村发展、乡村建设、乡村治理重点工作，以优异成绩迎接党的二十大胜利召开。

### （一）粮食和重要农产品供给保障能力持续提升

2022 年，新疆牢牢守住粮食安全底线，稳步提高粮食生产能力，巩固棉花产业优势地位，促进林果业提质增效，加快振兴农区畜牧业，持续发展特色农业，切实保障粮食和重要农产品生产供应。坚决守住耕地红线，加强高标准农田建设，加强用水科学调配，不断提高耕地建设标准和质量。强化农业科技支撑，实施种业振兴行动，不断提升现代农业设施装备水平。新疆拥有耕地 10 557.88 万亩[①]，总体规模位居全国第五，是我国粮食生产优势区，也是优质商品棉生产基地、特色林果基地，其中棉花产量占全国89.5％。2022 年，新疆粮食播种面积力求稳定在 3 400 万亩，新建高标准农田 500 万亩，确保优质商品棉供给能力稳定在 500 万吨以上。在 2022 年工作中，自治区全面加强粮食生产，扩大花生、大豆等油料作物种植，扎实推进种业振兴，加强耕地保护建设，坚决保障粮食和重要农产品有效供给。

### 1. 粮食播种面积稳步增加

粮食安全事关国计民生，是实现经济发展、社会稳定和国家安全的重要基础。2022年以来，国际形势复杂严峻，粮食和大宗商品价格大幅上涨，引发社会关注。新疆立足"谷物基本自给、口粮绝对安全"的粮食安全观，围绕"疆内平衡、略有结余"的粮食工作方针，落实"藏粮于地、藏粮于技"战略，持续推进小麦、玉米等粮食作物供给侧结构性改革，不断提高粮食生产能力。2021 年年底，各地（州、市）高度重视冬小麦播种工作，合理安排作业任务，做到土地腾茬一块、播种一块，确保冬小麦播种进度和作业质量，全自治区如期完成冬小麦播种任务，并且实现了播种面积不低于上年实际种植面积的目标。2022 年，全自治区春耕备耕形势良好，粮食作物播种面积 3 384 万亩，同比增加221 万亩。加大了田间管理，加强了对农业生产的指导，加上稳定的气候条件，为粮食生产提供了保障。同时，各地各有关部门积极配合，及时解决农资供应的堵点难点问题，全面落实好种子、化肥、农药、农膜、滴灌带、农机配件等农资的生产保供和调剂调运工作，推进农资到村到户到地头，切实保障农资充足供应和市场价格稳定。为了帮助种粮农民降低因农资价格上涨导致的种粮增支影响，2022 年，自治区又将中央和自治区财政安排的耕地地力保护补贴和实际种粮农民一次性补贴资金全部用于支持小麦生产，提振农民种粮信心。在各类补助资金的支持下，全自治区冬小麦种植补贴额度由上年的每亩 220 元增长至 230 元，春小麦补贴额度由 115 元增长至 229 元[②]。

### 2. 实现夏粮生产增产丰收

据统计，2022 年，新疆夏粮播种面积 1 737.15 万亩，总产量 655.2 万吨，单产377.16 千克/亩，分别较上年增加 28.12 万亩、13.87 万吨、1.92 千克/亩。除了粮食供给基础稳固外，上半年新疆蔬菜及食用菌产量 257.69 万吨，同比增长 4.9％；瓜果产量 137.60 万吨，同比增长 5.5％；6 月末，猪牛羊存栏 5 966.18 万头（只）。总体来看，农林牧渔业生产平稳，第一产业实现增加值 554.74 亿元，同比增长 5.4％[③]。8 月

① 亩为非法定计量单位，1 亩≈0.066 7 公顷。——编者注
② 刘毅.新疆落实落细粮食稳产措施 扶持更精准 饭碗端得稳［N/OL］.新疆日报，2022－07－15［2023－04－28］.http：//www.xinjiang.gov.cn/xinjiang/bmdt/202207/c6a156b8b508447e9914c615191d7435.shtml.
③ 高峰.上半年新疆经济何以韧性强劲［N/OL］.新疆日报，2022－07－27［2023－04－28］.http：//www.zgkashi.com/c/2022-07-27/829490.shtml.

以来，新疆各级粮食和物资储备部门全面落实疫情要防住、经济要稳住、发展要安全的要求，做好常态化疫情防控形势下的粮食收购工作。采取早开门晚收秤、延长收购时间、预约上门收购、开通绿色通道等措施，切实加强收购服务工作，帮助农民有序售粮、企业有序收粮。全自治区已建成的 84 个粮食产后服务中心积极发挥为农服务优势，及时提供清理烘干、储粮保管、加工转化等服务。全自治区小麦累计平均收购价格2.86 元/千克，较上年累计平均价格上涨 0.36 元/千克[①]。2022 年全自治区小麦收购总量 350 万吨左右，小麦种植户实现增收，全自治区粮食储备充足、库存充实、供应充裕、市场运行平稳。

### 3. 超额完成大豆和油料种植目标任务

2022 年中央 1 号文件提出，要大力实施大豆和油料产能提升工程。大豆既是重要的粮食作物，也是重要的油料作物和食用植物蛋白来源，大豆经过提取豆油后产生的豆粕又是优质饲料。2021 年，新疆大豆种植面积有 30 余万亩。2022 年，国家加大耕地轮作补贴和产油大县奖励力度，集中支持适宜区域、重点品种、经营服务主体；同时，新疆对油料作物种植管理的研究力度在不断加大，科技创新驱动油料产业高质量发展。新疆各地借助政策东风，因地制宜，从调整种植结构、规范油料生产、注重品牌建设等方面培育壮大油料产业发展。自治区把扩大大豆油料生产作为 2022 年必须完成的重大政治任务，推广玉米大豆带状复合种植，加快推广新模式新技术，逐步推动大豆玉米兼容发展，同时抓好油菜、花生等油料生产，多油并举、多措并施扩面积、提产量。按照国家要求，千方百计扩大大豆和花生种植，播种大豆 38.47 万亩（含复播 28.27 万亩）、花生 18.82 万亩（含复播 0.56 万亩），超额完成年初目标任务。

### 4. 种业振兴取得新成效

种子是农业生产的源头。近年来，新疆依托自然生态优势，在推动育种繁种、壮大种业龙头企业等方面取得了一定成绩。2022 年 3 月，自治区召开了种业振兴行动视频推进会议，贯彻落实国家《种业振兴行动方案》和自治区《种业振兴行动实施方案》，进一步统一思想认识，部署全自治区种业振兴工作。3 月中旬，自治区农业农村厅印发了《关于 2022 年自治区现代种业发展等 12 个项目实施方案的通知》，确定了 2022 年一批种业发展新项目的实施单位、具体要求、范围和目标。项目包括七大类，主要着眼于提升农作物种质资源保护开发利用能力、育种创新能力、种业基地建设水平、种子质量检测能力、制种基地信息化管理能力，并对扶持优势种业企业发展进行了安排。新疆提出"四个百万亩"制种基地建设项目，到 2025 年，自治区小麦、玉米、棉花、特色农作物制种基地总面积达 419.68 万亩。"四个百万亩"制种基地涉及 12 个地（州、市）

---

① 刘毅. 新疆夏粮收购已过八成 各地粮农交售粮食渠道通畅［N/OL］. 新疆日报，2022 - 08 - 21 ［2023 - 04 - 28］. http：//www. xinjiang. gov. cn/xinjiang/bmdt/202208/a7cc6e8fdef04e34b306ba6569e6fa3c. shtml.

70个县（市、区）的1 292个村①。2022年，新疆完成了3个地（州）种子质量检测分中心的建设，分别是巴音郭楞蒙古自治州（简称巴州）、喀什地区、博尔塔拉蒙古自治州。巴州共试验示范棉花等8种主要农作物新品种300个，大面积推广了一大批优良品种，良种覆盖率达到98%。巴州已实现年均生产农作物种子5万吨，其中70%棉种供应南疆、疆外等地。2022年，新疆制种大县建设项目选定察布查尔锡伯自治县、伽师县、尉犁县。察布查尔锡伯自治县侧重玉米制种规模化、标准化、智能化示范基地和新品种、新技术试验示范展示基地等；伽师县侧重建设棉花标准化、规模化、集约化、机械化、信息化制种示范基地；尉犁县侧重建设棉花核心育种基地、智慧农机具配套及制种示范区、棉种现代化生产及仓储设施等。这些项目均鼓励种业企业积极参与，为种业企业的发展提供了新的机遇。

### 5. 高标准农田建设任务按期完成

守住耕地红线既是保证国家安全底线的重要方面，也是促进农业高质量发展的基础和前提。2022年以来，自治区党委和人民政府持续高度重视耕地保护工作，坚持最严格的耕地保护制度，加大耕地保护力度，强化耕地保护主体责任，严守耕地红线。2022年7月25日，自治区根据农业农村部相关政策，结合新疆实际，制定印发了《新疆维吾尔自治区高标准农田建设质量管理办法》，进一步推动全自治区农田建设高质量发展。8月26日，自治区农业农村厅组织开展了自治区耕地地力保护补贴、实际种粮农民一次性补贴、农业生产救灾、重点作物绿色高质高效行动、耕地休耕试点、耕地轮作试点、自治区花生种植补贴、自治区大豆种植补贴8类项目管理培训，全自治区各级农业农村部门483人参加了培训②。2022年，农业农村部向自治区下达高标准农田建设项目任务共计500万亩，自治区农业农村厅依据各地耕地资源禀赋、发展目标、项目储备、任务需求、绩效考核等因素，及时将建设任务科学分解到13个地（州、市）的84个县（市），严格按照高标准农田建设的时间节点要求，统筹项目建设和质量管理，确保年底前完成项目平台报备、完工面积达85%以上③。同时，新疆积极争取中央项目资金及政策支持。中央财政和自治区财政提高投入标准后，中央财政的亩均投入由2021年的900元提高至1 023元；自治区财政的亩均投入由167元提高到477元，增加了1.86倍。为此，新疆财政共计追加资金15.44亿元，年投资规模从5.27亿元增加至20.71亿元。

## （二）脱贫攻坚成果进一步巩固拓展

打赢脱贫攻坚战后，自治区党委、自治区人民政府坚持把工作对象转向所有农民、

① 魏永贵. 自治区现代种业发展项目实施方案启动 新项目提质扩面 种业振兴再发力［N/OL］. 新疆日报，2022－04－25［2023－04－28］. https：//www.ts.cn/xwzx/jjxw/202204/t20220425_6611947.shtml.
② 新疆维吾尔自治区农业农村厅. 自治区农业农村厅组织开展耕地地力保护等项目管理培训［EB/OL］.（2022－08－29）［2023－04－28］. http：//nynct.xinjiang.gov.cn/nynct/nyncdt/202208/80d16dfa227e48aa8071dbdca8c27b75.shtml.
③ 刘毅. 我区提高高标准农田建设财政投入标准［N/OL］. 新疆日报，2022－08－29［2023－04－28］. https：//nynct.xinjiang.gov.cn/nynct/nyncdt/202208/c6e96c3422304fc58c9e8424c62a508e.shtml.

把工作任务转向推进乡村"五大振兴"(产业振兴、人才振兴、文化振兴、生态振兴、组织振兴)、把工作举措转向促进发展。进一步完善和落实防止返贫监测帮扶机制,加快发展脱贫地区乡村特色产业,促进脱贫人口持续增收,强化扶贫项目资产监管,坚决守住不发生规模性返贫底线。

## 1. 切实防止返贫致贫

保持主要帮扶政策总体稳定,完善和落实防止返贫监测帮扶机制,对有返贫风险和突发严重困难的农户全部纳入监测范围,做到早发现、早干预、早帮扶,切实消除返贫致贫风险隐患。制定进一步完善防止返贫动态监测和帮扶机制实施方案,坚持动态监测、实时预警、未贫先防、突贫速扶、常态清零。充分利用乡村治理体系及信息化、大数据等手段,对全自治区乡村人口、行政村、县(市、区)进行全面摸排,全部录入自治区乡村振兴大数据平台管理。充分发挥"访惠聚"驻村工作队、村级帮扶专干和各级帮扶责任人作用,每季度对管理对象开展一次全覆盖摸排,做到进出有序、实时动态。依托自治区乡村振兴大数据平台,与自治区教育、医保等20余家行业部门开展常态化信息交换,准确掌握每户管理对象实际情况,实现行业部门信息、农户家庭状况、管理系统信息三者统一。制定完善发展产业、稳岗就业、综合保障兜底等措施,将重度残疾、大病、丧失劳动能力等群体纳入农村低保或特困人员救助供养范围,坚决守住不发生规模性返贫底线[1]。

## 2. 促进脱贫人口持续增收

加快发展脱贫地区乡村特色产业,完善联农带农机制,提高脱贫人口家庭经营性收入。用足用好对口援疆、定点帮扶、区内协作、社会帮扶等各种帮扶资源和力量,提升脱贫地区整体发展水平,推动脱贫地区更多依靠发展来巩固脱贫攻坚成果。全面落实各类就业帮扶政策,压实就业帮扶责任,确保脱贫劳动力就业规模稳定。千方百计兴产业、稳就业、促增收,截至7月底,全自治区脱贫劳动力务工就业108.6万人,完成年度任务的100.34%。2022年新疆脱贫人口人均纯收入达到14 951元,较上年增加1 608元,比全国脱贫人口人均纯收入高609元,同比增长12.1%,比新疆农村居民人均可支配收入增幅高5.8个百分点[2]。

## 3. 强化扶贫项目资产监管

全面摸清扶贫项目资产底数,分门别类做好公益性资产、经营性资产、到户类资产

---

[1] 新疆维吾尔自治区人民政府新闻办公室. 新疆举行自治区巩固拓展脱贫攻坚成果同乡村振兴有效衔接工作情况新闻发布会 [EB/OL]. (2022-02-26) [2023-04-28]. http://www.scio.gov.cn/xwfbh/gssxwfbh/xwf-bh/xinjiang/Document/1721969/1721969.htm.

[2] 新疆维吾尔自治区人民政府新闻办公室. 新疆举行自治区巩固拓展脱贫攻坚成果同乡村振兴有效衔接2022年工作情况和2023年重点工作新闻发布会 [EB/OL]. (2023-02-27) [2023-04-28]. http://www.scio.gov.cn/xwfbh/gssxwfbh/xwfbh/xinjiang/Document/1737305/1737305.htm.

运营管理工作，健全长效管理机制，推动扶贫项目资产持续发挥效益。

### （三）农村一二三产业融合发展取得新成效

新疆分类推动实施脱贫地区"十四五"特色产业发展规划，着力推动农村一二三产业融合发展。抓好农产品销售工作，继续支持"两张网"建设，用好援疆机制，积极开展品牌化市场营销。培育发展农业全产业链，做精乡村休闲旅游业，抓好现代农业产业园建设，加快构建乡村产业体系。

#### 1. 形成农业全产业链发展格局

在培育发展农业全产业链方面，巩固提升脱贫地区特色优势产业，完善联农带农机制，带动各族群众深度参与乡村产业融合发展，提高脱贫人口家庭经营性收入。建立了农业全产业链重点链"四个一"工作机制，做到了"一条产业链一名自治区领导领衔、一个牵头部门负责、一个工作专班推进、一个专家团队指导"，专门组建了产业发展专班，厅级领导联县包乡、县（市）领导联乡包村、乡（镇）领导联村包户，推进农业产业链延链、补链、拓链、强链，形成农业全产业链重点链发展格局。以南疆4个地（州）为重点，打造棉花（棉纺织）、葡萄及葡萄酒等产业，扶持农业产业化龙头企业，培育脱贫地区知名品牌，完善联农带农利益联结机制，实现每个易地搬迁集中安置区至少有1项稳定增收主导产业。为全面提升乡村特色产业发展水平，自治区农业农村厅组织开展2022年自治区级"一村一品"示范村（镇）认定工作。经各地（州、市）农业农村部门遴选推荐、专家审核和网上公示，决定认定塔城地区裕民县哈拉布拉乡等28个村（镇）为自治区级"一村一品"示范村镇。同时，自治区农业农村厅根据《关于印发〈自治区农业农村厅绿色食品、农产品地理标志、标准化基地奖励管理办法（试行）〉的通知》精神，先后公示了两批奖励绿色食品名单。2022年上半年，全自治区479家规模以上农副食品加工企业产值315.74亿元、同比增长9.8%，全自治区农产品网络零售额88.83亿元、同比增长19.77%，全自治区接待乡村游游客3 100万余人次，约占全自治区接待游客总数的40%①。农业农村部、财政部、国家发展改革委正式公布首批100个国家农业现代化示范区创建名单，新疆的玛纳斯县、巴楚县、福海县上榜，数量居西北地区前列。

#### 2. 农村一二三产业融合发展进程加快

各地在抓乡村产业融合项目上开展富有成效工作，形成了南疆薄皮核桃、库尔勒香梨、葡萄、伊犁马4个具有核心竞争力的优势特色产业带，探索了一批全产业链发展模式，优势特色集群参与创新活跃的经营主体近100家，完善了一套联农带农利益联结机

---

① 中国扶贫. 事关乡村建设和乡村产业发展！新疆这场会议定了这些事 ［EB/OL］.（2022 - 08 - 26）［2023 - 04 - 28］. https：//www.163.com/dy/article/HFN7D1KJ0514BL38.html.

制，实现了把二、三产业留在乡村，把全产业链增值收益和就业岗位留给农民。2022年，国家发展改革委向新疆下达中央预算内投资 4 000 万元，支持新疆和田地区民丰县、巴州若羌县农村产业融合发展示范园建设，重点支持与农村产业融合发展直接相关的农产品生产基地、冷链物流、仓储保鲜、检验检测、垃圾污水处理等基础设施建设。为健全新疆农民专业合作社示范社名录库，推动农民专业合作社高质量发展，农业农村厅组织开展了第六批自治区农民专业合作社示范社创建工作①。同时，启动"万企兴万村"行动，广大民营企业纷纷响应，积极投入乡村振兴大潮。截至目前，新疆录入中华全国工商业联合会"万企兴万村"台账系统的民营企业 1 747 家，帮扶 2 157 个村，惠及 12 万户 42 万人；投入产业帮扶资金超过 40 亿元，安置就业 2.3 万人；公益帮扶 1.8 亿元，技能培训超过 3 万人②。

**（四）乡村建设扎实推进**

2022 年，新疆稳妥推进乡村建设，接续实施农村人居环境整治提升 5 年行动，持续推进农村厕所革命，抓好问题厕所分类整改，分区分类推进农村生活污水治理，健全完善农村生活垃圾处理体系。扎实开展水、电、路、气、房、电信等重点领域农村基础设施建设，改善农村生产生活条件，促进乡村宜居宜业。

**1. 美丽宜居乡村建设取得一定成效**

2021 年以来，自治区住房和城乡建设厅深入推进小城镇建设和美丽宜居乡村建设，制定发布《自治区小城镇建设指南》《自治区美丽宜居乡村建设三年行动实施方案》，统筹推进以县城为重要载体的就地城镇化和以县域为单元的城乡融合发展，建制镇生活垃圾处理率和污水处理率分别达 90.17%、35.52%；全自治区农村生活垃圾收集、转运和处置体系覆盖的行政村比例达 90% 以上，建成农村公厕约 1.58 万座，拆除老旧危房约 2.06 万座，镇（乡）、村人居环境得到明显改善。共有 27 个建制镇被评为自治区小城镇环境整治示范，33 个行政村被评为自治区新时代美丽宜居村庄③。2022 年 6 月 22日召开的新疆美丽宜居乡村建设和农村生活垃圾治理现场推进会公布数据显示：新疆累计投入 880 亿元，完成农村安居工程 266.98 万户、农房抗震防灾工程 3 万户，1 100 余万农民喜迁新居；生活垃圾治理收运处置体系覆盖全疆 95% 以上的行政村，农村卫生厕所覆盖面占到农村常住户数的 84.95%；打造了 5 个住建部美丽宜居小镇、107 个全

---

① 新疆维吾尔自治区农业农村厅办公室关于印发《自治区第六批农民专业合作社示范社名录》的通知，新农办经〔2022〕5号。

② 托亚. 为乡村振兴赋能助力——自治区"万企兴万村"行动硕果盈枝［N/OL］. 新疆日报，2022 - 06 - 25 ［2023 - 04 - 28］. https://www.ts.cn/xwzx/jjxw/202206/t20220625_7680670.shtml.

③ 新疆维吾尔自治区住房和城乡建设厅. 推进美丽宜居乡村建设，打造乡村振兴新疆样板——自治区住房和城乡建设厅公布 2021 年自治区小城镇环境整治示范样板和新时代美丽宜居村庄示范样板名单［EB/OL］.（2022 - 01 - 24）［2023 - 04 - 28］. https://zjt.xinjiang.gov.cn/xjzjt/c113262/202201/69656361802f432e9e32377c2aa74e76.shtml.

国重点镇、10 个全国特色小镇、14 个住建部美丽宜居村庄①……

### 2. 多个县（市）获得全国乡村建设优秀县市荣誉和资助

《自治区农村人居环境整治提升五年行动方案（2021—2025 年）》对自治区各县划分出示范引领、稳步发展、巩固提升 3 种类别，制定差异化发展目标，其中示范引领县 20 个、稳步发展县 38 个、巩固提升县 35 个。各县（市）根据自身条件，合理确定目标任务，积极推进人居环境整治，开展好村庄清洁行动，高质量推进农村改厕工作，加强农村生活污水、垃圾治理，建设和谐美丽宜居乡村，乡村建设取得了新的进步。其中，伊犁哈萨克自治州昭苏县、塔城地区和布克赛尔蒙古自治县、巴音郭楞蒙古自治州若羌县入选《2021 年全国村庄清洁行动先进县》②。由农业农村部、国家乡村振兴局、财政部组织的全国 2021 年度促进乡村产业振兴、改善农村人居环境等乡村振兴重点工作情况综合评价中，阿克苏市获得"全国 2021 年度促进乡村产业振兴改善农村人居环境等乡村振兴重点工作成效明显的市、县"。2022 年 6 月，新源、托里、精河、呼图壁、尉犁、温宿 6 个县获得了国家发展改革委下达的农村人居环境整治项目中央预算内投资 1.2 亿元，支持这些县因地制宜开展农村生活污水、生活垃圾治理等农村人居环境基础设施建设，助力新疆打造清洁宜居新农村③。

### 3. 农村基础设施不断加强

2022 年，中央和自治区财政已投入衔接资金 201.30 亿元，在财力极为紧张的情况下较 2021 年同期增长 3.5％。农村自来水普及率和集中供水率分别达到 97.5％和 98.6％。农村电网供电可靠性达 99.8％，动力电、光纤网络实现行政村全覆盖。完成"煤改电"一期工程，南疆 89.2 万户农牧民用上了清洁能源。启动实施惠及 76.61 万户"煤改电"二期工程。农村生活垃圾收运处置体系覆盖 90％的行政村，农村改厕工作稳步推进。农村生产生活条件和村容村貌持续改善，各族群众获得感、幸福感、安全感显著提升④。投资 76.1 亿元新改建农村公路 9 291 千米，5 个县（市）被评为全国"四好农村路"示范县。安排新疆衔接资金 27.7 亿元，支持 100 个示范乡（镇）、1 059 个示

① 澎湃新闻. 政府搭台 科技唱戏——新疆美丽宜居乡村建设和农村生活垃圾源头处理技术现场观摩会召开 [EB/OL]. (2022-06-27) [2023-04-28]. https://www.thepaper.cn/newsDetail_forward_18756858.

② 新疆维吾尔自治区农业农村厅. 2021 年全国村庄清洁行动先进县名单公布，新疆三地入选 [EB/OL]. (2022-01-30) [2023-04-28]. https://nynct.xinjiang.gov.cn/nynct/nyncdt/202201/183d63 7d954945458b1abd e-59973afd4.shtml.

③ 石鑫. 国家 1.2 亿元支持新疆打造清洁宜居新农村 [N/OL]. 新疆日报, 2022-06-06 [2023-04-28]. https://nynct.xinjiang.gov.cn/nynct/xjncr/202206/5fa48c1f5cfb492d974cc41bd1df93ce.shtml.

④ 王兴，刘翔. 中共新疆维吾尔自治区委员会"中国这十年·新疆"主题新闻发布会举行 [EB/OL]. (2022-08-27) [2023-04-28]. https://www.xinjiang.gov.cn/xinjiang/xjyw/202208/632678a7 c9164697b70d18a9f6b 08696.shtml.

范村建设，集中建设 180 个重点示范村，示范引领作用充分显现①。

## （五）乡村治理务实推进

2022 年，新疆完整准确贯彻新时代党的治疆方略，立足新疆工作实际，健全党组织领导的自治、法治、德治相结合的基层治理体系，深入推进文化润疆，全面开展平安乡村建设，进一步增强人民群众的获得感、幸福感、安全感，不断提升乡村治理能力水平。

### 1. 党组织领导乡村治理的体制机制得到完善

新疆坚持党建引领抓落实，把加强党的领导贯穿到乡村治理的全过程、各方面。抓好农村基层组织建设，强化县级党委抓乡促村职责，发挥好驻村第一书记和工作队作用，推行网格化管理、数字化赋能、精细化服务。推进县、乡、村联动，推动治理资源和服务重心下移，减轻村级组织负担。坚持分类指导抓落实，统筹把握乡村区域差异，因地制宜、精准施策。坚持典型引路抓落实，勇于探索创新经验，善于总结提炼经验，注重交流推广经验，在全社会营造共同推进乡村治理的良好氛围。全面压紧压实各方责任，切实把各项惠民举措落到实处。提高工作落实力度，推动问题联治、工作联动、平安联创。强化考评，以责任落实推动乡村治理工作落地见效。

### 2. 村民自治能力不断增强，乡风文明建设有序推进

健全自治、法治、德治相结合的乡村治理体系，把"四议两公开"制度落到实处，加大"积分制""清单制"等好经验好做法推广应用力度。发挥农民主体作用，创新村民协商议事形式。创新农村精神文明建设的方式方法，增加精神文化产品供给，加大高价彩礼、人情攀比、厚葬薄养等突出问题治理力度，推动形成文明乡风、良好家风、淳朴民风。

### 3. 培育铸牢中华民族共同体意识，文化润疆深入实施

加强农牧民冬季技能培训，引导各族群众听党话、感党恩、跟党走。广泛开展中国特色社会主义和中国梦宣传教育，实施"文化润疆"工程。建立健全县、乡、村一体化发展的基本公共服务体系，加快提升村级公共服务能力。建成全国民主法治示范村和社区 77 个、自治区民主法治示范村和社区 54 个。推荐评选全国文明村镇 96 个、自治区文明村镇 1 308 个②。

---

①② 中国扶贫. 事关乡村建设和乡村产业发展！新疆这场会议定了这些事［EB/OL］. （2022-08-26）［2023-04-28］. https：//www.163.com/dy/article/HFN7D1KJ0514BL38.html.

### 4. 化解农村矛盾纠纷，法治乡村和平安乡村建设得到加强

2022 年 4 月，自治区司法厅会同自治区党委宣传部、依法治疆办、民政厅、农业农村厅、乡村振兴局印发方案，对全自治区乡村"法律明白人"培养工作进行安排部署，确定到 2025 年，每个行政村至少培养 3 名符合条件的"法律明白人"。发挥"法律明白人"收集社情民意、调解矛盾纠纷、开展法律服务、辅助基层社会治理、参与法治创建等方面的作用，在助力乡村振兴、护航经济发展，特别是在增进民族团结、维护社会稳定、促进公平正义、树立文明新风、加强疫情防控等方面取得了明显成效。2022年，全自治区乡村"法律明白人"参与人民调解案件 1 600 余件，提供法律服务 4 200余次。

## 三、全面推进乡村振兴的"挑战与机遇"

自治区党委、人民政府深入贯彻落实习近平总书记视察新疆重要讲话重要指示精神，按照 2022 年中央 1 号文件要求和自治区党委十届三次全会部署安排，努力实现农业稳产增产、农民稳步增收、农村稳定安宁，推动新发展阶段"三农"工作再上新台阶，乡村振兴推进工作取得明显的成效。但是，由于乡村振兴工作处在起步阶段，推进过程中还存在一些现实难题，挑战与机遇共存，需要认真分析，努力破解，努力开创新疆新阶段乡村振兴工作新局面。

### （一）乡村振兴面临"五大挑战"

#### 1. 乡村人才短缺

村级组织是乡村产业发展最基层的落实力量，也是负责产业规划和落实农业发展政策的最后实施力量。从目前新疆农村发展的干部队伍情况看，虽然具有较强的政策落实和执行力，但是相对缺乏对乡村产业的统筹谋划能力和创新发展能力。村干部工作能力普遍较弱，成为制约农村农业高质量发展的主要约束之一。乡村人才引进机制不健全、激励政策吸引力不够，人才持续外流导致乡村发展人力资源难以保障。在推进乡村振兴战略中，乡村如何吸引人才、如何留住人才，改变乡村人才向城市单向流动的趋势是重中之重。

#### 2. 乡村发展资金不足

在脱贫攻坚战期间，农村的基础设施得到了极大改善，政府投入和财政资金发挥了重要作用。但是后期的乡村振兴工作涉及五大振兴的各个方面，资金需求范围更加广泛。对于社会资金投入层面，目前乡村相对缺乏有效的投入保障机制，用地等各种要素政策尚不清晰。再者，农村产业同质化较高、农业投资回报周期长也是一个现实问题。因此，如何鼓励其他市场主体和社会资源的进入是下一步发展的关键。

### 3. 农民收入可持续增加的思路和方法较少

在整个脱贫攻坚战阶段，农村的经济社会面貌发生了翻天覆地的变化，政府给予了农民众多的产业扶持政策，在生产要素层面，农民的生产力水平不断提高，同时，加大社会保障力度，村民收入有了可持续增长。但是，在乡村振兴战略后期实施中要持续做到农民收入的增长，空间越来越小。各基层缺乏好的做法和经验以保障农民收入可持续增长。

### 4. 农村基础设施建设仍存在一些短板

由于规划、经费等原因，目前新疆农村的基础设施建设仍面临着一些制约因素。一方面，新疆农村还没有完全实现农村污水处理设施的普及建设和应用；另一方面，村容村貌建设、农村人居环境建设还有大量工作任务。再者，农村仍旧缺乏大量的全科医务人员，卫生防疫条件改善成为乡村振兴背景下民生建设的一个重要工作。

### 5. 农村改革、转型发展滞后

在现代农业高质量发展背景下，农村产业发展诸要素中，土地要素是最为核心的驱动要素之一。从新疆的农村土地要素改革进程看，改革步伐相对缓慢，农户来自土地的资产性收益较低，土地规模化经营和集约化经营方面缺乏相对有效的对策和改革探索。而已经流转的土地资源利用中也存在缺乏规范化管理的工作机制等问题。

## （二）乡村振兴面临"五大机遇"

### 1. 政策支持机遇

近年来，习近平总书记和党中央高度重视"三农"工作，全面推进乡村振兴工作。党中央认为，从容应对百年变局和世纪疫情，推动经济社会平稳健康发展，必须着眼国家重大战略需要，稳住农业基本盘、做好"三农"工作，接续全面推进乡村振兴，确保农业稳产增产、农民稳步增收、农村稳定安宁。其中，稳住农业基本盘和粮食安全问题成为国家重大扶持发展的战略领域。中共中央办公厅、国务院办公厅、各部委陆续出台诸多政策，着力推进粮食和重要农产品安全战略，在资金扶持上加大投入力度，这些举措包括粮食收购价格稳步提高、加大耕地保护力度和高标准农田建设力度、调整优化种植业结构、深入推进种业振兴行动和农业科技支撑等。这些政策机遇对于土地资源丰富、耕地面积超过亿亩的新疆而言迎来了强有力的发展机遇，彰显了新疆农业发展不可替代的潜力。

### 2. 项目建设机遇

围绕全面推进乡村振兴、加快农业农村现代化，按照"保供固安全、振兴畅循环"

的工作定位，国家继续加大支农投入，强化项目统筹整合，推进重大政策、重大工程、重大项目顺利实施。2022 年 6 月，财政部、农业农村部发布《重点强农惠农政策》，包括：粮食生产支持、耕地保护与质量提升、种业创新发展、畜牧业健康发展、农业全产业链提升、新型经营主体培育、农业资源保护利用、农业防灾减灾、农村人居环境整治等九大方面的 34 项政策[①]。这些政策都具有带资金的项目性质并在农业领域实施，为国内农业发展提供了重要的项目建设机遇。2022 年，中央财政按照只增不减的原则，预算安排衔接推进乡村振兴补助资金 1 650 亿元，同口径较 2021 年增加 84.76 亿元，增长 5.4%。从资金规模的增大变化来看，国家对于乡村振兴的资金投入在逐年增加，这些资金项目聚焦重点地区、倾斜支持帮扶县，优先支持联农带农富农产业发展。

### 3. 农业现代化机遇

党中央和国务院深入推进农业农村现代化，优化粮食品种结构，大力发展现代畜牧业，促进水产生态健康养殖，积极发展设施农业，因地制宜发展林果业，深入推进优质粮食工程。推进农业绿色转型，推动品种培优、品质提升、品牌打造和标准化生产，全面提升农业质量效益水平。强化大中型、智能化、复合型农业机械研发应用，创新农技推广服务方式。优化现代乡村产业体系，大力发展乡村新产业新业态。新一轮科技革命和产业变革深入发展，生物技术、信息技术等加快向农业农村各领域渗透，乡村产业加快转型升级，数字乡村建设不断深入，将为推进农业农村现代化提供动力支撑。在我国农业农村现代化建设的大背景下，作为特色农业大区，新疆面临着加快农业农村现代化的重要战略机遇期。

### 4. 扩大内需机遇

在我国立足新发展阶段、贯彻新发展理念、构建新发展格局的背景下，扩大内需不仅是宏观调控的重要内容，也是形成国内大市场、有效应对风险挑战、增强经济发展内生动力的关键之策。扭住扩大内需这个战略基点，使生产、分配、流通、消费更多依托国内市场，形成需求牵引供给、供给创造需求的更高水平动态平衡是双循环发展体系建设的重要组成部分。后疫情时代，国内扩大内需战略对增强国内消费带来重要支撑，对新疆重点农产品市场开拓带来重要机遇。同时，城乡一体化进程的有效推进，也不断提高新疆特色农产品的市场运行效率，有效促进新疆乡村产业的蓬勃发展。

### 5. 改革发展机遇

农业供给侧结构性改革是贯穿"十四五"时期的重要改革内容，对深化农业农村改革产生深远影响，对新疆农业结构调整也产生重要影响。2022 年，自治区发展改革委

---

① 财政部，农业农村部. 财政部 农业农村部发布 2022 年重点强农惠农政策［EB/OL］.（2022 – 06 – 14）［2023 – 04 – 28］. http://www.jcs.moa.gov.cn/zcjd/202206/t20220614_6402465.htm.

印发的《经济体制改革工作要点》对标对表党中央、自治区党委安排部署，全面落实自治区党委深化改革委员会工作要点和自治区人民政府"六重"清单重大改革任务，从创新开放型经济体制、实施创新驱动战略、推进数字政府改革建设、着力优化营商环境、深化要素市场化改革、实施工业强区战略、深化国企资改革、深化农业农村改革、推进乡村振兴战略、实施旅游兴疆战略、建设高标准市场体系 11 个方面确定了 66 条重点改革举措。其中诸多改革方面和举措都涉及新疆农村改革的深入推进，将对激活新疆农村改革活力产生重要影响。

## 四、开创新疆乡村振兴新局面的基本对策

### （一）继续加强重要农产品稳产保供

牢记粮食安全这个"国之大者"，从政治高度看待粮食安全问题，坚持粮食安全党政同责，坚决扛起粮食安全的政治责任。要稳步提高粮食生产能力，巩固棉花产业优势地位，促进林果业提质增效，加快振兴农区畜牧业，持续发展特色农业，切实保障粮食和重要农产品生产供应。加强粮食生产功能区建设，抓好主产区粮食生产，确保全自治区粮食播种面积稳定在 3 451 万亩以上。抓好粮食作物田间管理和小麦、玉米测产工作，积极做好粮食收购和资金兑付。全面落实农民种粮收益保障机制，增强农民种粮积极性。持续推进棉花生产向主产县集聚，优化品种结构，狠抓品质提升，坚决保障国家棉花供给安全。持续抓好林果优势区建设，推动林果业标准化生产、市场化经营，全面提高优质果品产量和四季均衡供应能力。大力发展精深加工，狠抓果品储藏保鲜能力建设，加快补上冷链物流短板，推进产加销一体化发展。大力实施畜牧业振兴行动，坚持自繁自育和引进扩繁并举，兴建规模化繁育场，推进标准化规模化养殖，做优做强奶业、家禽产业，因地制宜发展特色养殖业，将新疆打造成全国重要的优质畜产品生产基地。继续抓好设施蔬菜产业发展，引导和激励产业化龙头企业投资戈壁设施农业。立足新疆实际情况，统筹做好节水、蓄水、调水文章，加强枢纽工程、引水调水、河流整治和大中型灌区等水利设施建设，推广高效节水农业，推进大中型灌区配套建设。加强基本农田建设，不断提高单产效率。以资金扶持等方式保护好地理标志产品和品牌，加大研发力度，增强技术保障。落实和完善耕地占补平衡政策，建立补充耕地立项、实施、验收、管护全程监管机制，确保补充可长期稳定利用的耕地，实现补充耕地产能与所占耕地相当。要强化农业科技支撑，实施种业振兴行动，强化农业科技创新，加大农业防灾减灾救灾能力建设，不断提升现代农业设施装备水平，切实把藏粮于地、藏粮于技战略落到实处。

### （二）加快乡村产业振兴，持续推进农牧民增收

围绕农村一二三产业融合发展，加快培育发展农业全产业链，抓好现代农业产业园建设，狠抓农产品市场营销，做精乡村休闲旅游业，加快构建乡村产业体系。优化产业

布局，紧贴群众需求，精准施策，带动农民增产增收。充分利用各个村庄资源禀赋特点，以"一村一品一业"为前提，进一步明确村庄的产业发展方向和重点，通过梳理规划，引导村庄向差异化的产业发展方向转化。重视绿色发展，推广科学使用农药，推进绿色生产示范基地建设，加强对农产品质量安全监管。精准招商，引入优质龙头企业，加大对重点农业企业的扶持力度，通过企业引导，加快农业规模化和标准化。加大自治区、地、县三级现代农业产业园建设力度，加快农业全产业链发展和集群式发展。加快在具备条件的地区创建自主创新示范区、科技成果转移转化示范区等创新载体。健全以需求为导向、以企业为主体的产学研一体化创新体制，促进农牧业全产业链、价值链转型升级。借鉴农业发达地区农业资本市场建设经验和工作举措，探索农业技术创新转化和资本有效合作模式，构建与新疆农业生产创新发展要求相适应的资本市场保障体系。调动各方面力量拓展农产品线上线下销售渠道、切实解决农产品"销售难"问题。强化与国家部委和援疆省份沟通协作，力争在新疆组织举办全国性农产品交易会。做精乡村休闲旅游业，积极推进农业与旅游、教育、文化、康养等产业深度融合发展，提升乡村休闲旅游品牌影响力。推动建设一批休闲农业重点县、乡、村，旅游重点村镇及美丽休闲乡村。支持重点村与有实力的企业对接，共同推进整村规划、整村打造、整村运营。加快发展脱贫地区乡村特色产业，促进脱贫人口持续增收，强化扶贫项目资产监管，坚决守住不发生规模性返贫底线。积极探索粮食收购和重要农产品收购价格改革措施，不断加大补贴力度，更多增加农民收入。加强农业生产资料价格监控，严格控制种子、化肥等价格上涨，实施最严厉的价格管控制度，降低农民生产成本。全面探索乡村商业环境的打造模式，不断提高农民的商业意识、商品意识、创业意识、就业意识，切实帮助解决村里创业者在创业过程中的一系列问题，通过环境打造和政策引领，实现农民收入可持续增长。

## （三）扎实推动乡村人才振兴

进一步改革和完善基层干部队伍结构，全力提高乡村干部职业化水平，努力造就忠诚干净有担当的高素质基层干部队伍。采取果断措施，构建村干部公职化工作体制，让更多的大学生以公职人员身份投入农村工作，彻底解决农村干部的能力问题和"永不走的工作队"问题。加大人才引进力度，科学利用政策、资金等吸引大学生和退役军人返乡创业。不断完善引进各类人才的机制，改善就业环境和生活条件，切实落实引进人才的配套服务政策。深入推行科技特派员制度，积极引进农业技术推广员、农业职业经理人、农村电子商务师等各类复合型人才，改善农村人才素质结构。大力培育乡土人才，加快高素质农民培育进程，建立各级乡村人才智库。综合运用资金、政策和技术支撑等措施，完善、创新乡村人才激励机制，充分释放乡村人才活力。加快推进城乡公共服务均等化，在乡村人才子女教育、医疗保障、养老保障等方面给予相应政策支持，解决其后顾之忧。推进村务工作的专业化分工，切实减轻村干部各类工作负担，全面保障请休假诉求和探亲诉求等。按需提供村干部的深造机会，不断增强村干部工作积极性和主动性。通过优化基层干部结构和提升能力，全面增强村干部队伍的创新发展能力和乡村建设统筹谋划能力。通过改善基层组织干部结构和层次，加快建设服务型基层组织，优化农村营商环境，推动农村农业发展质量变革、效率变革、动力变革。加大乡村规划、设计、建设、管理专业人才和乡土人才的培养力度，以适应农业高质量发展和乡村振兴建设需求。

### （四）加快补上农村基础设施和公共服务短板

遵循城乡建设发展规律，持续改善农村人居环境。扎实开展重点领域基础设施建设，逐步补齐农村基本公共服务短板，推动城乡融合发展。把乡村建设摆到现代化建设的重要位置，突出规划引领，发挥农民主体作用。因地制宜改造农村厕所，不搞"一刀切"。统筹解决农村生活污水治理、垃圾处理、村内道路硬化、村庄清洁行动，实施河湖水系综合整治。建议在"十四五"期间，将新疆农村地下污水处理管网的建设纳入重点建设目录，科学规划和分步骤实现农村污水处理系统的普及，彻底解决农村生态环境保护问题。持续推进农村公路建设，深化"四好农村路"示范创建。加强农村住房隐患排查，实施好农村饮水安全巩固提升工程。推进数字乡村建设，推动"互联网＋政务服务"向乡村延伸覆盖，提高大数据服务乡村振兴能力。加强基本公共服务县域统筹，开展县、乡、村公共服务一体化示范创建，持续改善乡村寄宿制学校办学条件。完善县、乡、村三级联动的县域医疗服务体系和农村养老关爱服务体系。要加大农村社区的天然气引入建设，条件允许的区域优先实现天然气普及，不断提升广大农牧民的生产生活便利化水平。深化户籍制度改革，研究制定劳动就业、社会保障、就学就医、落户租房等方面的均等化、同城化政策，不断推动城乡融合发展。

### （五）加大农业农村改革力度

深化农村产权制度改革，创新完善农业经营体系，积极培育新型农业经营主体，强化财政金融等支持，不断激发农业农村发展活力。坚持以供给侧结构性改革为主线，聚焦推进农村重点领域和关键环节改革，深化农业农村要素市场化改革。统筹推进农村改革系统集成，总结形成一批确权、赋权、活权的制度成果。进一步放活土地经营权，建立健全土地经营权流转管理制度。尝试研究土地资源要素的改革思路，激活农村土地资源的价值，增加农牧民土地资产收益，按照市场经济规律有序流动土地资源要素。稳慎推进农村宅基地制度改革试点，规范开展房地一体宅基地确权登记。积极探索集体荒漠土地市场化路径。深化集体建设用地利用市场化改革，加强对基础设施领域补短板项目的用地保障，加快落实保障和规范农村一二三产业融合发展用地[①]。加大"三农"投入，建立投入新机制，明确投入总量，坚持公共财政向"三农"倾斜，稳步提高土地出

---

① 新华社．中共中央 国务院关于做好 2022 年全面推进乡村振兴重点工作的意见［EB/OL］．（2022－02－22）［2023－04－28］．http：//www.gov.cn/zhengce/2022－02/22/content_5675035.htm.

让收入用于农业农村的比例，统筹用好对口援疆资金和地方政府专项债券，多渠道扩大对农业农村发展的投入，形成资金投入持续增长的长效机制。强化乡村振兴金融服务，支持具备条件的农业龙头企业上市融资、发行债券。积极发展农业保险和再保险，提高农业抗风险能力。坚持从实际出发、按规律办事，坚决反对搞形式主义和形象工程。在工作理念上，落实乡村振兴为农民而兴、乡村建设为农民而建的要求，充分尊重农民意愿，发挥农民主体作用。农民可以干的要尽量交给农民干，政府重点做农民干不了、干不好的事。在工作方法上，坚持数量服从质量、进度服从实效，求好不求快，保持历史耐心，目标和标准不要脱离实际，把握好工作的时效，真正把好事办好、实事办实。

**参考文献：**

新疆维吾尔自治区发展和改革委员会，2022. 自治区发展改革委印发 2022 年自治区新型城镇化和城乡融合发展重点任务 [EB/OL]. (2022 - 06 - 22) [2023 - 04 - 28]. http：//xjdrc. xinjiang. gov. cn/xjfgw/c108297/202206/2b567da3ac484be3a4eb5aefecf6e32f. shtml.

新疆维吾尔自治区财政厅，新疆维吾尔自治区乡村振兴局，新疆维吾尔自治区发展和改革委员会，等，2022. 关于加强财政衔接推进乡村振兴补助资金使用管理的指导意见 [EB/OL]. (2022 - 06 - 15) [2023 - 04- 28]. http：//czt. xinjiang. gov. cn/czt/sbb/202207/57988fffa4e84abe9ecd73f19647538b. shtml.

新疆维吾尔自治区党委办公厅，新疆维吾尔自治区人民政府办公厅，2022. 关于调整完善土地出让收入使用范围优先支持乡村振兴的实施方案 [EB/OL]. (2022 - 02 - 01) [2023 - 04 - 28]. https：//nynct. xinjiang. gov. cn/nynct/zcfg/202102/a531ca7630404cdf993d399eaec8f263. shtml.

# 新疆实施乡村振兴战略成效评价及对策研究

吾斯曼·吾木尔 白哈提古力·买明①

**摘 要**

新疆坚持把巩固拓展脱贫攻坚成果作为首要任务，抓住"产业"和"就业"两个关键，牢牢守住不发生规模性返贫底线，统筹推进乡村建设、农村社会发展事业和乡村治理，促进农业农村全面发展，实现乡村振兴显著成效。本研究在深入分析新疆乡村振兴战略成效现状的基础上，遵循乡村发展规律，立足全自治区农业农村发展的阶段特征和南疆、北疆农业农村发展的不同特点，根据乡村振兴战略实施目标，对新疆乡村振兴成效水平进行动态评价。研究表明：新疆乡村振兴综合水平呈逐年上升趋势，乡村振兴步伐正逐年加快；产业兴旺、生态宜居、乡风文明、治理有效和生活富裕水平也呈现逐渐增长趋势，但对乡村振兴的贡献度具有差异性，生态宜居和乡风文明维度贡献度较为明显；各地（州）乡村振兴战略成效逐渐显著，尤其是南疆4个地（州）的乡村振兴水平提升较为凸出。针对当前提升新疆乡村振兴成效面临困境，提出了相应对策建议。

**关键词**

乡村振兴；成效；高质量发展

实施乡村振兴战略，是党的十九大作出的重大决策部署，是决胜全面建成小康社

---

① 吾斯曼·吾木尔，新疆社会科学院农村发展研究所副研究员，新疆财经大学应用经济博士后流动站博士后；白哈提古力·买明，中共吐鲁番市委员会党校讲师。

会、全面建设社会主义现代化国家的重大历史任务，是新时代"三农"工作的总抓手[①]。新疆各级党委、人民政府，团结带领各族人民坚持以习近平新时代中国特色社会主义思想为指导，深入贯彻落实党的十九大和十九届历次全会精神，完整准确贯彻落实新时代党的治疆方略，坚定不移贯彻新发展理念，围绕补短板、强弱项、抓重点，加快农业农村现代化，扎实推进实施乡村振兴战略[②]。

实施乡村振兴战略影响深远，意义重大，为了确保乡村振兴各项目标任务如期完成取得实效，需要构建一个功能完善、科学简便、适应性强的乡村振兴战略实施成效评价指标体系，对其进行定量评价和动态检测[③]。学者从国家、省、市层面，或从乡村振兴的专题层面开展评价研究。陈秧分等（2018）、张雪等（2020）、全国栋（2022）、芦凤英（2022）以乡村振兴"20字方针"为依据，将产业兴旺、生态宜居、乡风文明、治理有效和生活富裕五大方面作为一级指标，每项一级指标下设相应的多项二级指标，形成科学、合理的乡村振兴成效评价指标体系，对其进行评价。从区域层面来看，方方等（2022）、唐健雄等（2022）、陈俊梁（2020）分别选取西部地区、长江经济带、中部六省等部分地区进行多省域评价。杨胜强（2022）、赵培宇（2022）、全国栋（2022）、周栋良（2019）、刘瑾（2021）、张轲（2022）等，分别以重庆市、山西省、浙江省、湖南省、四川省、安徽省为例实证分析了单一省份的乡村振兴战略成效。张四灿（2022）、符裕红（2022）、成慧（2022）、许小晴（2021）、向武胜（2020）分别从乡村治理、生态宜居、人居环境、生活富裕、产业振兴等单方面开展评价。总之，随着相关研究和实践的不断深入，乡村振兴实施成效评价与提升对策建议逐渐成为重要研究议题，理论与实践价值较为显著，为提升乡村振兴战略成效，加快农业农村现代化提供了思想指导和行动指南[④]。但国内学者相关探索研究缺乏对五大目标任务的整体理论解构，评价指标体系中多数指标欠缺因地制宜的地域性特征，难以适用于新疆的特殊环境。本研究立足新疆实际，对全自治区实施乡村振兴成效作出阶段性谋划，利用层次分析法（AHP法）对新疆乡村振兴成效进行测度和定位，以期为乡村振兴发展提供理论基础和方法借鉴。

## 一、新疆实施乡村振兴战略成效现状

### （一）围绕产业兴旺，建设特色现代农业

#### 1. 打造特色鲜明的农产品优势区

大力实施乡村振兴战略，优化农业资源配置和生产力布局，推进以粮食、棉花、特色林果业、畜牧为代表的特色农业向产业化、市场化、优质化发展，打造产业融合、优

① 梁冬云.实施乡村振兴战略 共建美丽乡村［N/OL］.光明网，2019－12－02［2023－04－29］.https：//rmh.pdnews.cn/Pc/ArtInfoApi/article？id＝9783546.
② 雪克来提·扎克尔.2020年新疆政府工作报告［N］.新疆日报，2020－01－06.
③④ 张松梅.十九大以来的我国乡村振兴战略研究综述［J］.特区经济，2021（7）：103－106.

势聚集的农产品优势区和生产力布局①。2021 年粮食总产量 1 735.78 万吨，比 2017 年增长 251.08 万吨，创 5 年新高，粮食安全得到有效保障；棉花总产量 512.85 万吨，比 2017 年增长 56.25 万吨，棉花面积、单产量、总产量、商品调拨量连续 20 余年居全国首位，全国优质商品棉基地的地位更加稳固②；全年特色林果产量 1 789.60 万吨，建成了全国最大的优质特色林果基地③；肉类总产量 183.08 万吨，奶产量 211.53 万吨，禽蛋 40.98 万吨，肉类、奶、禽蛋比 2017 年增长 20.24 万吨、48.67 万吨、3.61 万吨，建成了全国重要的畜产品生产基地（表 1-1，图 1-1）。

表 1-1 新疆主要农产品产量

单位：吨

| 农产品产量 | 2017 年 | 2018 年 | 2019 年 | 2020 年 | 2021 年 |
|---|---|---|---|---|---|
| 粮食产量 | 14 847 000 | 15 042 000 | 15 271 000 | 15 834 000 | 17 357 800 |
| 棉花产量 | 4 566 000 | 5 111 000 | 5 002 000 | 5 161 000 | 5 128 500 |
| 奶产量 | 1 628 600 | 1 980 100 | 2 094 000 | 2 069 000 | 2 115 300 |
| 肉类总产量 | 1 628 400 | 1 619 600 | 1 707 400 | 1 737 000 | 1 830 800 |
| 禽蛋产量 | 373 700 | 373 000 | 405 000 | 402 000 | 409 800 |

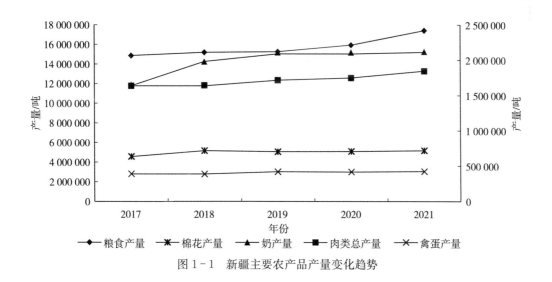

图 1-1 新疆主要农产品产量变化趋势

① 艾尔肯·吐尼亚孜.2022 年新疆维吾尔自治区政府工作报告 [N].新疆日报，2022-02-07.
② 李拓.新疆粮食产量创 5 年新高 棉花总产量占全国近九成 [N].北京日报，2022-01-23.
③ 新疆维吾尔自治区统计局国家统计局新疆调查总队.新疆维吾尔自治区 2021 年国民经济和社会发展统计公报 [EB/OL].（2022-03-23）[2023-4-29].http：//www.xin jiang.gov.cn/xinjiang/tjgb/202203/2325b36ee55d4c649313e764078a17e4.shtml.

### 2. 以市场需求为导向，深入实施推进农业产业化

新疆加快推进农产品加工业发展，2021年上半年新疆农产品加工总产值超800亿元①。启动实施自治区乡村产业发展基金，进一步规范农产品精深开发资金用途。同时，将有序扩大四级农业产业化龙头企业"雁阵"，全疆县级以上龙头企业总数达1 151家，其中国家重点龙头企业57家、自治区级龙头企业500家，通过"龙头企业＋合作社＋农户"等多种模式，鼓励引导农民以资产入股、劳动力、土地经营权，推动农村产权改革，盘活农村资源资产，促进农业发展、农民增收、农村繁荣②。以乡村特色优势产业为支撑，推进5个现代农业产业园、4个优势特色产业集群、28个农业产业强镇、134个农业产业化联合体建设，形成了具有核心竞争力的优势特色产业带，产业发展水平迈上新台阶③。

### 3. 打造农业发展"升级版"，助力三产融合发展

培育壮大特色优势产业、强化农产品产销对接、加快"农业农村＋文化旅游"深度融合发展方面持续用力，共同加快构建全自治区现代农业产业体系，培育全国乡村旅游重点村（镇）42个、自治区乡村旅游重点村70个，推介精品农庄42个、精品线路60条，打造旅游民宿5 734家④。2021年上半年，全自治区乡村累计接待游客约2 700万人次，带动就业1.5万余人，实现收入9.62亿元⑤。发展线上展销、农村电商、直播带货等新业态新模式，打造电子商务进农村综合示范县51个，实现脱贫县全覆盖。通过创新推进农产品电商销售、"县长直播带货"、抖音销售、"云签约"等新营销模式，2020年1—5月，实现电商销售额5.11亿元，实现网购额14.42亿元，服务建档立卡贫困人口30 276人次，对建档立卡贫困人口培训3 948人次，帮助建档立卡贫困人口销售1 653.36万元，实现帮助增收556.90万元，带动建档立卡贫困人口就业1 256人⑥。

### 4. 质量兴农、绿色兴农取得新的突破

新疆全面推进绿色、特色、优质农产品品牌建设，加快推进农业由增产导向转向提质导向，突出农业绿色化、优质化、特色化、品牌化。围绕粮油、优质林果等特色农产品，鼓励农业产业化重点龙头企业、合作社、家庭农场等经营主体积极申报绿色食品，因地制宜发展有机农产品，加强农产品地理标志登记保护，让特色农产品有了绿色"身

① 刘毅. 新疆：深耕产业链 质效双提升［N/OL］. 人民网，2021－08－23［2023－04－29］. https：//baijiahao. baidu. com/s？id=1708857805396819337&wfr=spider&for=pc.

② 刘毅. 新疆新增20家农业产业化国家重点龙头企业［N］. 新疆日报，2021－11－08.

③④⑤ 刘毅. 优先发展农业农村全面推进乡村振兴［N］. 新疆日报，2021－10－05.

⑥ 自治区商务厅. 聚焦未摘帽县农产品销售 助力英吉沙县杏农丰产增收——消费扶贫自治区商务厅在行动［EB/OL］.（2020－06－24）［2023－04－29］. http：//swt. xin jiang. gov. cn/swt/gzdt/202006/4b6327115769482696fd52fc445193cf. shtml.

份证"。推行"展会＋绿色食品/有机农产品""互联网＋绿色食品/有机农产品"模式，创建全国绿色食品原料标准化生产基地 93 个 1 368.91 万亩①。

5. 农业装备和信息化水平不断提升

加快实现生产智能化、管理数据化，不断推动物联网、智慧农业、人工智能技术在农业各领域的融合应用。2020 年，全自治区农业机械总动力 2 929.4 万千瓦，比 2017 年增加 14.79%（图 1-2）。2021 年，全自治区农作物综合机械化水平达 85.48%，农林牧渔综合机械化水平达 70.59%，完成机耕面积 7 173 万亩、机播面积 6 983 万亩、机收面积 4 617 万亩②。

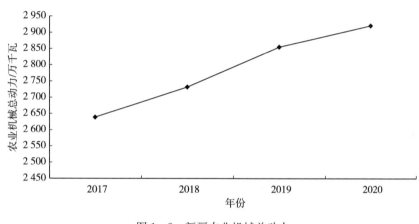

图 1-2　新疆农业机械总动力

## （二）围绕生态宜居，建设清新富饶魅力乡村

### 1. 人居环境整治取得突破

随着新疆全面推进开展"千村示范、万村整治"工程，新疆天山南北万千乡村已焕发出新的面貌。新疆各地因地制宜推进农村人居环境整治工作，9 180 个行政村开展村庄卫生治理，实现村庄清洁行动全覆盖，14 个地州市均进行了农村卫生厕所的新建、改造，农村生活垃圾和污水处理水平大幅提升，农牧民生活环境持续改善③。截至 2021 年 1 月，新疆高质量打造了 958 个示范村，形成了一批可复制、可推广的典型，有效带

①　艾尔肯·吐尼亚孜. 2022 年新疆维吾尔自治区政府工作报告［N］. 新疆日报，2022-02-09.
②　刘治文. 自治区农业机械化工作会议召开［EB/OL］.（2022-04-07）［2023-04-29］. https：//www.xjnj.gov.cn/html/web/ywdt/nongjidongtai/1511921186164588546.html.
③　刘毅. 建设美丽乡村 创造幸福生活［N］. 新疆日报，2020-01-09.

动当地农村人居环境整体提升①。

### 2. 全面推进农村"厕所革命"

新疆把农村改厕作为农村人居环境整治的重中之重，及时指导各地抓紧制定改厕实施方案，坚持宜水则水、宜旱则旱、简单实用、成本适中、群众接受的原则，合理选择改厕模式。自开展农村卫生厕所改建工作以来至 2021 年 5 月底，北疆已累计完成改厕65.52 万户，占北疆农村户籍总数的 61.13%；东疆（吐鲁番市、哈密市、巴音郭楞蒙古自治州）已累计完成改厕 26.29 万户，占东疆农村户籍总数的 81.46%；南疆 4 个地（州）已累计完成改厕 156.98 万户，占南疆 4 个地（州）农村户籍总数的 82.3%②。

### 3. 加快推进农村垃圾治理行动

农村人居环境整治 3 年行动任务圆满完成，新疆持续加大资金投入，加强环卫配套设施建设，农村生活垃圾收集、转运和处置体系不断健全，形成了"户集、村收、乡（镇）转运、县（市）处理""户集、村收、乡（镇）处理""户集、村收、就近处理"等多种农村垃圾治理模式，生活垃圾得到有效处理普及率 87.15%，农村卫生厕所普及率 84.95%③。

### 4. 加快重要生态系统保护和修复工程

新疆聚焦乡村建设和农村人居环境整治，持续提升乡村的发展品质，打造美丽宜居乡村，完善乡村基础设施建设，更好满足广大群众对美丽家园、美好生活的追求。深入开展生态文明体制改革综合试验，实施乡村山水林田湖草生态保护和修复工程，完善生态系统保护制度，有力地促进了乡村自然生态系统功能和稳定性的提升，切实全面改善农村生产、生活、生态环境，提升广大农牧民的获得感、幸福感和安全感。开展草原生态保护修复，深入实施退牧还草和退化草原修复治理试点工程，2021 年，沙化土地治理 400 万亩、退牧还草 311 万亩、退化草原生态修复治理 105 万亩、完成造林 100万亩④。

## （三）围绕乡风文明，繁荣兴盛农村文化

### 1. 文化润疆工程稳步推进

坚持以社会主义核心价值观引领文化建设，坚定不移举旗帜、聚民心、育新人、兴

---

① 赵敏.环境好了 乡村美了 农民乐了 新疆万千乡村焕新颜［N/OL］.天山网，2021-01-05［2023-04-29］. http://nynct.xinjiang.gov.cn/nynct/nyncdt/202101/d6950023ea1c4e9f8e212b41b8b9af38. shtml.
② 刘毅.上半年新疆完成农村改厕逾 20 万户［N］.新疆日报，2021-08-09.
③ 雪克来提·扎克尔.2021 年新疆维吾尔自治区政府工作报告［N］.新疆日报，2021-02-07.
④ 艾尔肯·吐尼亚孜.2022 年新疆维吾尔自治区政府工作报告［N］.新疆日报，2022-02-09.

文化、展形象，深入实施文化润疆工程，铸牢中华民族共同体意识①。提高社会文明程度，提升公共文化服务水平，推动创作一批文化艺术精品，繁荣发展文化事业和文化产业。

### 2. 覆盖城乡的公共文化体系逐步建立，文化事业实现快速发展

广泛开展送文化设备、文化产品、文艺演出下基层活动，免费开放各级"四馆一站"。强化乡村文化阵地建设，县级图书馆、文化馆实现全覆盖，各族干部群众的精神文化生活不断丰富。提高社会文明程度，提升公共文化服务水平，推动创作一批文化艺术精品，繁荣发展文化事业和文化产业②。2017年以来，自治区文化和旅游厅组建12个文艺小分队每年赴南疆4个地（州）开展文化惠民演出，每年覆盖南疆300多个村，惠及群众1 000万人，通过各族群众喜闻乐见的文艺节目，弘扬主旋律、传播正能量，打通文化服务的"最后一公里"。2021年，自治区文化和旅游厅在全自治区设立首批乡村"文化大院"示范点53个。"流动博物馆"已在阿勒泰地区、巴音郭楞蒙古自治州、阿克苏地区巡展25场次，惠及群众超4 000人次③。

### （四）围绕生活富裕，增强农民获得感幸福感

#### 1. 人民生活逐步改善

新疆深入推进农业农村现代化，农民收入稳步提升，农村居民生活持续改善。2022年，自治区地区生产总值17 741.34亿元，比上年增长11.0%；全年人均地区生产总值68 552元，比上年增长3.3%。2022年，全年财政一般公共预算收入1 889.17亿元，比上年增长16.7%。农村居民人均可支配收入16 550元，比上年增长6.3%，扣除价格因素，实际增长4.7%。农村居民家庭恩格尔系数为32.2%，其中：城镇为32.4%，农村为31.8%（表1-2）④。

表1-2　新疆经济发展各项指标

| 年份 | 地区生产总值/亿元 | 财政一般公共预算收入/万元 | 农村居民人均可支配收入/元 | 农村居民家庭恩格尔系数/% |
|---|---|---|---|---|
| 2018 | 12 199.08 | 15 314 600 | 11 975 | 32.27 |
| 2019 | 13 597.11 | 15 776 000 | 13 121.7 | — |
| 2020 | 13 797.58 | 14 772 100 | 14 056 | 32.2 |
| 2021 | 15 983.65 | 16 186 000 | 15 575 | 30.5 |
| 2022 | 17 741.34 | 18 891 700 | 16 550 | 31.8 |

---

①② 雪克来提·扎克尔.2021年新疆维吾尔自治区政府工作报告［N］.新疆日报，2021-02-07.
③ 新疆维吾尔自治区文化和旅游厅.新疆：让"文化润疆"赋能乡村振兴［EB/OL］.（2021-4-20）［2023-04-29］.http://xj.people.com.cn/n2/2021/0420/c186332-34685106.html.
④ 根据中国经济社会大数据研究平台数据整理计算。

### 2. 持续改善民生

教育质量不断提升，实现适龄儿童和青少年就学全覆盖、学前教育毛入园率、九年义务教育巩固率、高中阶段毛入学率分别达到98.19%、95.69%、98.87%。在全国率先试行农村户籍人员在所在地公立医院"先诊疗、后付费"一站式结算。持续开展城乡居民免费健康体检，实现"应检尽检"。基本医疗保险参保率保持在95%以上。有效保障了全自治区155万城乡低保对象和2.2万特困供养人员的基本生活。发放困难残疾人生活补贴和重度残疾人护理补贴，惠及34.6万残疾人。实现有意愿的"五保"老人全部集中供养、孤儿全部集中收养。实施城镇老旧小区改造，惠及城镇居民23.15万户。稳步推进棚户区改造和公租房建设，6.39万套棚户区改造和2.61万套公租房全部开工；建设农房抗震防灾工程3万户，极大地改善了城乡居民居住条件①。

## 二、新疆实施乡村振兴战略成效评价

### （一）新疆实施乡村振兴战略成效评价指标体系构建

本研究围绕乡村振兴战略的总体要求，以符合新疆区情实际为基础，以完成新疆目标任务为导向，总结提炼工作成果，参照产业兴旺、生态宜居、乡风文明、治理有效、生活富裕5项子目标22项具体分类指标组成的新疆实施乡村振兴战略成效评价指标体系开展评价工作（表1-3）。

表1-3　新疆实施乡村振兴战略成效评价指标体系

| | 分类 | 主要指标 | 单位 | 指标性质 |
|---|---|---|---|---|
| 新疆乡村振兴战略成效评价指标体系 | 产业兴旺 | 农村居民人均可支配收入 | 万元 | 正 |
| | | 第一产业增加值 | 亿元 | 正 |
| | | 农业机械总动力 | 万千瓦 | 正 |
| | | 有效灌溉面积 | 公顷 | 正 |
| | | 粮食每公顷产量 | 吨 | 正 |
| | 生态宜居 | 畜禽粪污综合利用率 | % | 正 |
| | | 对生活垃圾进行处理的村占比 | % | 正 |
| | | 对生活污水进行处理的村占比 | % | 正 |
| | | 农村卫生厕所普及率 | % | 正 |
| | | 乡村绿化覆盖率 | % | 正 |
| | 乡风文明 | 县级及以上文明村和乡镇占比 | % | 正 |
| | | 电视人口覆盖率 | % | 正 |

---

① 艾尔肯·吐尼亚孜.2022年新疆维吾尔自治区政府工作报告［N］.新疆日报，2022-02-09.

（续）

| | 分类 | 主要指标 | 单位 | 指标性质 |
|---|---|---|---|---|
| 新疆乡村振兴战略成效评价体系 | 乡风文明 | 村党组织书记兼任村委会主任的村占比 | % | 正 |
| | | 集体经济强村比重 | % | 正 |
| | 治理有效 | 农村特困人员集中供养人数 | 人 | 正 |
| | | 农村居民最低生活保障人数 | 人 | 正 |
| | | 调解纠纷 | 起 | 正 |
| | 生活富裕 | 城乡居民收入占比 | % | 负 |
| | | 农村居民家庭恩格尔系数 | % | 负 |
| | | 通硬化路的建制村占比 | % | 正 |
| | | 农村集中供水率 | % | 正 |
| | | 农村居民基本医疗保险参保率 | % | 正 |

## （二）新疆实施乡村振兴战略成效评价结果

### 1. 新疆乡村振兴战略成效综合水平

采用熵值法测评新疆乡村振兴战略成效总体发展水平：新疆乡村振兴战略成效综合水平呈逐年上升趋势，乡村振兴步伐正逐年加快。新疆实施乡村振兴战略成效水平由2017年的0.92增加到2020年的1.28，年均增长0.12，实现快速增长，评估结果符合新疆乡村振兴战略进展的实际情况（表1-4，图1-3）。

表1-4　新疆实施乡村振兴战略成效综合水平

| 年份 | 新疆实施乡村振兴战略成效评价指数 |
|---|---|
| 2017 | 0.92 |
| 2018 | 1.12 |
| 2019 | 1.25 |
| 2020 | 1.28 |

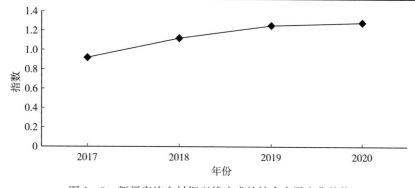

图1-3　新疆实施乡村振兴战略成效综合水平变化趋势

本研究构建"新疆实施乡村振兴成效评价"指标体系后，考虑到指标体系中各指标计量单位不同，为此，首先，消除不同变量之间性质、量纲、数量级等特征属性的差异，将其转化为一个无量纲的相对数值，也就是标准化数值，使各指标的数值都处于同一个数量级别上，从而便于不同单位或数量级的指标能够进行综合分析和比较；其次，对指标进行计算，表1-4～表1-9计算后的得分值，没有计量单位。

### 2. 新疆实施乡村振兴战略成效的分领域分析

#### （1）产业兴旺水平评价

产业兴旺既是推动乡村振兴的核心动能，也是实现乡村振兴的关键因素，进一步分析新疆产业兴旺水平及各指标因素情况，从表1-5可以看出，新疆产业兴旺水平也呈逐年上升趋势，从2017年的0.25增长到2020年1.02，年均增长0.26。

**表1-5 新疆产业兴旺和准则层内各指标情况**

| 年份 | 农村居民人均可支配收入 | 第一产业增加值 | 农业机械总动力 | 有效灌溉面积 | 粮食每公顷产量 | 产业兴旺水平指数 |
|---|---|---|---|---|---|---|
| 2017 | 0.01 | 0.02 | 0.10 | 1.00 | 0.23 | 0.25 |
| 2018 | 0.29 | 0.25 | 0.37 | 0.70 | 0.00 | 0.32 |
| 2019 | 0.61 | 0.71 | 0.76 | 0.00 | 0.76 | 0.57 |
| 2020 | 1.00 | 1.00 | 1.00 | 1.08 | 1.00 | 1.02 |

从准则层内各指标来看（图1-4），农村居民人均可支配收入、第一产业增加值、农业机械总动力、有效灌溉面积和粮食每公顷产量等5项指标均保持增长态势，分别从2017年的0.01、0.02、0.10、1.00、0.23增长到2020年的1.00、1.00、1.00、1.08、1.00，其中农村居民人均可支配收入、第一产业增加值、农业机械总动力3项指标增长速度高于产业兴旺水平指数增长速度，分别年均增长0.33、0.33、0.30。

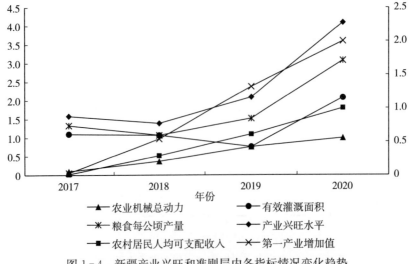

图1-4 新疆产业兴旺和准则层内各指标情况变化趋势

（2）生态宜居水平评价

生态宜居既是乡村振兴的基础要求，良好的生态环境是守住乡村劳动力、实现乡村可持续发展的关键，也是构建良好的乡村人居环境的核心要求。乡村作为农民生产、生活的基本载体，建设生态宜居的家园既是吸引外流人口回乡创业的保障之一，也是践行习近平总书记"绿水青山就是金山银山"思想的核心所在。从表1-6中可以看出，新疆乡村生态宜居水平升上较快，由2017年的0.83增长到2020年的1.76，年均增长0.31。

表1-6　新疆生态宜居和准则层内各指标情况

| 年份 | 畜禽粪污综合利用率 | 对生活垃圾进行处理的村占比 | 对生活污水进行处理的村占比 | 农村卫生厕所普及率 | 乡村绿化覆盖率 | 生态宜居水平指数 |
|---|---|---|---|---|---|---|
| 2017 | 0.89 | 0.86 | 0.84 | 0.74 | 0.84 | 0.83 |
| 2018 | 1.30 | 1.28 | 1.29 | 1.41 | 1.04 | 1.26 |
| 2019 | 1.48 | 1.88 | 1.71 | 1.59 | 1.18 | 1.57 |
| 2020 | 1.66 | 2.10 | 2.00 | 1.85 | 1.18 | 1.76 |

2017—2020年，新疆生态宜居各指标上升速度有所不同，对生活垃圾进行处理的村占比、对生活污水进行处理的村占比、农村卫生厕所普及率分别由0.86、0.84、0.74增加到2.10、2.00、1.85，均保持0.30以上的年均增长。畜禽粪污综合利用率、乡村绿化覆盖率分别由0.89、0.84增加到1.66、1.18，分别年均增长0.26、0.11（图1-5）。

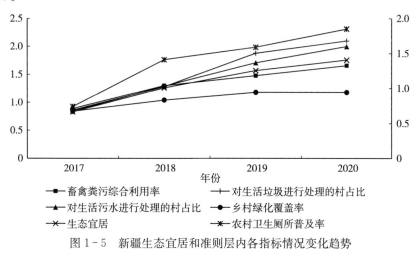

图1-5　新疆生态宜居和准则层内各指标情况变化趋势

（3）乡风文明水平评价

乡村振兴除了提高村民物质生活水平以外，满足村民精神层面的需求也非常重要。乡风文明水平由2017年的0.99增加到2020年的1.51，年均增长0.17。从准则层内各指标来看，4项指标均保持增长态势，其中集体经济强村比重、村党组织书记兼任村委会主任的村占比从2017年的0.99、0.99增长到2020年的2.27、1.60，保持年均0.43、0.20的高增速。县级及以上文明村和乡镇占比、电视人口覆盖率等2项指标分别实现了0.05、0.01的年均增速（表1-7，图1-6）。

表1-7 新疆乡风文明和准则层内各指标情况

| 年份 | 县级及以上文明村和乡镇占比 | 电视人口覆盖率 | 村党组织书记兼任村委会主任的村占比 | 集体经济强村比重 | 乡风文明水平指数 |
|------|------|------|------|------|------|
| 2017 | 0.99 | 0.99 | 0.99 | 0.99 | 0.99 |
| 2018 | 1.04 | 1.01 | 1.40 | 1.19 | 1.16 |
| 2019 | 1.07 | 1.01 | 1.50 | 1.8 | 1.35 |
| 2020 | 1.14 | 1.01 | 1.60 | 2.27 | 1.51 |

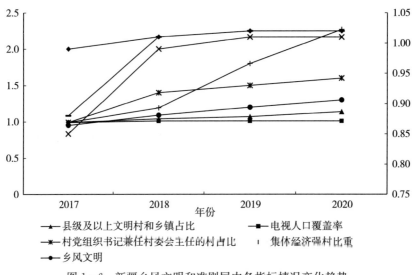

图1-6 新疆乡风文明和准则层内各指标情况变化趋势

（4）治理有效水平评价

基层治理是乡村振兴的基础，加快推进乡村治理体系和治理能力现代化，破解农村发展不充分难题是"三农"工作的重要任务之一①。2017—2020年，新疆农村治理有效水平由0.96增加到2.15，年均增长0.40。农村特困人员集中供养人数、农村居民最低生活保障人数、调解纠纷的提升水平基本相同，分别由0.95、0.98、0.96提升到2.03、2.43、1.98（表1-8，图1-7）。

表1-8 新疆治理有效和准则层内各指标情况

| 年份 | 农村特困人员集中供养人数 | 农村居民最低生活保障人数 | 调解纠纷 | 治理有效水平指数 |
|------|------|------|------|------|
| 2017 | 0.95 | 0.98 | 0.96 | 0.96 |
| 2018 | 1.00 | 1.00 | 1.01 | 1.00 |
| 2019 | 1.21 | 1.34 | 1.18 | 1.24 |
| 2020 | 2.03 | 2.43 | 1.98 | 2.15 |

---

① 《湖北省人民政府关于印发湖北省推进农业农村现代化"十四五"规划的通知》（鄂政发〔2021〕19号）。

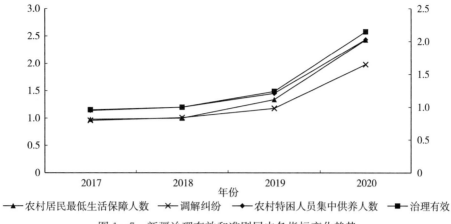

图 1-7 新疆治理有效和准则层内各指标变化趋势

（5）生活富裕水平评价

乡村振兴的最终目标在于保证农民过上富裕的生活。2017—2020 年，新疆农村居民生活富裕水平指数由 0.91 增加到 1.03，年均增长 0.04。从准则层内各指标来看，城乡居民收入比、农村居民家庭恩格尔系数、通硬化路的建制村占比（具备条件的）、农村集中供水率、农村居民基本医疗保险参保率水平呈增长趋势，分别由 0.89、0.97、0.85、0.88、0.97 增加到 1.00、1.00、1.03、1.10、1.02（表 1-9，图 1-8）。

表 1-9 新疆生活富裕和准则层内各指标情况

| 年份 | 城乡居民收入占比 | 农村居民家庭恩格尔系数 | 通硬化路的建制村占比（具备条件的） | 农村集中供水率 | 农村居民基本医疗保险参保率 | 生活富裕水平指数 |
|---|---|---|---|---|---|---|
| 2017 | 0.89 | 0.97 | 0.85 | 0.88 | 0.97 | 0.91 |
| 2018 | 0.94 | 0.94 | 1.01 | 1.02 | 1.02 | 0.99 |
| 2019 | 0.97 | 0.91 | 1.03 | 1.06 | 1.02 | 1.00 |
| 2020 | 1.00 | 1.00 | 1.03 | 1.10 | 1.02 | 1.03 |

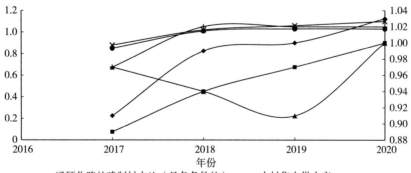

图 1-8 新疆生活富裕和准则层内各指标情况变化趋势

## 三、新疆提升乡村振兴战略成效面临的困境和对策建议

### （一）新疆提升乡村振兴战略成效面临的困境

实施乡村振兴战略是以习近平同志为核心的党中央作出的重大决策，在农业农村发展历史进程中具有里程碑意义，是广大农民群众的殷切期盼。必须抢抓机遇，发挥优势，推动农业农村全面发展，确保农业农村现代化建设迈出更加坚实步伐。经过几年的快速发展，新疆实施乡村振兴战略取得明显成效，但也面临一些困境。

#### 1. 农业产业基础薄弱，三次产业融合发展不够

新疆农业生产中存在"散、小、杂"的问题，结构性矛盾突出，产业化经营水平不高，农业仍以初级产品生产为主，农业竞争力、供给质量和综合效益亟待提高，农产品加工水平和转化增值率依然偏低，农村一二三产业融合发展不够，农业比较效益低。

#### 2. 乡村人才支撑亟待提升

乡村人才机制有待改善，乡村专业人才缺乏，科技人才不足，人才外流严重，人才后劲不足，高素质农民队伍薄弱，致富带头人少。

#### 3. 深化农村改革亟待突破

产权制度改革进展慢，保障措施不够有力。资本、人才、技术等要素下乡通道不畅，推进城乡融合发展体制机制性障碍多。农村大量资源资产闲置，盘活路径不宽，集体产权流转交易需强化具体举措。

#### 4. 乡村生态环境问题待更加完善

乡村受自然环境影响，农业产业发展面临水资源紧缺、生产方式落后等诸多问题。传统粗放的农业生产方式使得化肥、农药等使用强度较高，给大气、水、土壤等带来严重污染。农作物秸秆、畜禽粪便污水、农用残膜回收等农业面源污染问题依然突出，推进乡村农业由增产导向转向提质导向的任务非常艰巨。

### （二）新疆提升乡村振兴战略成效的对策建议

#### 1. 强化农业产业基础，加快三次产业融合发展

深化农产品供给侧结构性改革，在持续抓紧抓好粮食和重要农产品保供的基础上，推进全产业链发展，打造产业融合、市场竞争力强、特色鲜明的农业产业布局，推动农业由增产导向转向提质导向。大力支持农产品加工业发展，建设一批农产品生产基地、加工销售物流基地，打造特色农业品牌和区域公用品牌，不断提升农业

产业化水平。积极创建农村一二三产业融合发展示范园，开发一批乡村旅游精品，丰富乡村产业业态。加快农业科技创新平台建设，促进农业科技成果转化应用，强化现代农业科技支撑。

### 2. 强化乡村振兴人才支撑

健全乡村人才工作体制机制，加快培育农业农村科技人才、农业生产经营人才、乡村公共服务人才、农村二三产业发展人才，高位推动乡村人才振兴。全面实施农技推广服务特聘计划，探索公益性和经营性农技推广融合发展机制，完善科技特派员、专家服务团等选派政策，逐步实现创业服务和科技服务行业、产业全覆盖。建立城乡、区域、校地之间人才培养合作与交流机制，引导推动专业人才服务乡村。强化实用技能培训，支持高校、龙头企业、专业技术协会、农民专业合作社等主体承担培训任务，加大专业生产型、技能服务型人才队伍培育工作。

### 3. 增强改革创新、激发活力

深化农村集体经济制度改革，激活市场、主体和要素，实现农业的全环节升级、全链条升值，调动各方力量投身乡村振兴。建立符合市场经济要求的农村集体经济运营新机制，推进农村集体资产监督管理平台和农村产权交易市场建设，全面开展农村集体资产清产核资，保护集体经济组织成员权利，明晰产权归属，完善农村集体资产股份权能，发展壮大新型农村集体经济。健全土地经营权流转服务体系，强化土地流转用途管制，推动土地经营权规范有序流转，积极破解南疆土地"碎片化"问题。更好发挥市场机制作用，创新农业支持保护方式，发挥好保险、担保、信贷、期货、证券等支持作用，强化金融服务方式创新，构建政府支持有力、市场运行有效的支持保护体系。

### 4. 加强农村生态文明建设，强化人与自然和谐共生

提升农业资源利用效率，加强畜禽粪污资源化利用和病死畜禽无害化处理。推广新型高效植保机械和高效低毒低残留农药，推进化肥和农药减量增效，积极打造地方有机品牌。全面推进养殖废弃物资源化利用、秸秆综合利用和地膜科学使用回收。探索绿色发展激励约束机制，集成推广绿色发展技术模式，探索建立生态产品价值实现机制。整治提升农业人居环境，因地制宜推进农村厕所革命、污水处理和生活垃圾无害化处置。整体提升村容村貌，开展绿化、清洁行动，创建一批美丽宜居乡村。

**参考文献：**

邓国胜，钟宏武，2021. 乡村振兴蓝皮书 2020［M］. 北京：经济管理出版社.

瞿建蓉，2018. 落实乡村振兴战略 加快新疆农业现代化发展［J］. 新疆社科论坛（1）：5.

刘娜娜，2020. 新疆农村一二三产业融合发展研究［M］. 北京：中国农业出版社.

刘毅，2018.《新疆维吾尔自治区乡村振兴战略规划（2018—2022年)》印发［N/OL］．新疆日报，
　　2018－11－27［2023－04－29］．https：//xjrb. ts. cn/xjnmb/20181127/120121. html.

木合塔尔·沙地克，2020. 深入实施新疆乡村振兴战略的若干思考［J］．农村农业农民（18）：3.

屈楠楠，郭文强，武赛龙，2021. 新疆乡村振兴评价指标体系构建及实现度测定分析［J］．赤峰学院
　　学报（自然科学版），37（6）：80－85.

新疆维吾尔自治区党委，新疆维吾尔自治区人民政府，2021. 关于贯彻《中共中央　国务院关于全面推
　　进乡村振兴加快农业农村现代化的意见》的实施意见［N/OL］．新疆日报，2021－02－18［2023－
　　04－29］．https：//xjrb. ts. cn/xjrb/20210406/172475. html.

张挺，2018. 乡村振兴评价指标体系构建与实证研究［J］．管理世界，34（8）：7.

佚名，2021. 中共中央　国务院关于全面推进乡村振兴加快农业农村现代化的意见［EB/OL］．
　　(2022－02－21)［2023－04－29］．https：//www. gov. cn/gongbao/content/2021/content_5591401. htm.

新华社，2018. 中共中央　国务院印发乡村振兴战略规划（2018—2022年)［EB/OL］．(2022－09－26)
　　［2023－04－29］．https：//www. gov. cn/zhengce/2018－09/26/content_5325534. htm.

**2**

# 专题报告

# 确保新疆粮食安全和重要
# 农产品有效供给研究

李婷①

## 摘　要

　　保障粮食等重要农产品供给是治国安邦的首要任务，粮食是国计民生的基础，是国家安全的基石。新疆远离内地产区，确保新疆粮食安全和农产品供给，是实现全自治区社会稳定和长治久安总目标的重要基础。当前新疆粮食实现丰产丰收、棉花生产优势继续巩固、林果业提质增效工程深入实施、畜牧业高质量发展加快推进、特色农业规模稳步提升，粮食和重要农产品供给保障能力持续提升。但还存在五大产业发展质量效益不高、精深加工和仓储保鲜冷链物流短板制约明显、现代农业产业支撑体系比较薄弱等问题。建议从突出抓好五大优势产业，全面构建现代农业生产体系、提升龙头企业精深加工能力、实施农业品牌战略、强化现代农业基础支撑等方面保障新疆粮食安全和重要农产品有效供给。

## 关键词

　　粮食安全；重要农产品；有效供给；新疆

　　粮食始终是治国理政的头等大事。作为 14 亿多人口的大国，保障农产品供给、端牢中国人的饭碗，是保障国家安全的基本要求。2021 年，中央经济工作会议提出"要正确认识和把握初级产品供给保障……中国人的饭碗任何时候都要牢牢端在自己手中"。中央农村工作会议强调，"保障好初级产品供给是一个重大战略性问题"。截至 2022 年，中央 1 号文件已连续 19 年聚焦"三农"议题。保障好初级产品供给是一个重大的战略性问题，中国人的饭碗任何时候都要牢牢端在自己的手中，饭碗要装中国粮。中央 1 号

---

　　① 李婷，新疆社会科学院农村发展研究所副研究员。

文件强调要牢牢守住保障国家粮食安全线，全力抓好粮食生产和重要农产品供给，这凸显了保障粮食和重要农产品供给、端牢中国人饭碗的重大意义。

## 一、深刻认识保障粮食安全和重要农产品供给的特殊意义

### （一）保障粮食安全和重要农产品供给是维护国家安全的重要基石

"仓廪实，天下安""衣食足而知荣辱"，保障粮食等重要农产品供给是治国安邦的首要任务，粮食是国计民生的基础，是国家安全的基石。"只要粮食不出大问题，中国的事就稳得住。"《2021 年世界粮食安全和营养状况》报告显示，因受新冠疫情影响，2020 年全世界饥饿人口增至 7.20 亿～8.11 亿人。只有确保谷物基本自给、口粮绝对安全，把饭碗牢牢端在自己手中，才能稳定社会大局，奠定高质量发展的基础。党中央、国务院高度重视粮食安全问题，始终把解决人民吃饭问题作为治国安邦的首要任务。特别是党的十八大以来，以习近平同志为核心的党中央立足世情国情粮情，确立了"以我为主、立足国内、确保产能、适度进口、科技支撑"的国家粮食安全战略，提出了"谷物基本自给、口粮绝对安全"的新粮食安全观。保障粮食安全和重要农产品的自给，实现中华民族伟大复兴就有了底气。

### （二）保障粮食安全和重要农产品供给是增进民生福祉的重要保证

"民以食为天，食以粮为本。"粮食和重要农产品保障越充分，人民的获得感的成色就更足、幸福感就更可持续、安全感就更有保障，以人民为中心的发展思想就越能得到彰显。进入新时代，人民对美好生活需要进一步升级，不仅要求吃饱，更要求吃好。保障粮食安全，习近平总书记强调："要坚持数量质量并重，在保障数量供给的同时，更加注重农产品质量和食品安全，注重生产源头治理和产销全程监管，让人们吃得饱、吃得好、吃得放心。"这既需要绝对保障农产品供给、粮食充足、人心安定，又要保证质量安全，让城乡居民"吃得安全""吃得放心""吃得健康"，过上高品质的生活。

### （三）保障粮食安全和重要农产品供给是应对风险挑战的重要支撑

新冠疫情全球暴发，国际农产品价格飙升，部分产品涨幅超过 50%。疫情加剧了全球农业生产与贸易格局扭曲，农产品供应链、价值链受阻，粮食成为各国紧缺的战略物资，部分国家捂紧了粮袋子，限制粮食出口。中国人的饭碗只能也必须端在自己人手里，只有这样，才能做到"手中有粮，心中不慌"。大局要稳，必须粮食稳、基础实。我国如期打赢脱贫攻坚战后，"三农"工作重心历史性转移到乡村振兴上。要在推进乡村产业振兴过程中，深入推进农业供给侧结构性改革，把确保粮食和农产品供给作为首要任务。新疆是粮食产销平衡区，远离内地产区，相邻省份的粮食供求也都偏紧。在资源环境约束日益加大、生产成本快速攀升、种粮收益依然偏低的情况下，保持粮食生产稳步增长的难度越来越大，确保新疆粮食安全和农产品供给，是实现新疆社会稳定和长

治久安总目标的重要基础。

## 二、新疆粮食安全和重要农产品有效供给的基本情况

### （一）粮食和重要农产品供给保障能力持续提升

#### 1. 粮食实现丰产丰收

党的十八大以来，以习近平同志为核心的党中央始终高度重视粮食安全，把解决好吃饭问题作为治国理政的头等大事。自治区党委和人民政府深入贯彻习近平总书记关于确保粮食安全的重要讲话重要指示批示精神，牢记粮食安全这个"国之大者"，坚决扛起粮食安全政治责任，坚持把"藏粮于地、藏粮于技"落到实处，坚持粮食生产"疆内平衡、略有结余"原则，始终抓牢粮食生产首要任务，采取下达粮食种植计划、提高小麦耕地地力补贴、加强高标准农田建设、强化科技支撑、深化小麦收储制度改革等一系列措施，稳步提高粮食综合生产能力，保护粮食主产区和种粮农民积极性，粮食供给充足，库存充裕，粮食安全得到了有效保障。

自治区统计公报数据显示，2021 年全自治区粮食种植面积 3 557.5 万亩，产量 1 735.8 万吨，较上年增加 152.4 万吨，超额完成了国家下达自治区的 3 387.1 万亩目标任务。2021 年全自治区人均粮食占有量 670 千克，远高于全国 483 千克的平均水平，实现了谷物基本自给，口粮绝对安全。其中，小麦种植面积 1 702.9 万亩，占总播种面积的 47.9%，产量 639.8 万吨；玉米种植面积 1 665.4 万亩，占总播种面积的 46.8%，产量 1 012.7 万吨；水稻种植面积 66.5 万亩，占总播种面积的 1.9%，产量 41.7 万吨；豆类及其他种植面积 122.7 万亩，占总播种面积的 3.4%，产量 41.6 万吨（表 2-1）[①]。

表 2-1  2012—2021 年新疆粮食作物种植数据表

| 年份 | 粮食面积/万亩 | 粮食产量/万吨 | 小麦面积/万亩 | 小麦产量/万吨 | 玉米面积/万亩 | 玉米产量/万吨 | 水稻面积/万亩 | 水稻产量/万吨 | 豆类及其他面积/万亩 | 豆类及其他产量/万吨 |
|---|---|---|---|---|---|---|---|---|---|---|
| 2012 | 3 225.2 | 1 517.4 | 1 565.8 | 568.3 | 1 355.7 | 844.5 | 126.7 | 67.5 | 177.0 | 37.1 |
| 2013 | 3 385.3 | 1 727.0 | 1 612.6 | 630.9 | 1 481.8 | 985.0 | 132.6 | 67.7 | 158.3 | 43.4 |
| 2014 | 3 455.1 | 1 749.9 | 1 666.2 | 631.0 | 1 509.1 | 1 001.3 | 123.9 | 73.7 | 155.9 | 43.9 |
| 2015 | 3 605.1 | 1 895.3 | 1 737.1 | 691.5 | 1 601.6 | 1 090.2 | 112.5 | 67.4 | 154.1 | 46.2 |
| 2016 | 3 607.9 | 1 552.3 | 1 823.8 | 681.8 | 1 539.6 | 765.7 | 124.6 | 71.7 | 119.9 | 33.1 |
| 2017 | 3 443.8 | 1 484.7 | 1 690.2 | 612.6 | 1 529.9 | 772.6 | 111.4 | 65.5 | 112.3 | 34.0 |
| 2018 | 3 329.5 | 1 504.2 | 1 547.2 | 571.9 | 1 549.9 | 827.6 | 117.6 | 72.7 | 114.8 | 32.0 |

---

① 国家统计局．新疆维吾尔自治区 2021 年国民经济和社会发展统计公报［EB/OL］．（2022-03-21）［2023-04-30］．https：//tjj．xinjiang．gov．cn/tjj/tjgn/202203/7ab304445f．

（续）

| 年份 | 粮食面积/万亩 | 粮食产量/万吨 | 小麦面积/万亩 | 小麦产量/万吨 | 玉米面积/万亩 | 玉米产量/万吨 | 水稻面积/万亩 | 水稻产量/万吨 | 豆类及其他面积/万亩 | 豆类及其他产量/万吨 |
|---|---|---|---|---|---|---|---|---|---|---|
| 2019 | 3 305.4 | 1 527.1 | 1 592.4 | 576.0 | 1 495.8 | 858.4 | 85.4 | 51.6 | 131.8 | 41.1 |
| 2020 | 3 345.2 | 1 583.4 | 1 603.5 | 582.1 | 1 576.6 | 928.4 | 71.4 | 41.9 | 93.7 | 31.0 |
| 2021 | 3 557.5 | 1 735.8 | 1 702.9 | 639.8 | 1 665.4 | 1 012.7 | 66.5 | 41.7 | 122.7 | 41.6 |

从表2-1可以看出：一是新疆粮食生产能力稳中有升。2012—2021年，全自治区（含兵团，下同）粮食种植面积从3 225.2万亩增长到3 557.5万亩，增长10.3%。产量从1 517.4万吨增长到1 735.8万吨，增长14.4%。粮食连续多年实现丰产丰收，为经济社会稳定发展提供有力支撑。

二是小麦和玉米在粮食生产中占有绝对比重。小麦是新疆各族群众的主要口粮，在新疆确保口粮绝对安全，主要是突出抓好小麦安全；玉米是新疆种植面积第二大粮食作物，是畜牧业发展的主要饲料保障。2021年，全自治区小麦和玉米种植面积占粮食总面积94.7%，产量占95.2%。水稻、豆类等其他种植面积仅占粮食总面积的5.32%，产量仅占4.8%。

三是水稻面积持续下降。新疆的水稻种植面积从2012年的126.7万亩下降到2021年的66.5万亩，产量从67.5万吨下降到41.7万吨。全自治区每年大米消费量110万吨左右，需从内地调运约70万吨。

### 2. 棉花生产优势继续巩固

新疆种植棉花历史悠久，具有发展棉花生产得天独厚的资源优势、区位优势、技术优势、规模优势和机械化优势，自1994年起，新疆已连续28年实现棉花面积、单产、总产、商品调出量全国第一。据自治区统计公报数据显示，2021年全自治区棉花种植面积3 759万亩，较上年增加6.2万亩，占全国棉花面积的83%；皮棉产量512.8万吨，较上年减少3.2万吨，占全国棉花产量的89.5%；平均单产136.4千克/亩，较上年减少1.1千克/亩，较全国平均水平高10千克/亩，全自治区最高单产达335.5千克/亩。目前，全自治区已形成2个100万亩以上的优势棉花区（昌吉回族自治州、博尔塔拉蒙古自治州），4个300万亩以上的优势棉花区（巴音郭楞蒙古自治州、阿克苏地区、喀什地区、塔城地区）。除乌鲁木齐市和阿勒泰地区外，其余地（州）均有棉花种植。其中，南疆占比68%，以阿克苏地区、喀什地区、巴音郭楞蒙古自治州为主；北疆占比30%，以塔城地区、昌吉回族自治州、博尔塔拉蒙古自治州为主；东疆占比2%，以哈密市为主。2021年棉花（籽棉）每千克平均10.4元，亩均收益1 800元左右[①]。

---

① 国家统计局．新疆维吾尔自治区2021年国民经济和社会发展统计公报［EB/OL］．（2022-03-21）［2023-04-30］．https://tjj.xinjiang.gov.cn/tjj/tjgn/202203/7ab304445f.

### 3. 林果业提质增效工程深入实施

目前，新疆林果业坚持品种优化、品质提升、品牌打造、标准化生产发展方向，以农业供给侧结构性改革为主线，按照常规品种适种区、优势品种最宜区、特色品种推广区，打造形成了林果产业"一区三带"发展格局，即环塔里木盆地以核桃、红枣、巴旦木、杏、香梨、苹果、葡萄等为主的南疆林果产区；以鲜食和制干葡萄、红枣为主，覆盖吐哈盆地的优质高效林果产业带；以鲜食和酿酒葡萄、枸杞、小浆果为主的伊犁河谷林果产业带；天山北坡特色林果产业带的三大产业带。2021年全自治区（含兵团）林果种植面积2 145.6万亩（兵团301.3万亩），较上年减少5万亩，降低0.2%；总产量1 351.2万吨（兵团486.3万吨），较上年增加36.2万吨，增长2.8%。红枣、葡萄、杏种植面积和产量居全国第一，核桃面积居全国第六，产量居全国第二，仅次于云南。库尔勒香梨、阿克苏苹果、喀什巴旦木、伽师县新梅、和田石榴等"名、优、特、新"品种，依托得天独厚的水土光热资源，以上等的品质得到国内外市场的青睐，展现出强劲的比较优势和市场竞争力。新疆林果业提质增效工程成效显著，年果品总产值559.4亿元（不含兵团），林果主产区果农林果收入占农村居民人均可支配收入的40%，最高的地方占比达70%以上[①]。

### 4. 畜牧业高质量发展加快推进

新疆坚持以推进农区畜牧业振兴为突破口，以市场为导向，坚持生态化发展方向，坚持农牧结合、草畜配套，走产业发展与资源环境相协调、标准化规模化生产、产业化品牌化运营的可持续发展道路，持续做大肉牛肉羊产业，加快推进奶业振兴，做优做强家禽产业，推进生猪产业转型升级，因地制宜发展特色产业。2021年年底，新疆猪、牛、羊、禽肉产量183.1万吨，比上年增长16.1%。其中：羊肉产量60.4万吨，增长6.1%；牛肉产量48.5万吨，增长10.3%；猪肉产量49.9万吨，增长32.9%；禽肉产量24.3万吨，增长26.7%。禽蛋产量41万吨，增长2.1%。牛奶产量211.5万吨，增长5.7%。牛羊猪存栏5 622万头，比上年增长10.8%；牛羊猪出栏4 502.1万头，增长5.2%[②]。

### 5. 特色农业规模稳步提升

推进区域特色农业发展，促进优势特色作物种植向优势产区聚集，有利于发挥特色农业比较优势，对于深化农业供给侧结构性改革、促进一产上水平、促进农民持续增收和获得最优的生态效益、社会效益，对于发展现代农业、促进农业高质量发展、加快乡村产业振兴，具有十分重要的现实作用和长远意义。目前，新疆已初步形成了加工番

---

①② 国家统计局. 新疆维吾尔自治区2021年国民经济和社会发展统计公报 [EB/OL]. (2022-03-21) [2023-04-30]. https://tjj.xinjiang.gov.cn/tjj/tjgn/202203/7ab304445f.

茄、加工辣椒、西甜瓜、甜菜、中药材、芳香植物、打瓜子等地方优势特色产业，特色作物种植面积超过 1 000 万亩，质量和效益进一步提升。新疆红花产量约占全国的80%。作为一种集药用、油料为一体的特种经济作物，其医药、保健作用不断被开发，特别是红花籽中的亚油酸含量高达 83% 左右，堪称"亚油酸之王"。新疆甜瓜具有含糖量高、香甜多汁、口感细腻、营养丰富和耐储运性好等特点，加之在品质和绿色无公害等方面的突出优势，使新疆甜瓜在国内外都享有盛誉，是全自治区重要特色作物之一，农民种植积极性较高。新疆是全球最适合番茄生长的地区之一，是世界第三大番茄生产基地，在产量、质量、出口量和装备水平上都位于全国前列。

### （二）现代农业科技和物质装备支撑不断强化

一是狠抓种子和耕地两个要害。新疆坚持高标准农田、"4个百万亩"制种基地建设向"两区"倾斜，提升全自治区粮食综合产能和重要农产品有效供给水平。实施种业振兴行动，推进种业"卡脖子"技术攻关，开展农业种质资源普查，已收集各类农作物种质资源 4 495 份。认定小麦、玉米、棉花、特色作物"4个百万亩"制种基地 525.33 万亩①。加快推进高标准农田建设，2021 年 428 万亩建设任务已完工 229.94 万亩，实现旱涝保收、高产稳产。落实最严格的耕地保护制度，耕地质量较上年提升 0.09 个等级，无新增或反弹"大棚房"问题，开展遏制耕地"非农化"专项行动。二是农业绿色发展持续推进。建立绿色防控示范区 63 个、化肥减量增效示范区 255 个，推进 8 个农作物秸秆综合利用重点县建设，主要农作物绿色防控覆盖率达 42%，测土配方施肥入户率 91.5% 以上，畜禽粪污资源化利用率达 88.2%。"两品一标"总数较上年增加 101 个。三是农业技术装备能力不断提升。组织开展农业主导产业关键技术攻关，加强大型采棉机、青贮收获机等优势农机设备自主研发和推广应用力度，创建 12 个主要农作物全程机械化示范县（市、区），推广"全程机械化＋综合农事服务"模式。累计建成 614 个农产品产地冷藏保鲜设施。四是加强水利基础设施建设。全自治区续建和新开工水利项目共 335 个，总投资 1 521 亿元，年内计划完成投资 222 亿元。持续推进 3 个大型灌区续建配套与现代化改造工程，对 151 个水库安全隐患进行全覆盖检查整改，实施 7 个水库除险加固工程②。

### （三）农村一二三产业融合发展进程加快

一是农业产业化水平持续提升。新疆集中力量打造馕、棉花（棉纺织）、葡萄及葡萄酒、红枣、核桃、肉牛及肉羊、牛奶、家禽、现代种业、设施蔬菜十大产业重点链，扎实推进库尔勒香梨等 4 个国家级优势特色产业集群和 35 个农业产业强镇、6 个国家级

① 新疆维吾尔自治区人民政府．新疆完成 525 万亩制种基地认证［EB/OL］．（2022－03－01）［2023－04－30］．http：//www.xinjiang.gov.cn/xinjiang/bmdt/202203/58468b1e54b04a2c8df60c899f763740.shtml.
② 新疆维吾尔自治区人民政府．新疆多项重大水利工程进展顺利．［EB/OL］．（2022－12－29）［2023－04－30］．http：//www.xinjiang.gov.cn/xinjiang/xjyw/202112/5a5454114876483ba6e312559d1c3970.shtml.

现代农业产业园建设，加快构建现代乡村产业体系。昌吉市现代农业产业园农产品加工产值与农业总产值比达到 3.96∶1。组织玛纳斯县、巴楚县、博乐市、福海县申报创建国家农业现代化示范区。二是"两张网"建设纵深推进。依托农产品疆内收购、疆外销售"两张网"，农产品购销稳步增长，疆内累计购进 167.05 亿元、同比增长 31.71%，疆外累计销售 207.46 亿元、同比增长 24.30%。组织企业参加新疆农产品脱贫地区产销对接活动和国内各类农产品展销展示会，累计签约 41.9 亿元。三是新型农业经营主体不断壮大。全自治区"四级"农业产业化重点龙头企业达 1 104 家，新增国家级龙头企业 16 家。和田地区打造"十万、百万、千万、亿"工程，吸引了 133 家大型畜禽龙头企业进疆投资，以现代畜牧业引领农业产业化发展，构筑乡村产业高地。全自治区家庭农场达到 11.77 万家，农民合作社达到 2.87 万个，农业专业化社会化服务组织达到 1.96 万个①。

## 三、新疆粮食生产和重要农产品供给存在问题

### （一）农业质量效益有待提升

农业供给侧结构性改革进展不平衡，在经济结构中一产比重偏高，粮食、棉花、畜牧、林果、特色农业五大产业发展质量效益不高，"稳粮、优棉、促畜、强果、兴特色"的农业产业布局还需优化升级。在"稳粮"方面，由于主要农产品生产成本上升，农业比较效益下降的压力很大，种粮效益较低，特别是种子等"卡脖子"问题的存在，制约了农民种粮积极性。在"优棉"方面，新疆棉花产量虽然占全国的 90% 以上，但总体品质还不高、品种多而不强，无法满足纺织企业对高品质棉花日益增长的需求，一些中高端纺织企业宁可高价争购澳大利亚棉花，也不愿采购新疆棉花。在"促畜"方面，全疆牛肉产量勉强维持自治区内市场需要，家禽消费需求存在较大缺口，畜产品生产与畜牧业大区地位不相称。畜产品同质化现象严重，容易导致产品积压，难以形成竞争力。在"强果"方面，新疆林果产品质量差、商品率低，绿色、有机、高端果品不足，产业影响力低等问题严重制约了林果业的健康发展。比如，皮皮枣、空壳核桃、黑仁核桃等占比高；肉羊、小麦、甜瓜等品种持续退化，品质下降。在"兴特色"方面，农产品整体品质不高、高附加值产业开发缓慢、有效供给能力不足，产业链条短。

### （二）农业龙头企业实力和农产品加工仓储能力不强

新疆农业产业化龙头企业普遍规模小，实力不强，缺少行业领军型龙头企业。全自治区还没有年销售收入超百亿元的龙头企业，超 50 亿元的仅有 2 家，超 10 亿元的仅有 19 家，主板上市的龙头企业仅有 4 家，与中部、东部地区农业产业化龙头企业实力存在明显差距。农业产业化龙头企业中从事精深加工的不足 1/4，产业链条短，产品单

---

① 刘毅 . 新疆：龙头企业牵引农业产业化更上层楼［N/OL］. 新疆日报，2002－04－22［2023－04－30］. http：//www.nkb.com.cn/2022/0422/403682.html.

一、同质化严重，精深加工产品、高附加值产品少，缺少品牌溢价收益。特别是林果业，果品初级加工 171 万吨，占加工果品的 93%、占全自治区果品总量的 20.1%，精深加工量仅有 12 万吨，仅占全自治区果品总量的 1.4%。2020 年，全自治区农产品加工业总产值与农业总产值比仅为 1.6∶1，远低于全国 2.2∶1 的平均水平。冷藏保鲜能力短板突出，规模化冷藏保鲜设施不够，冷藏保鲜设施承载能力只有 190 万吨，仅占全自治区果品总量的 22.4%，无法满足农产品保鲜需求①。

### （三）农业科技和人才短板突出

农业科技支撑能力不强，推动农技服务主要依靠行政推动，市场化手段缺乏，激励机制不够完善，科技人员下乡开展服务动力不足。既有高精尖专家队伍缺乏、人心不稳问题，更有基层农业服务力量不足的问题，"网破、线断、人散"局面没有根本改变，供需失衡、有效供给不足问题突出，许多农民得不到亟须的农技需求，不少科研成果并不能解决实际的农业问题。随着经济快速发展和城镇化的快速推进，"三农"队伍后继乏人，专业人才少，农民劳动技能培训亟待加强，特别是南疆乡村人才流失严重，城市人才下乡渠道不畅，乡村人才问题十分突出。

## 四、保障新疆粮食安全和重要农产品有效供给的建议

### （一）突出抓好优质农牧业基地建设

围绕粮食和重要农产品稳产保供，持续推进"稳粮、优棉、促畜、强果、兴特色"，推动品种培优、品质提升、品牌打造和标准化生产，稳步提高种养收益，提高农业质量效益和竞争力，确保全自治区农村居民人均可支配收入中来自第一产业经营净收入明显提升。树立大粮食安全观，在保障口粮绝对安全的前提下，围绕加快畜牧业振兴调整优化粮食种植结构，合理确定小麦种植面积，与小麦库存联动保供给，扩大玉米、大麦等效益高的粮食作物种植面积，提高种粮收益。巩固棉花产业优势地位，持续推进棉花生产向主产县市集聚，优化品种结构，狠抓品质提升。促进林果业提质增效，加快补上果品储藏保鲜、冷链物流等短板，全面提高优质果品产量和四季均衡供应能力。加快振兴农区畜牧业，提升饲草料生产保障能力，降低养殖成本，确保畜牧业经营效益。持续发展特色农业，扩种大豆、花生等油料作物，把土特产和小品种打造成为带动农民增收的"大产业"。

### （二）提升农产品加工转化能力

一是围绕主导产业提升加工水平。围绕市场和消费升级需求，立足优势特色农产品

---

① 国家统计局. 新疆维吾尔自治区 2021 年国民经济和社会发展统计公报［EB/OL］.（2022 - 03 - 21）［2023 - 04 - 30］. https://tjj. xinjiang. gov. cn/tjj/tjgn/202203/7ab304445f.

布局精深加工，引导大型龙头企业、高新技术企业等加快生物、工程、环保、信息等技术集成应用，培育一批生产标准、技术集成、管理科学、品牌知名和产业集聚的农产品精深加工企业，重点发展粮食、油料、棉纺织、林果、畜禽产品、特色农产品、蔬菜等精深加工，促进农产品多层次加工、多环节增值。二是围绕自主创新提升加工水平。鼓励大型农产品加工企业建立技术研发中心，引进开发适合新疆特色农产品精深加工的新品种、新技术、新工艺和新设备，建设一批农产品精深加工示范基地。引导支持龙头企业广泛引进农产品精深加工智能化、专业化设备，提升精深加工自动化和信息化水平。三是围绕工艺创新提升加工水平。支持发展农产品精细加工，引进国内外成熟技术，特别是新型非热加工、新型杀菌、高效分离、清洁生产、智能控制、形态识别、自动分选等技术，利用专用原料，配套专用设备，研制专用配方，开发类别多样、营养健康、方便快捷的系列化产品。

### （三）实施农业品牌战略

实施农业品牌战略，需要坚持质量兴农、绿色兴农、品牌强农，以绿色食品、有机农产品认证和农产品地理标志登记保护为基础，集中力量打造吐鲁番葡萄、新疆褐牛等一批在全国有一定影响力和知名度的新疆农产品区域公用品牌，培育一批"土字号""乡字号"产品品牌，推介一批新疆特色农业"好产品"品牌，实现从"产得出"到"卖得好"转变，提高品牌产品的溢价率。

### （四）强化现代农业基础支撑

强化现代农业基础支撑，需要加强耕地保护和质量建设，实行耕地保护党政同责，确保耕地主要用于粮食和棉、油、糖、蔬菜等农产品及饲草饲料生产，永久基本农田重点用于粮食生产。实施种业振兴行动，强化"卡脖子"技术攻关，提升特色优势农产品种业科技自立自强、种源自主可控能力。加强以水利为中心的农业基础设施建设，加快农村中小型骨干水源工程建设，持续推进大中型灌区续建配套与现代化改造，落实新增高标准农田建设任务500万余亩，其中高效节水灌溉面积141.5万亩。强化现代农业科技支撑，提升基层农业科技服务能力。扎实做好农业防灾减灾工作，强化气象为农服务，加强农作物、林果病虫害防治和动物疫病防控，确保不发生区域性重大动物疫情。加快农业科技创新平台建设，完善农业科技领域稳定支持机制，探索实施重点技术攻关"揭榜挂帅"制度。加快完善农业科技服务体系，引导科技人才、项目等资源向农业生产一线聚集，推动实施万名农业科技人才服务乡村振兴行动，加快村级农业技术综合服务站建设。

**参考文献：**
杜鹰，2020. 中国的粮食安全问题和挑战［J］. 今日国土（11）：22 - 26.
黄禹，2020. 提高粮食综合生产能力　护航国家粮食安全［J］. 奋斗（3）：24 - 26.

蔺璐，2022.【数说十年】铸牢三农压舱石　扛稳国家粮食安全重任［Z/OL］.（2022－09－17）［2023－04－30］. https：//mp. weixin. qq. com/s？ ＿＿biz＝MzU5Mjg4ODMxNw＝＝&mid＝2247520572&idx＝1&sn＝6d5801a6c105a4a4755b5b861dc56987&chksm＝fe1a39aec96db0b8c7768e35dbdd5112c5c8d250ce3e0afc3f5 c2574ce02f7f095981e40ff36&scene＝27.

农业农村部，2022.2020年我国农产品贸易情况［EB/OL］.（2022－03－03）［2023－04－30］. ht-tp：//www. moa. gov. cn/ztzl/nybrl/rlxx/202103/t20210303＿6362754. htm.

信军，2019.提高粮食综合生产能力　应对粮食安全新挑战［J］.农业展望，15（10）：53－56.

# 新疆乡村产业振兴专题报告

潘浩[①]

**摘　要**

产业振兴是乡村振兴的基础和关键。党的十九大以来，新疆积极落实关于乡村产业振兴的相关要求，通过夯实产业链基础，打造农产品标准化基地，狠抓农产品加工业，强化农产品产销对接，培育壮大产业经营主体，推进产业聚集发展等措施，不断推进新疆乡村产业发展取得阶段性成效，全自治区乡村产业稳中有进、乡村优势特色产业渐成规模，产业化水平持续提升，产业结构逐步优化、产业效益不断提升，产业发展动能逐步增强。但同时也面临农业全产业链构建不完备，行业标杆、领军龙头企业少，科技装备和人才短缺，产业扶持力度不够等问题。为进一步促进新疆乡村产业发展，本文提出：聚焦产业基础高级化，提升农产品有效供给能力；突出发展农产品加工业，延长产业链；健全完善农产品物流配送体系，贯通供应链；大力培育新产业新业态，提升价值链；构建企农利益联结机制，完善利益链；构建农业全产业链建设平台，聚集资源要素；强化支撑保障，营造良好环境等对策建议。

**关键词**

新疆；乡村振兴；产业振兴

习近平总书记指出，产业兴旺是解决农村一切问题的前提。没有产业就没有乡村的振兴，乡村振兴就是"空中楼阁"。2018—2022 年的中央 1 号文件多次强调，"乡村振兴，产业兴旺是重点"。只有实现了产业振兴，才能为生态宜居、乡风文明、治理有效以及生活富裕提供必要的前提和物质条件。以农业农村发展为基础的乡村产业振兴作为乡村振兴战略的首要要求和实现乡村振兴的必要条件，需要给予其足够的重视，努力促

---

① 潘浩，新疆社会科学院农村发展研究所副研究员。

进其优先发展。

## 一、推进乡村产业振兴的重大意义

产业兴旺奠定了乡村振兴的物质基础，是乡村振兴的重点，是乡村政治、文化、社会以及生态文明建设的基础和前提。《国务院关于促进乡村产业振兴的指导意见》中指出，乡村产业是姓农、立农、为农、兴农的产业。乡村产业根植于县域，以农业农村资源为依托，以农民为主体，以农村一二三产业融合发展为路径，地域特色鲜明、创新创业活跃、业态类型丰富、利益联结紧密，是提升农业、繁荣农村、富裕农民的产业。

### （一）产业振兴是巩固拓展脱贫攻坚成果的根本之策

习近平总书记强调，发展产业是实现脱贫的根本之策。发展产业不仅是农民增收、实现脱贫的现实基础，而且是巩固拓展脱贫攻坚成果、实现稳定脱贫和持续增收的长效措施。新疆已取得脱贫攻坚的全面胜利，但也要看到，南疆地区脱贫的根基还不牢固，主要是产业可持续发展和农民可持续增收还面临短板制约，外部环境和市场形势变化也给脱贫产业发展带来了不确定性。过渡期内，仍要加强对脱贫地区产业发展的后续扶持，培育产业自身盈利能力和可持续发展能力。加快实施脱贫地区特色产业提升工程，创新产业业态和经营模式，提升质量效益和产业竞争力。

### （二）产业振兴是促进农民增收的重要保障

农村发展，根基在产业发展，核心是解决农民增收问题。在具备了兴旺的产业，建立起现代化农业并实现一二三产业融合发展后，农村居民的就业情况将大大改善，收入水平会有质的飞跃。居民收入的增长又会带来购买力的提升。这些都将潜移默化地改善乡村的人居条件，反过来促进产业振兴的进一步发展，形成良性循环。同时，产业振兴还能打下坚实的经济基础，缓解地方财政的困局，并为乡村基础设施建设和乡村风貌改善提供经济条件。总之，产业振兴的首要意义是让村民富起来，让乡村富起来，经济条件的改善将逐渐突破农村各方面发展的瓶颈，改善城乡分化的现状，最终彻底地改善乡村的要素禀赋，促使乡村经济发展。

### （三）产业振兴是推动城乡融合发展的重要举措

进入新时代，我国社会主要矛盾已经转化为人民日益增长的美好生活需要和不平衡不充分的发展之间的矛盾。这种不平衡不充分在城乡之间表现得尤为明显。基于此，党中央提出了乡村振兴战略，强调要重塑城乡关系，走城乡融合发展之路。产业发展是城乡融合发展的支撑、核心和载体。发展乡村产业，实现乡村产业多样化，形成基于市场竞争力的现代农业产业体系，不仅是实现乡村振兴的重要标志之一，也是推动城乡融合发展的源头活水。通过乡村产业振兴，以产业联通、技术扶持、城镇帮扶等方式，大力发展乡村产业，逐步打破城乡产业之间的壁垒，推动城乡产业结构的有效衔接，实现生产要素的合理流动和优化组合，加快农村的现代化建设，让广大农民能够深度融入现代产业链价值链，逐步缩小城乡之间的差距。

### （四）产业振兴对人才振兴、文化振兴、生态振兴和组织振兴具有带动作用

作为"五大振兴"之首，产业振兴在乡村振兴战略中起统领作用，是乡村振兴的基础，也是乡村振兴的首要任务。只有农村产业振兴了，其他4种振兴路径才能事半功倍。只有乡村的一二三产业振兴了，才能提高农村的吸引力和竞争力，吸引越来越多的工商企业到农村投资，培育发展壮大新动能，带动周边相关产业发展，创造出更多的就业岗位，让农民收入增多，安居乐业，生活水平不断提高，实现共同富裕。只有乡村产业振兴，才能有效筑牢农村的经济基础，推动农村经济的发展迈向一个新台阶，从而为农村社会各项事业持续健康发展提供物质保障，吸引更多的农村青壮年返回农村、留在农村，让城镇的大学生等专业技术人才愿意进入农村、扎根农村，激发农村的新活力，实现农村人才体系从零到有的转变，为农村的人才体系注入"新鲜血液"，从而促进乡村人才振兴。兴旺的文化产业不仅能够发扬当地的乡村文化，还能提高村民保护乡村文化的意识，促进文化振兴；绿色生态农业及以"绿水青山就是金山银山"为理念的旅游业符合环境保护的内在要求，能够提高村民环保意识，促进生态振兴；产业组织的建设能够在乡村基层组织中吸引人才，乡村干部能够在实践中提高组织能力，积累管理经验，还能吸引更多非政府性公益组织的加入，从而更好地服务于组织建设，促进组织振兴。

## 二、新疆推进乡村产业振兴取得的进展

近年来，新疆维吾尔自治区按照加快发展现代农业的要求，深入推进农业供给侧结构性改革，初步形成了以粮食、棉花、畜牧、林果和特色农业为主的农业产业格局。据国家统计局核定，2022年新疆（含兵团）粮食种植面积、单产、总产量实现三增长，粮食总产量1 813.5万吨，比上年增加77.72万吨，增长4.5%，实现连续5年增产，产量为1978年以来第二高位。据统计数据显示，2022年新疆小麦种植面积1 153.60万公顷，增加18.35万公顷，小麦产量653.49万吨，比上年增产2.1%；玉米种植面积1 145.56万公顷，增加35.30万公顷，玉米产量1 080.51万吨，增产6.7%[①]。2022新疆年棉花产量539.06万吨，比上年增产5.1%。油料产量37.23万吨，增产7.6%。甜菜产量399.14万吨，增产15.2%[②]。特色林果产量1 815.60万吨，比上年增产1.5%。全自治区农副产品加工企业12 690家，实现总产值2 220.17亿元，建设南疆薄皮核桃

---

① 高峰，刘毅. 2022年新疆粮食总产量1813.5万吨 实现连续7年增产［N/OL］. 新疆日报，2022-12-21［2023-05-03］. http://www.moa.gov.cn/xw/qg/202212/t20221221_6417384.htm.

② 新疆维吾尔自治区统计局 国家统计局新疆调查总队. 新疆维吾尔自治区2022年国民经济和社会发展统计公报［EB/OL］.（2023-03-28）［2023-05-03］. https://www.xinjiang.gov.cn/xinjiang/tjgb/202303/a527e6eb22524c40bc7fca952a05710e.shtml.

等 4 个优势特色产业集群、5 家国家级现代农业产业园、28 个农业产业强镇、114 个农业产业化联合体，引导农产品加工企业通过"点、线、面"集群集聚发展。全自治区乡村产业稳中有进、结构优化、效益提升，取得了明显的进展和成效。

## （一）夯实产业链基础，打造标准化基地

一是建设标准化原料基地。新疆各地（州、市）加快构建现代农业全产业链标准体系及相关标准综合体，提升按标生产水平。伊犁州直属县（市）强化优质生产导向，划定 5 个优质小麦主产区，创建绿色食品原料标准化生产基地 364.5 万亩，打造标准化养殖示范场 44 个，标准化规模养殖比例达 35%。二是推广绿色发展技术。各地深入推进科技兴农、质量兴农和绿色兴农，形成一批重要农业科技示范推广和转化成果，绿色农业加快发展。昌吉回族自治州成功创建农产品质量安全州，全自治州 60% 以上面粉达到绿色食品标准，居全自治区领先地位。三是提升设施装备和信息化水平。塔城地区积极推广卫星自动导航精准作业技术应用，推动"互联网＋"农业机械技术应用，主要农作物机械化水平稳定在 100%，农林牧渔业综合机械化水平达到 78.5% 以上。阿克苏地区把"互联网＋"末梢向乡镇村延伸，实现地区 89 个乡（镇）和 1 000 个行政村全覆盖。

## （二）狠抓农产品加工业，产业化水平逐步提升

一是大力发展产地初加工。新疆各地（州、市）大力发展保鲜、储藏、分级、包装等初加工，延长产品供应时间，提高质量效益。和田地区建成林果储藏保鲜能力 5.1 万吨，果品年储藏保鲜与加工处理能力 7.6 万吨。阿克苏地区实施储菜于农行动，新建菜窖库容 55 万吨，冬春季蔬菜自给率提高到 40% 以上。二是提升精深加工水平。各地大力推动农产品加工企业技术改造升级，在番茄红素、核桃多肽、乳制品开发等深加工方面成效显著。阿勒泰旺源驼奶"低温冷冻干燥技术"等设备达到国际领先水平，全国市场占有率接近 80%。三主粮（和田）实业股份有限公司开展核桃肽和红枣素精深加工，建成后预计年产值 42 亿元以上。三是提高副产物综合利用加工。各地积极推进农产品副产物循环全值梯次利用，提升产业增值空间。新疆新姿源生物制药有限责任公司的"从孕马尿中获取结合雌激素混合物"工艺、新疆红帆生物科技有限公司的"二氧化碳超临界流体萃取技术"等工艺显著提升农产品副产物加工层次和资源化利用水平。四是大力推进主食加工。各地深入实施主食加工业提升行动，培育形成了阿尔曼等一批主食加工知名企业，开发出休闲馕、方便面等系列营养健康的多元化主食产品。乌鲁木齐市、昌吉回族自治州预制菜肴企业占全疆预制菜肴企业的 88.64%，天山北坡挂面生产企业占全疆 65%。乌鲁木齐馕文化产业园区、库车大馕城成为新疆网红打卡地和旅游新地标。

### （三）积极发展现代服务业，强化农产品产销对接

一是加快"两张网"建设。以新疆果业集团为重点的农产品购销"两张网"建设取得新进展，在和田、阿克苏、叶城等林果主产地区布局建设 24 个产地交易市场，累计新建、巩固、改造农产品疆外销售网点 5 000 家。二是发展多种营销模式。塔城地区大力推进农村电商发展，7 个县（市）均建立了县级电子商务服务中心，网上注册企业 80家，网上店铺 487 家，上线产品 247 个。吐鲁番市开展"新疆是个好地方·走进吐鲁番"援疆助农大型直播活动，同时以智慧旅行、直播带货、短视频、纪录片等形式，搭建农业企业、电商与农户、合作社购销交流平台，推动特色农产品销售。三是加快创建农业品牌。伊犁哈萨克自治州直属县（市）以培育农业农村部名特优新农产品和农产品区域公用品牌为抓手，不断提升品牌影响力，伊犁苹果等 9 项产品已进入全国名特优新农产品名录。察布查尔大米等 3 项产品进入国家农产品区域公用品牌名录。哈密瓜和哈密大枣双双获得农产品地理商标并入选中国农产品区域公用品牌百强，哈密瓜品牌价值达 38.33 亿元。

### （四）培育壮大产业经营主体，引领乡村产业振兴

一是壮大龙头企业。和田地区成功引进昆仑绿源、万丰牧业、昆仑尼雅等一大批龙头骨干企业，打造集繁育、饲养、加工、物流、销售于一体的全产业链。昌吉回族自治州围绕优势主导产业发展，培育形成国家级农业产业化龙头企业 12 家、自治区级农业产业化龙头企业 71 家。二是规范农民专业合作社。巴音郭楞蒙古自治州不断强化农民合作社、家庭农场规范运行管理，培育农民专业合作社 3 185 家，其中：国家级示范社20 家，自治区级示范社 126 家、自治州级示范社 140 家，农民专业合作社联合社 14家。塔城地区建成土地股份制合作社 69 家，流转土地面积 161.58 万亩，服务带动农户4.9 万户。三是提升农户经营水平。塔城地区以现代农机引领小农户迈向大农业，沙湾市农科金岳农机农民专业合作社联合社由 4 家农机合作社、2 家农业合作社联合成立，各类农业机械 1 795 台（架），联合社年服务面积达 130 万亩，农机装备总量、规模、服务面积等在全疆乃至全国都名列前茅。

### （五）推进产业集聚发展，培育良好产业生态

一是加强园区建设。新疆各地（州、市）大力推进政策集成、要素集聚、企业集中、功能集合，建设了一批产加销贯通、贸工农一体、一二三产业融合发展的农产品加工园区。喀什地区印发《喀什地区现代农业产业园建设实施方案》，推动一体化现代农业产业园建设，目前已初步形成规模产业园 7 个。克拉玛依市对在农产品加工园区投资建设农产品加工项目，一次性给予 10 万元/亩的土地出让金补助，对征占用林草地的给予 1.6 万元/亩的补贴，对发展冷链物流项目的一次性给予投资额 5% 的补贴。二是推动产业强镇建设。各地积极推进农业产业强镇建设，激活一方经济，带富一方百姓。墨

玉县萨依巴格乡产业强镇围绕多胎羊和肉鸽产业发展，培育适度规模养殖户 300 余户，解决贫困户就业 1 000 余人次，人均年增收 2.4 万元。伽师县卧里托格拉克产业强镇伽师瓜仓储、加工、交易总量突破 20 万吨，年产值超过 10 亿元，成为喀什地区乃至南疆 4 个地（州）伽师瓜产业实力最强的乡镇。三是加快推进产业集群发展。各地充分发挥财政资金引导作用，撬动更多金融资本、工商资本、风投创投等社会资本参与产业集群建设。巴音郭楞蒙古自治州利用各级财政资金 0.8 亿元，撬动社会资金 1.06 亿元投入香梨产业集群建设，香梨亩均效益达到 5 200 元以上，香梨产业综合总产值突破 55 亿元。

## 三、新疆推进乡村产业振兴面临的问题

从总体上来看，乡村产业也存在产业门类不宽、产业链条不长、要素活力不强和质量效益不高等问题，亟需加强引导和扶持。

### （一）农业全产业链构建不完备

各类特色优势产业普遍存在每个产业环节单打独斗、上下不衔接的现象，缺乏以集团军的形式打造农业全产业链的意识。农产品原字号多、加工转化少，初级加工多、精深加工、高附加值产品少，农产品加工业与农业总产值比低。仓储、冷链、物流体系不健全，品牌建设滞后，农业与生态、文化、旅游业融合不够，种养加、产加销一体化的经营体系尚未建立。新型农业经营主体发展能力不强，经营方式单一，应对市场风险能力较弱。农民合作社数量虽多，但整体实力不强，散、小、乱情况普遍存在。

### （二）行业标杆、领军龙头企业少

大部分企业仅能应用常规技术进行初级加工，加工产品的科技含量和附加值不高，市场极易复制，并且在低端产品上存在重复投资建设。例如，伊宁县是粮食生产大县，常年粮食作物种植面积在 100 万亩左右，占总耕地面积的 85% 以上。全县粮食类加工企业、合作社、个体工商户等达 125 家，规模较大的只有 2 家县级农业产业化龙头企业，其他均为初加工企业，主要加工面粉、玉米饲料等，在包装上仍然是传统粗放的大包装，精深加工能力不足。喀什地区各类农产品加工企业 346 家，国家级龙头企业仅 4 家。塔城地区还没有国家级龙头企业。

### （三）科技装备和人才短缺

新技术新设备需要较多的资金投入，昂贵的投入使得很多农业龙头企业局限在传统的产品市场上，导致农业龙头企业的自主创新能力和技术水平较弱，发展停滞不前，多数农产品仍处于产业链的中低端。现代经营管理理念和人才缺乏，企业竞争力弱，同质化现象较为严重。

### （四）产业扶持力度不够

各地未能有效结合资源禀赋、产业基础、发展水平，制定出台支持农业全产业链建设相关扶持政策。农业扶持政策的稳定性、持续性还不强，政策覆盖面窄。金融保险支撑不足，投融资渠道单一、贷款难、融资难和保险覆盖面窄、抗风险能力不足，营商环境亟待改善。

## 四、推进新疆乡村产业振兴的对策建议

### （一）聚焦产业基础高级化，提升农产品有效供给能力

围绕粮食、棉花、林果、畜牧、区域特色产业，培育布局区域化、生产标准化的原料基地，打造标准化"第一车间""原料车间"。大力推进高标准农田建设，破解耕地碎片化难题。加快推进控制性水利枢纽、重大引调水及配套工程建设，提高区域水资源调配能力。大力发展高效节水农业和现代生态农业。进一步调整优化农机装备结构，主攻薄弱环节机械化，积极引进、推广先进适用、高质高效的农业机械。注重农机与农艺、农机化与信息化相结合，加大农机技术推广和新型农业生产经营主体培育力度。加快推广节水节肥节药绿色技术，引导推动有机肥、绿肥替代化肥，着力调减化肥、农药等化学物质使用量。实施耕地质量保护与提升行动，扩大轮作休耕试点。加强农业面源污染防控，推进废旧地膜和包装废弃物等回收处理。

### （二）突出发展农产品加工业，延长产业链

多措并举招商引资，充分发挥对口援疆优势，以产业链招商为重点，坚持精准招商、以商招商、以情招商，构建"亲""清"政商关系，努力做到引来一家企业、带动一个产业，形成聚集倍增效益，力争在"十四五"期间，每个受援地引入1家以上省级农业产业化龙头企业，实现主导产业省级以上龙头企业全覆盖。加快农产品产地初加工技术研究、引进和示范推广，强化标准引领和技术指导。支持新型农业经营主体对现有各类农产品产地设施装备升级改造，提高设施利用率。推动农产品精深加工产能向区域中心城市近郊、工业园区和物流节点城市布局，打造一批农产品精深加工示范基地。支持企业牵头成立科技创新联盟，创建一批国家级、自治区级农产品加工技术研发中心。突出抓好通用粉、专用粉等面粉加工及面制品加工，积极推动以馕为主、以特色糕点为重点的休闲食品发展，培育一批主食加工示范企业。

### （三）健全完善农产品物流配送体系，贯通供应链

加快农产品产地仓储保鲜设施建设，完善农产品冷链物流网络体系。加大农产品流通加工技术、保鲜技术、冷链物流等现代农产品流通作业技术的推广应用。加快建设覆盖农产品种植养殖、生产加工、物流、市场交易等纵向一体化的区、地、县、乡、村五

级流通体系。支持培育农产品批发市场、生产加工企业和大型超市等重要流通组织，鼓励大型农产品流通企业实施跨区域兼并重组，提高农产品流通主体组织化水平和产业集中度。加大对县域内农产品流通基础设施的投入，加快农产品批发市场、农贸市场、生鲜超市等农产品流通基础设施升级改造。加快推进农产品交易结算电子化。

### （四）大力培育新产业新业态，提升价值链

支持龙头企业联合组团与淘宝、天猫、京东等大型电商开展合作，共同开发"云商城"线上销售平台。鼓励企业利用网络平台，通过达人带货、店铺自播、产地直播等模式，降低交易成本。围绕打造"新疆是个好地方"文旅融合品牌，挖掘乡村休闲体验、生态涵养、文化传承等功能，培育发展创意农业、休闲农业、教育农园、康养农业、体验农业等新业态。推进农业与信息产业融合，发展数字农业、智慧农业，积极推进重要农产品全产业链大数据建设。依托雪山沙漠、民俗文化、西域风情等资源特色，支持建设一批休闲农业重点县和美丽休闲乡村，推介一批乡村旅游精品景点路线。

### （五）构建企农利益联结机制，完善利益链

支持农业产业化龙头企业担任"链主"，组织上下游企业、农民专业合作社、种植大户、家庭农场、小农户和社会化服务组织等一体打造农业全产业链，构建紧密型农业产业化联合体。以农业适度规模经营为方向，规范引导企业、农民专业合作社和农户之间通过土地经营权流转后聘用、土地入股、技术分红等形式，创新推广"保底＋分红"、入股分红、租金和劳务收益等多元增收模式。积极培育专业服务公司、技术协会、农民经纪人等农业经营性服务组织，为农民提供低成本、高效率的生产经营服务。

### （六）构建农业全产业链建设平台，聚集资源要素

充分利用新疆区位优势，在边境口岸建立边民互市贸易进出口商品落地加工产业园，主动融入国内国际双循环。强化现有园区科技研发、融资担保、检验检测等服务，不断提高园区承载力和吸引力。立足镇域资源优势、产业基础，建设一批农业产业强镇。聚焦现代种业、畜牧业等优势主导产业，以及红花、加工番茄、辣椒等特色产业，吸引食品装备、包装、物流等配套产业集聚发展。

### （七）强化支撑保障，营造良好环境

加大财政对"三农"的投入力度，优化资金使用结构，提高支农资金用于全产业链建设的比例。尽快启动乡村产业发展专项基金，吸引社会资本、金融资本参与农业全产业链建设。落实国家关于保障和规范农村一二三产业融合发展用地的政策，解决好农业全产业链用地问题。组建由产业技术专家组成的全产业链指导推进组，对品种培育、产品研发、设备改造等环节开展联合攻关。在全自治区所有脱贫县推广产业技术顾问制度，统筹搞好产业发展指导和技术服务。进一步加大营商环境专项整治，大力整治不作

为、乱作为、慢作为问题，整治落实政策不到位、损害市场主体合法权益等问题，全面落实惠企政策，降低企业运行成本，激发市场主体活力，营造便捷、高效、公平的环境。

**参考文献：**

郭姗，2022. 数字时代推进城乡融合发展的着力点与实践路径［J］. 农业经济（10）：40-42.

李福夺，尹昌斌，2022. 论乡村产业振兴的关键策略：强基础、注动能、补短板——兼评《乡村产业振兴研究》［J］. 中国农业资源与区划，43（10）：18，84.

马蓝，王士勇，马永贵，2022. 乡村振兴战略下国内产业振兴的研究：文献回顾与未来展望［J］. 江苏农业科学，50（21）：256-264.

宋晓华，尹德斌，李慧，2022. 产业振兴视域下农村产业融合的创新模式［J］. 农业经济（10）：43-45.

曾茂林，曾丽颖，2022. 共同富裕新动能：乡村产业振兴的联盟角色治理［J］. 西南民族大学学报（人文社会科学版），43（10）：200-206.

# 新疆乡村治理专题报告

李婷[①]

## 摘　要

乡村治理是国家治理的基石，也是乡村振兴的重要内容，没有乡村的有效治理，就没有乡村的全面振兴。新形势下，加强农村基层基础工作，不断健全体制机制，提升基层治理能力对促进农村发展、保障乡村振兴战略的实施具有重要意义。2022年，新疆村党组织战斗堡垒作用得到新加强、村民自治水平实现新提升、农村乡风文明持续改善、法治乡村建设迈上新台阶、统筹发展与安全、乡村社会和谐稳定开新局、乡村治理创新案例不断涌现，取得了一定的成效。但客观地看，新疆乡村治理体系和治理能力的现代化水平还不高，乡村治理方式、治理手段等方面还存在一些需要提高和完善的地方，乡村治理还面临许多难题需要及时破解。建议从充分发挥基层农村党组织领导核心作用、健全乡村自治、法治、德治治理体系，发动多元主体参与乡村社会治理、创新乡村治理模式、紧贴民生推动经济高质量发展等方面提升乡村治理能力，以期能加快推进新疆乡村全面振兴、实现社会稳定和长治久安总目标。

## 关键词

新疆；乡村振兴；治理能力；提升

社会治理是国家治理的重要方面，基层是社会治理的基础和支撑。党的十九届六中全会通过的《中共中央关于党的百年奋斗重大成就和历史经验的决议》指出："完善社会治理体系，健全党组织领导的自治、法治、德治相结合的城乡基层治理体系，推动社会治理重心向基层下移，建设共建共治共享的社会治理制度，建设人人有责、人人尽

---

① 李婷，新疆社会科学院农村发展研究所副研究员。

责、人人享有的社会治理共同体。"

当今社会步入转型期，尤其是基层社会各种矛盾问题易发多发，各种利益诉求不断涌现的阶段，推动基层社会治理能力提升成为一种必然选择，基层社会治理能力提升在当前的新疆显得尤为迫切。基层社会治理能力的内容复杂，主要体现在几个方面：基层治理组织结构的合理性，运行机制的顺畅性，制定治理路线的科学性，治理实践者的素质等。乡村治理作为国家治理的一部分，对于国家治理现代化的发展起着极其重要的作用。近几年在自治区党委大力推动下，新疆乡村治理综合能力有了较大的提升，但由于新疆特别是南疆地区特殊的区情，局部地区仍然存在治理体制、机制不合理和不畅通，治理方式不科学、治理者素质有待提升的现象。本篇在基于多次对南、北疆乡村治理调研的基础上，梳理新疆农村治理的做法及成效，分析乡村治理现实困境及制约乡村治理能力提升的主要因素，并提出提升新疆乡村治理能力的建议。

## 一、新疆乡村治理的做法及成效

### （一）村党组织战斗堡垒作用得到新加强

党的基层组织是党在社会基层组织中的战斗堡垒，是党的全部工作和战斗力的基础，也是基层治理的龙头。目前，新疆农村基层党组织软弱涣散的状态有所改观，村级基层组织的凝聚力有很大的提升，农村干部队伍整体素质有所提升，新疆农村治理能力得到了明显的改善。一是农村党支部组织力明显提升。强化村党组织领导地位，严格规范村"一支部三中心"组织架构，农村党的基层组织网格化管理实现全覆盖，实行党组织"评星定级"和党员"评星定格"，对 3 696 个软弱涣散村（社区）党组织整顿情况进行"回头看"，促进基层党组织整体晋位升级。二是村组织带头人持续选优配强。推行村"两委"正职一肩挑，村党组织书记兼任村委会主任的村占比达 80%。选派国家公职人员 5 097 人到村担任书记，选拔 1.2 万名大学生进村"两委"班子，实现"一村一名大学生"全覆盖。三是各类在村力量帮带作用发挥突出。选派驻村工作队 11 894 个、第一书记 11 894 名、工作队员 52 836 名，实现所有村（社区）派驻工作队全覆盖、选派第一书记全覆盖。4.79 万名县乡包村干部、村党组织书记、驻村干部与 5.4 万名村级后备力量建立"一对一""多对一"帮带关系。四是基层组织运转保障能力大幅提高。村级组织年均运转经费和服务群众专项经费分别达到 25 万元、12 万元，落实财政资金 9.37 亿元实施基层组织阵地及五小工程建设。扶持 541 个村发展壮大村级集体经济[①]。

### （二）村民自治水平实现新提升

乡村治理的决定因素在于村民自治。党的十九届四中全会作出"健全充满活力的基

---

① 新疆维吾尔自治区党建研究会. 优秀调研成果选编［M］. 新疆维吾尔自治区党建研究会，2021.

层群众自治制度"的重大部署，指出要依托党组织和村民自治组织实现自我管理、自我教育、自我服务、自我监督，促使广大村民直接行使民主权利，提高村民参与乡村治理建设的积极性和主动性。新疆不断完善村民自治制度，在解决"三农"问题，促进农村经济社会稳定发展，实现农村和谐的基础上，全面提升了基层治理水平。一是村民自治组织规范化建设不断加强。严把结构关、选民关、程序关、作风关，高质量完成8 898个村民委员会换届选举，按照3~5人标准同步选优配强村务监督委员会成员。全面实行村"两委"联席会议制度、村民会议制度和村民代表会议制度。二是村级议事协商制度逐步健全。积极推进"四议两公开"为主要形式的民主决策机制，有序引导17个行政村开展村级议事协商创新试验试点，鼓励各地因地制宜开展村民说事、民情恳谈、百姓议事、妇女议事等各类协商活动。三是村级事务阳光工程深入实施。各地推行党务、村务、财务"三公开"制度，"村财乡管县监督"有序推进，每个村配备1名纪检委员和至少3名监察信息员，制定村级"小微权力"运行流程规范，绘制村级权力行使"路线图"①。四是村规民约自我教育管理成效显著。强化村规民约遵守落实，教育引导群众移风易俗，规范起名、割礼、婚礼、葬礼"四项活动"，全自治区评选出24个优秀村规民约。

## （三）农村乡风文明持续改善

乡风淳，乡村兴。新疆广泛开展内容丰富、形式多样的宣传教育活动，扎实推进移风易俗、建设文明乡风。一是社会主义核心价值观入脑入心。持续开展"习近平新时代中国特色社会主义思想进万家"活动，编印通俗易懂的《永远跟党走》系列口袋书，发放农牧民群众全覆盖。在乡村深入开展"听党话、感党恩、跟党走"宣讲活动。二是中华民族共同体意识持续铸牢。全自治区120万名干部职工与160多万户基层各族群众开展"民族团结一家亲"和民族团结联谊活动②。扎实推进民族团结进步"好邻居""好大院""好巷道"等创建微行动。意识形态领域正本清源，广泛组织基层干部群众发声亮剑。持续推进国家通用语言文字教育从规模覆盖向高质量发展迈进，着力加强基层干部、农牧民群众特别是青壮年群体国家通用语言学习培训。三是乡村文明新风尚加快养成。新时代文明实践站在乡村基本实现全覆盖，广泛宣传"时代楷模"拉齐尼·巴依卡、"新时代好少年"吐尔干比·买买提塞依提等典型事迹，持续开展"传家训、立家规、扬家风"活动、"好邻居、好媳妇、好公婆"评选。四是农村公共文化服务全面改善。加快推进广播电视"村村通"、直播卫星"户户通"设备升级，广播和电视综合人口覆盖率分别达到98.68%、98.85%。深入实施"万村千乡文化产品惠民行动"，建成村史馆1.8万余个、文化大院2.3万余个。各地组织农民开展多彩活动庆祝"中国农民

---

① 新疆维吾尔自治区党建研究会. 优秀调研成果选编［M］. 新疆维吾尔自治区党建研究会，2021.
② 吴铎思，陈俊宇，肖婕妤，等. 天山南北绽放民族团结花［N］. 工人日报，2021-10-12（1）.

丰收节"①。

### （四）法治乡村建设迈上新台阶

"法度者，正之至也"，法治是乡村治理成效的根本保障。习近平总书记强调，要夯实乡村治理这个根基。在乡村治理战略中，法治起着根本性和保障性的作用，法治是乡村治理的必由之路。近年来，新疆法治乡村建设取得明显成效，基层法治良序逐渐形成。一是涉农领域立法进度加快。研究制定、推动出台自治区乡村振兴促进、平安建设、农田水利条例等法律法规和自治区农村供水管理等系列规范性文件。二是涉农行政执法逐步规范。促进涉农行政执法机关全面推行行政执法"三项制度"，积极推进农资打假、渔政亮剑、畜牧兽医、农机安全专项行动等执法检查。三是法治宣传教育广泛开展。扎实推进"八五"普法工作，大力实施农村"法律明白人"培养工程，培育农村学法用法示范户工作，完善乡村公共法律服务体系建设，推进"一村（社区）一法律顾问"全覆盖。强化已命名的全国、自治区民主法治示范村的动态管理。四是基层小微权力腐败惩治力度持续加大。对乡（镇）管理行使公权力公职人员等4类基层对象建立"政治生态信息册"。

### （五）统筹发展与安全，乡村社会和谐稳定开新局

习近平总书记指出："安全是发展的前提，发展是安全的保障。"新疆坚持以人民为中心的发展思想，牢固树立"人民至上、生命至上"的理念，统筹发展与安全，切实维护好农村和谐稳定。一是平安乡村建设深入推进。坚持反恐维稳法治化常态化，依法加大对农村非法宗教、境外渗透活动和邪教活动防范和打击力度，严厉打击"村霸"等农村黑恶势力。深化"维稳双联户"工作，广泛动员干部群众开展入户走访，提高群防群治、联防联控能力。有效做好团结关爱户的思想教育、关心关爱、帮扶救助和就业服务管理。统筹推进乡村疫情防控、防灾减灾、安全生产、应急处突各项工作。二是群众民生福祉明显改善。结合党史学习教育，开展"我为群众办实事"。落实"四个不摘"要求，保持脱贫地区政策稳定，常态开展防返贫监测帮扶，做好分层分类帮扶和兜底保障，强化脱贫地区产业发展，促进脱贫人口稳岗就业，着力解决脱贫人口收入不增反降问题。严格规范村庄撤并，加快提升农村基础设施建设和农村基本公共服务水平，全自治区困难群体参保率达99.99%，136万农村低保对象标准提高到每人每年不低于4 600元②。三是多方主体参与乡村治理积极主动。持续开展"乡村振兴巾帼行动"，引导广大农村妇女参与"美丽庭院"建设、"姐妹手拉手"结对帮扶活动。四是乡镇和村为农

---

① 胡曼. 新疆各民族文化平等权利保障的中国特色和先进理念［EB/OL］. （2021 - 07 - 21）［2023 - 05 - 07］. http://cpc.people.com.cn/n1/2021/0721/c438081 - 32164943.html.

② 新疆维吾尔自治区民政厅. 新疆维吾尔自治区今年第二次提高困难群众基本生活救助标准. ［EB/OL］. （2021 - 07 - 01）［2023 - 05 - 07］. https://www.mca.gov.cn/article/xw/dfdt/202107/ 20210700035 012. shtml? site=elder.

服务能力不断提升。立足产业基础再造和产业链提升，新疆启动十大农业产业重点链建设，地、县因地制宜培育发展若干农业主导产业链。支持 4 个优势特色产业集群、7 个农业产业强镇、4 个国家现代农业产业园、20 个农业产业化联合体项目建设，打造乡镇为农服务综合体 22 个，改造薄弱基层供销合作社 54 个。

### （六）乡村治理创新案例不断涌现

自 2019 年 6 月启动全国乡村治理体系建设试点示范工作以来，新疆各地将推进试点示范作为乡村治理的重要抓手，不断地加强和改进乡村治理，不断创新方式方法，努力提升能力水平，在乡村治理的重要领域和关键环节，形成了一批可复制、可推广的好经验好做法，充分发挥了乡村治理"试验田"的作用，为走乡村善治之路探索了新路子、创造了新模式。一是乡村治理体系建设试点成效初显。玛纳斯县、阿克苏市如期完成国家中期评估阶段性任务。昌吉回族自治州玛纳斯县包家店镇等 21 个村镇成功入选第二批全国乡村治理示范村镇，编印下发《全国乡村治理示范村镇典型经验（新疆篇）》10 000 本。组织 50 余名"三农"战线上的县（处）级干部实地考察浙江乡村治理"三治融合"典型经验。二是"积分制""清单制"稳步推广。14 个地（州、市）在乡村治理中探索积分制管理，特别是在农村人居环境整治工作中发挥小积分"四两拨千斤"作用。大部分地（州、市）将"清单制"引入乡村治理，探索出小微权力清单、村级事务清单、基层行政权力清单、公共服务事项清单等做法。三是乡村治理数字化平台建设有序推进。全自治区 12 个地（州、市）纳入电信普遍服务试点，建设 4G 基站 805 个、北斗授时功能改造基站 2 546 个。持续对农村信息基础设施实施升级改造，强力推进"乡村雪亮工程"建设，开展"村村围"视频监控智能化升级改造，综治视联网实现村队全覆盖。统筹推进库尔勒市、吉木乃县国家数字乡村试点建设，推广"梨马办""数字乡村服务平台"等便民化、数字化应用场景[①]。

## 二、新疆乡村治理现实困境分析

2021 年，虽然新疆乡村治理取得显著成效，但客观地看，新疆乡村治理体系和治理能力的现代化水平还不高，乡村治理方式、治理手段等方面还存在一些需要提高和完善的地方，乡村治理还面临许多难题，需要及时破解。

### （一）村干部对"访惠聚"工作队依赖较强

农村社会治理的主体是农民自己，是农村社会实现"善治"的根本。从长远看，农村工作最终还是要依靠一支优秀的农村干部队伍来持续发展。但是，受文化程度整体较低、普通话水平普遍不高等因素制约，他们还是难以胜任目前基层诸多复杂而又有时效性要求的工作，往往把"访惠聚"第一书记和工作队员推向"前台"，对

---

① 新疆维吾尔自治区党建研究会. 优秀调研成果选编［M］. 新疆维吾尔自治区党建研究会，2021.

自身的工作能力和水平不自信，过度依赖"访惠聚"第一书记和队员。而"访惠聚"工作队为了及时完成上级交办的任务，不影响本村（社区）的荣誉，往往出现"越俎代庖"的现象。长此以往，不仅加重了村干部的依赖感，村"两委"独立开展工作的能力也没有得到有效的提升，更无法独立开展工作。工作队大包大揽的工作方式短期内有效，但从长期看，容易使村干部形成依赖思想，也使得他们工作的主动性受到影响。

## （二）部分基层组织出现"机关化"倾向

目前，各村（社区）都建立起来设施较为完备的基层阵地。部分行政村（社区）在驻村工作队的帮助下，村级阵地规模甚至超过乡（镇）政府的办公场所。有的建起了村（社区）党员群众服务中心大楼，内部设办公室、便民服务大厅，行政化趋势越来越明显。村级档案建设越来越复杂，档案内容漏洞多，意义不大。

## （三）乡村治理体系长效机制不健全

一是农村基层党组织社会治理方式不够多样、方法不够完善。乡村治理呈现出动态化、利益化、多元化等多种特征，使得治理面临的困难和挑战越来越大，对基层党组织也提出了更高的要求。二是农村社会组织整体发育不足，组织能力较弱、参与治理的主动性不强。三是农村基层党组织依法治理能力较弱，不善于运用法治思维和法治方式处理基层社会中发生的各种矛盾和纠纷。乡村办事依法、遇事找法、解决问题用法、化解矛盾靠法的良好法治环境尚未形成。四是相当一部分村民思想认知还没有完全从"要我发展"转变到"我要发展"的主动意识，在心理、情感上有效参与农村基层社会治理的积极性不高、主动性不强。

## （四）农民收入水平还有待提升

2021年，新疆农村居民人均可支配收入15 575元，仅为全国平均水平（18 931元）的82.3%，在全国32个省份中仅排名第二十四位，与排名第一的浙江省（35 247元）相比，差距达到19 672元。与全国的差距由2014年的1 765元扩大到2021年的3 356元，新疆农民的收入与全国的差距主要体现在工资性收入上，相差3 248元，工资性收入占比比全国低11.8个百分点。2014—2021年，全自治区农村居民人均可支配收入年均增速比全国平均收入年均增速低0.2个百分点，缩小与全国平均水平的差距任务重[①]。

---

① 国家统计局．新疆维吾尔自治区2021年国民经济和社会发展统计公报［EB/OL］．（2022-03-21）［2023-05-07］．https：//tjj．xinjiang．gov．cn/tjj/tjgn/202203/7ab304445f.

### 三、当前影响新疆乡村治理能力提升的原因分析

#### （一）政府、社会、市场的关系问题

公共治理理论认为，市场与社会力量的加入是对政府作用的有益补充，可以有效弥补政府社会治理的不足与缺陷。从实际看，新疆乡村治理中的社会组织发育滞后，服务能力不足，市场力量相对薄弱，一些群众囿于传统认识，可以找市场解决的还要找政府，人们习惯用行政办法解决诸多问题，由此而引发了在基层治理中如何进一步找准政府定位、厘清政社之间的职能与权责关系的问题。

#### （二）多元主体的权责边界问题

一方面是依托乡村这一平台聚合各方力量形成的多元治理主体，其权责边界的清晰是提高基层治理效能的前提；另一方面涉及政府机关与职能部门的权责问题。目前，县、乡相关机构所有事务性的工作都要通过村委会落实。部分地区的村组面对上级部门下派的多项任务，力不从心，疲于应付。部分上级部门的随机性、临时性工作占据了农村基层组织的大部分时间。各项工作都要检查考核，应付各类考核检查成为村级基层组织的重头戏，服务居民职能难以落到实处。

#### （三）基层治理的机制完善问题

"上面千条线、下面一根针"，政府的社会管理、公共服务职能需要与基层群众的多样化需求对接；在党组织领导下，各支力量需要在社区（村）平台上聚合，发挥各自优势，形成合力；居民的合理诉求需要通畅地表达与及时反馈等，自治、法治、德治相结合的基层治理体系需要好的运行机制做保障，即打造一个整合一体、融合联动、开放共治、信息畅通、科技支撑、运转高效的综合治理平台和科学有序的运行机制，是加强基层治理创新面临的紧迫问题。

#### （四）基层治理立梁架柱，但在整合力量高效运行上尚存差距

现在农村工作力量不少，也建立了第一书记统筹指挥的各项制度机制，但各支力量都有自己的上级。例如，"访惠聚"工作队、第一书记由组织部门管理，辅警、护边员由政法部门管理，平时较难捏合到一块，看似热热闹闹，但只是有一堆人，却没有形成一支队伍。

#### （五）基层队伍脱胎换骨，但担当能力还有短板

第三次中央新疆工作座谈会提出，提升社会治理法治化现代化水平等诸多方面，大量要落在基层组织身上。但目前的基层干部抓稳定有心得，抓发展、抓治理的思想理念和措施方法都跟不上。虽然村干部经过了大换血，但唱主角的大多还是第一书记、"访

惠聚"工作队，打造本土干部队伍的路还很长。

## 四、提升新疆乡村治理能力的建议

### （一）充分发挥基层农村党组织领导核心作用

农村基层党组织是党在农村全部工作和战斗力的基础。一是贯彻落实《中国共产党农村工作条例》，全面建立和落实农村基层组织向党组织报告工作制度，从制度层面巩固农村党组织领导核心地位；突出班子建设，建强基层干部队伍。注重选拔优秀村党组织书记、内招生、留疆战士、选调生等优秀干部进入乡（镇）领导班子，注重从优秀的村干部中招录乡镇和事业编制的人员。稳定一批优秀干部在基层一线工作，采取从各级机关派、本乡本土选等多种方式选优配强村党组织书记，实现每个村"两委"班子有 2～3 名国家公职人员，进一步优化班子结构。持续加强"访惠聚"驻村工作。深入贯彻落实习近平总书记在第三次中央新疆工作座谈会上提出的加强"访惠聚"、选派第一书记等工作，统筹用好村级力量，健全一对一结对帮带运行机制，着力帮带培养村党组织书记和优秀年轻骨干，大力加强村级后备力量培养，推动建强基层干部队伍、党员队伍，真正打造永不走的工作队伍。二是创新农村干部队伍培养培训方法。坚持"请进来"与"走出去"相结合，针对新形势新任务，对农村干部分层次、分期分批进行培训，建立健全农村党员教育学习的长效机制。三是实行梯次化储备，在农村实施村级党组织带头人队伍建设，通过健全完善选拔培养、教育培训、监督管理、激励保障等机制，切实加强农村基层党组织建设，坚决打赢村党组织带头人队伍整体优化提升"主攻战"。把优秀青年和致富能手培养成党员，把党员致富能手培养成村干部，不断为村党组织注入新鲜血液，力争通过几年时间，为每个行政村培养和储备一定数量有思想觉悟、文化素质、职业特长和组织能力的带头人后备人选。四是建立村级后备干部定期考察调整制度，对表现优秀、条件成熟的及时补充进入村"两委"，对不合格的及时进行调整，做到备用结合、动态管理。五是强化多样化激励，制定更为科学的绩效考评办法，根据承担任务、工作绩效等因素，实行差异化报酬发放，激发工作积极性。及时发掘和宣传优秀村党支部书记典型事迹，在推荐"两代表一委员"和事业编制招录上，优先考虑表现突出的村支书记。六是探索职业化管理。把基层村党支部书记这个岗位实行"脱产化""公职化"，比照乡（镇）公职人员和外出务工人员合理确定工作报酬，建立健全相应的福利和社会保障体系，引导农村党支部书记从自家的田埂里走出来，真正"舍小家顾大家"，使他们真正把支部书记当作一种"职业"来从事，作为一种事业来追求。

### （二）健全自治、法治、德治乡村治理体系

实现治理有效，要在保证农村意识形态不动摇的基础上，既能够实现现代乡村治理体制的构建，又要充分发挥自治、德治、法治相结合的乡村治理体系作用。一是健全完

善党组织领导的自治、法治、德治相结合的乡村治理体系。不断增强基层群众自治活力，探索创新基层群众自治实现途径，努力做到民事民议、民事民办、民事民管。二是用法治思维推进社会治理，用法治方式破解难题，引导群众自觉运用法治思维和法治方式管理社会事务，才能形成办事依法、遇事找法、解决问题用法、化解矛盾靠法的法治氛围，保障基层群众合法权益，确保基层社会长治久安。三是积极培育和践行社会主义核心价值观，发挥中华优秀传统文化优势，通过身边榜样示范、乡规民约约束、生活礼俗教化，引导群众明是非、辨善恶、守诚信、知荣辱，为推进基层社会治理现代化凝聚强大精神力量。加强农村文化基础设施和文化人才建设，为发展农村特色文化提供保障；广泛开展农民喜闻乐见的文化体育活动，如农民丰收节、农民趣味运动会等，丰富农民文化生活；加快推动新乡贤文化，调动乡贤爱乡建乡热情，共同推动乡风文明。持续开展乡村治理试点示范创建工作，推进乡村治理示范村镇建设，选树宣传乡村治理各类先进典型，加强示范带动引领，不断焕发乡村文明新气象。

### （三）发动多元主体参与乡村社会治理

社会治理要坚持系统性，加强党委领导，发挥政府主导作用，鼓励和支持社会各方面参与，实现政府治理和社会自我调节、居民自治良性互动。一是要支持多方主体参与乡村治理。加强妇联、团支部、残协等党群组织建设，支持农村经济组织、群众性自治组织发展，发挥服务性、公益性、互助性社会组织作用，探索以政府购买服务等方式，引导社会组织和市场主体广泛参与乡村治理。二是充分尊重人民群众的主体地位，最大限度激发参与热情和社会活力、调动公民积极性和社会责任感，真正实现基层社会"善治"。三是构筑起纵向多层级管理与横向多主体协同的树状社会治理模式，从源头上预防和减少社会矛盾纠纷的发生。

### （四）创新乡村治理模式

一是推广清单制治理创新。乡村治理不仅限于明确治理主体间的关系、治理权责结构的优化与治理资源的配置，随着城乡社会的流动性、融合性、系统性、复杂性增加，基层治理的挑战性大大增强，如何将治理主体、治理资源、治理事项、治理的权责结构等多重要素通过清单方式予以列明并作为治理依据，明确职责界限，减轻基层负担，提高治理的精准度，解决好越位、错位、缺位问题，是基层治理创新的重要选项。以权力清单、责任清单为基层政府治理提供法定依据，以负面清单规范社区在市场和社会领域的治理，以乡村事务准入清单、法定职责清单、公共服务清单等制度明确治理权限、规范治理行为、提高治理效能。二是要充分运用现代化治理手段。积极利用信息化、大数据等现代技术手段，探索建立"互联网＋"治理模式，提高信息服务覆盖面，推进乡村信息统一采集、资源互联共享，为干部群众交流搭建网上平台，让农民少跑腿、数据多跑路，为农民群众提供便捷服务，提升乡村治理效率和效果。三是推进平安乡村建设，推进反恐维稳法治化常态化，建立健全农村地区扫黑除恶常态化机制，加强农村法治宣传教育，确保农村社会大局持续和谐稳定。

## （五）紧贴民生推动经济高质量发展

一是要切实践行以人民为中心的发展思想，以群众需求为导向，坚持公共财政主导与多元供给相结合，加强数字技术基础设施建设，提高农村公共服务供给质量，实现城乡基本公共服务均等化，增强群众获得感。二是坚持巩固拓展脱贫攻坚成果同乡村振兴有效衔接，开展好防止返贫致贫监测和帮扶工作，发展壮大脱贫地区特色优势产业，支持有劳动力的脱贫人口到小城镇和二、三产业创业就业，多渠道增加农民经营性和工资性收入。三是用足用好对口援疆、定点帮扶、区内协作、社会帮扶等各种帮扶资源和力量，提升脱贫地区整体发展水平，推动脱贫地区更多依靠发展来巩固拓展脱贫攻坚成果。四是支持脱贫地区举办特色农产品展销会，发挥脱贫地区农产品网络销售平台作用，引导创建消费帮扶示范城市和产地示范区让脱贫群众过上更加美好的生活。大力推进农村人居环境整治提升和美丽乡村建设，全面提升农村人居环境质量。

## （六）加大经费保障机制建设，稳定农村基层组织干部队伍

习近平总书记指出，要重视基层关心基层支持基层，加大投入力度，赋予相应权利，确保基层党组织有资源有能力为群众服务，不断提高农村基层党建工作保障水平。一是按照服务半径、地理条件、人口规模情况，合理配套建设党群服务中心，健全便民服务设施，确保基层党组织有资源有能力服务群众，推动更多的社会资源管理权限和民生服务下放到基层。二是创新村级集体经济发展模式，特别是用好中央财政专项补助资金，每年扶持一批薄弱村壮大集体经济，增强村级组织服务功能。三是加大基层基础投入力度，健全以财政投入为主、部门单位帮扶、对口援疆支持等稳定的基层组织经费保障机制。

**参考文献：**

《决胜全面建成小康社会　夺取新时代中国特色社会主义伟大胜利》编写组，2017. 决胜全面建成小康社会 夺取新时代中国特色社会主义伟大胜利［M］. 北京：人民出版社.

李三辉，2021. 乡村治理现代化：基本内涵、发展困境与推进路径［J］. 中州学刊（3）：75－81.

张天佐，2021 健全乡村治理体系 筑牢乡村振兴基石——我国乡村治理模式变迁及发展［J］. 农村经营管理（7）：14－16.

张显伟，谢承，2021. 构建"三治融合"乡村治理体系的实践探索［J］. 学习月刊（10）：31－35.

中国法制出版社，2019. 中华人民共和国村民委员会组织法［M］. 北京：中国法制出版社.

# 新疆乡村建设研究报告

阿布都伟力·买合普拉[①]

摘　要

乡村建设是实施乡村振兴战略的重要任务，也是国家现代化建设的重要内容。党中央提出"乡村振兴战略"和"实现共同富裕"，要求把乡村建设摆在社会主义现代化建设的重要位置，大力开展乡村建设行动，聚焦交通便捷、生活便利、服务提质、环境美好。2022年，新疆维吾尔自治区党委和人民政府持续高位部署推进乡村建设行动，牵头部门和配合部门重点抓好统筹调度工作，从制度层面全面保障推动城乡融合发展。通过综合施策，农村人居环境建设取得新进步，重点领域基础设施建设显著改善，逐步补齐农村基本公共服务短板，农村面貌得到持续改善。由于经济发展水平、重视程度、规划能力、工作落实能力等差异，新疆乡村建设行动还存在一定的区域差异和结构性差异，需要进一步破解工作中的现实难题，主要体现在美丽宜居乡村建设统筹谋划推进力度还不够、乡村建设项目设置和前瞻规划工作相对滞后、农村基础设施和公共服务体系还不够健全等方面。建议遵循城乡建设发展规律，把乡村建设摆到现代化建设的重要位置，牢固树立抓项目就是抓发展的理念，系统研究新疆美丽宜居乡村建设，分类有序推进村庄建设和现代化基础设施建设，合理完善村庄空间规划和公共服务设施规划，持续改善农村面貌，推动城乡融合发展。

关键词

新疆；乡村建设；推进；对策

乡村建设是实施乡村振兴战略的重要任务，也是国家现代化建设的重要内容。

---

① 阿布都伟力·买合普拉，新疆社会科学院农村发展研究所所长、研究员。

习近平总书记多次强调"要以实施乡村建设行动为抓手，改善农村人居环境，建设宜居宜业美丽乡村"。党中央提出"乡村振兴战略"和"实现共同富裕"，要求把乡村建设摆在社会主义现代化建设的重要位置，大力开展乡村建设行动，聚焦交通便捷、生活便利、服务提质、环境美好。新疆深入贯彻习近平总书记关于"三农"工作的重要论述，把乡村建设摆在社会主义现代化建设的重要位置，顺应农民群众对美好生活的向往，以普惠性、基础性、兜底性民生建设为重点，统筹资源要素，看清找准潜力优势，增强信心决心，动员各方力量，真抓实干推动农村基础设施和公共服务体系建设，加快推进全自治区村庄环境由干净整洁向美丽宜居迈进。

## 一、2022 年新疆乡村建设行动进展

2022 年是党的二十大召开之年，是全面推进乡村振兴的关键之年。自治区各级党委和人民政府把思想和行动统一到党中央关于"三农"工作和乡村振兴的决策部署上来，贯彻落实习近平总书记对新疆系列重要讲话指示批示精神，切实把学习成效转化为加快新疆农业农村现代化、全面推进乡村建设的生动实践。

### （一）自治区持续高位部署推进乡村建设行动

2022 年中央 1 号文件围绕"健全乡村建设实施机制、接续实施农村人居环境整治提升五年行动、扎实开展重点领域农村基础设施建设、大力推进数字乡村建设、加强基本公共服务县域统筹"5 个方面提出了乡村建设的工作要求①。2022 年 5 月，中共中央办公厅、国务院办公厅印发了《乡村建设行动实施方案》，提出了加强乡村规划建设管理、实施农村道路畅通工程、强化农村防汛抗旱和供水保障、实施乡村清洁能源建设工程、实施农产品仓储保鲜冷链物流设施建设工程、实施数字乡村建设发展工程、实施村级综合服务设施提升工程、实施农房质量安全提升工程、实施农村人居环境整治提升五年行动、实施农村基本公共服务提升行动、加强农村基层组织建设、深入推进农村精神文明建设 12 项重点建设任务②。

自治区党委和人民政府认真贯彻落实中央关于 2022 年乡村建设的各项工作要求，作出严密部署，持续深入推进乡村建设行动，构建了由自治区党委总揽全局、协调各方作用，各地（州）不等不靠、分级梯次推进示范建设，县（市）委书记当好"一线总指挥""施工队长"，乡、村两级党组织发挥示范建设主体作用，各行业部门和助力示范单位全力配合抓好落实的工作体制机制。2022 年 2 月底，自治区党委办公厅、自治区人民政府办公厅印发了《自治区农村人居环境整治提升五年行动方案（2021—2025 年）》，进一步明确了全自治区农村人居环境整治工作的重点目标，即："到 2025 年，农村人居

---

① 新华社 . 中共中央 国务院关于做好 2022 年全面推进乡村振兴重点工作的意见［EB/OL］. （2022 - 02 - 22）［2023 - 05 - 08］. https：//www. gov. cn/zhengce/2022 - 02/22/content_5675035. htm.
② 中共中央办公厅 国务院办公厅印发《乡村建设行动实施方案》［N］. 人民日报，2022 - 05 - 24 (1).

环境显著改善，生态宜居美丽乡村建设取得新进步。农村卫生厕所普及率稳步提高；农村生活污水治理率达到 30% 左右，乱倒乱排得到管控；农村生活垃圾基本实现有效治理，有条件的村庄实现农村生活垃圾分类、源头减量；村庄基础设施布局逐步优化，村庄绿化、美化覆盖面不断扩大，村容村貌进一步提升；长效管护机制逐步建立，农民环境保护和卫生健康意识明显增强，农村人居环境治理水平显著提升①。"

自治区党委 2022 年 3 月召开的农村工作会议上，马兴瑞书记强调指出，"要扎实稳妥推进乡村建设，遵循城乡建设发展规律，持续改善农村人居环境，扎实开展重点领域基础设施建设，逐步补齐农村基本公共服务短板，持续改善农村面貌②"。这几个方面的工作成了 2022 年全自治区乡村建设工作的重要着力点。2022 年 8 月底，马兴瑞书记又主持召开自治区党委农村工作领导小组暨乡村振兴领导小组会议，并进一步提出"要扎实推进乡村建设，大力实施乡村建设行动，加强普惠性、兜底性、基础性民生建设，务实推进农村厕所革命，着力改善农村人居环境，促进乡村宜居宜业③"。

在自治区党委主要领导的亲自安排部署下，自治区党委和人民政府分管领导组织召开了 3 次具有较高规格的乡村建设深入推进会议，分别在南疆、北疆部分地（州）、县（市）召开。2022 年 5 月下旬，在博尔塔拉蒙古自治州召开了新疆乡村振兴示范建设现场推进会议，会议按照自治区党委农村工作会议安排，对乡村振兴示范建设重点工作进行再部署再推进，确保高质量完成乡村振兴示范建设任务。2022 年 6 月下旬，新疆美丽宜居乡村建设和农村生活垃圾治理现场推进会在昌吉回族自治州玛纳斯县召开。会议提出全自治区乡村建设中要处理好政府、社会、集体、农民的四方关系，"政府力量是主导，要建立健全持续稳定的支持保障机制，确保美丽宜居乡村建设顺利进行；社会力量是补充，要探索运用市场化手段解决村庄建设、垃圾处理、污水治理等问题，积累经验、稳步推广；集体力量是保障，要充分发挥基层党组织带头作用，激发内生力量，带领村民开展美丽宜居乡村建设；农民力量是主体，要激发农民主人翁意识，发挥好参与者、建设者、监督者作用④"。8 月下旬，自治区在巴音郭楞蒙古自治州尉犁县召开乡村建设和乡村产业发展工作会议。会议围绕自治区乡村建设行动提出 3 项具体工作要求："一要夯实打牢农村现代化基础设施。抓好规划编制，抓好农村生产和生活基础设施建设，抓好统筹推进城乡规划建设。二要着力建设生态宜居美丽乡村。大力实施以'三清三改两提升'为重点的村庄清洁行动。深入推进农村户厕问题摸排整改'回头看'，摸清问题厕所底数，抓紧整改短期内能立行立改的问题厕所，确保改好改实。三要加快提升农村基本公共服务水平。建立健全县乡村一体化发展的基本公共服务体系，加快提升

———————————

　　① 自治区农村人居环境整治提升五年行动方案（2021—2025 年）[N]. 新疆日报（汉），2022 - 03 - 21（3）.

　　② 王兴瑞. 自治区党委农村工作会议召开 [N/OL]. 新疆日报，2022 - 03 - 18 [2023 - 05 - 12]. https://www. xinjiang. gov. cn/xinjiang/xjyw/202203/83bc16a8d2224226a88ed56f5af25609. shtml.

　　③ 王兴瑞. 新疆维吾尔自治区党委农村工作领导小组暨乡村振兴领导小组会议召开 [N/OL]. 新疆日报，2022 - 09 - 01[2023 - 05 - 12]. https://xczx. xinjiang. gov. cn/xjfp/fpywgz/202211/4212744301d7443ca254 c4a95766297e. shtml.

　　④ 王亚芸. 新疆持续发力推进美丽宜居乡村建设 [N/OL]. 新疆日报，2022 - 06 - 23 [2023 - 05 - 12]. https://www. xinjiang. gov. cn/xinjiang/bmdt/202206/0f5860f9312e46788bccd48f48201788. shtml.

村级公共服务能力,加强和改进乡村治理 ①。"

从中央对乡村建设工作的要求到自治区党委在全年工作环节中多频次部署安排,能够看出自治区党委和人民政府高度重视乡村建设工作,高位推动工作要求,并结合自治区实际提出了年度工作的着力点,也强有力跟踪和调控相关工作要求的落实落地,发挥了重要统领、动员和推进作用。

## (二)牵头部门和配合部门重点抓好统筹调度工作

按照自治区党委工作部署,乡村建设各牵头部门和配合部门加强统筹调度,健全会商机制,定期沟通情况,共同完善政策、解决问题、部署工作,同时结合自身职能重点抓好各项工作任务落实落地。各级党委农村工作领导小组暨乡村振兴领导小组发挥牵头抓总、统筹协调等作用,建立健全重点任务分工落实机制,履行好决策参谋、统筹协调、政策指导、推动落实、督导检查等职能。鼓励各地通过开展现场观摩、交流学习等务实管用活动,推广好经验好做法。自治区住房和城乡建设厅、农业农村厅、乡村振兴局按照《自治区美丽宜居乡村建设三年行动实施方案》,以自治区确定的 1 000 个乡村振兴示范村为实施主体,加快推进各项工作目标任务的落实。各助力示范帮扶厅局单位结合各地乡村振兴示范村创建基础,对标乡村振兴示范村 8 个方面 32 项具体要求,进一步摸清帮扶村具体情况,助力当地有力有序稳步推进乡村建设各项工作。例如,自治区交通厅 2022 年 5 月底在阿克苏地区库车市召开自治区交通运输行业巩固拓展脱贫攻坚成果同乡村振兴有效衔接工作推进现场会,会议强调,要以"不断扩大农村公路网覆盖程度,加速农村路网优化升级,进一步完成便捷高效、普惠公平的农村公路网络"为发展目标,以"八大实招"助力乡村振兴。

作为牵头部门,自治区住房和城乡建设厅重点抓好农房建设、村庄建设、农村生活垃圾治理、传统村落保护、农村公厕建设、农村清洁取暖 6 项工作。2022 年 6 月初,自治区住房和城乡建设厅编制了《自治区住房和城乡建设事业高质量发展"十四五"规划》,提出"以实施乡村振兴战略为动力,增强县城综合承载能力,推进以县城为重要载体的城镇化建设。加快重点镇建设,因地制宜培育不同类型特色小城镇,形成种类丰富、特色突出、风格鲜明的特色小城镇体系。建立农村低收入群体安全住房保障机制,建立健全农房建设标准和建设管理制度,启动农房抗震防灾工程,继续实施'煤改电'居民供暖设施改造工程,推动节能农房建设,着力提高农房品质。健全农村生活垃圾收运处置体系,实现生活垃圾治理全覆盖。完善传统村落保护体系,积极配合有关部门开展互嵌式乡村建设"。2022 年,全自治区住房城乡建设行业计划投资 500 万元以上项目 2 738 个,计划完成年度投资 2 517 亿元,同比增长 15% 左右。截至 8 月 20 日,开(复)工项目 2 651 个,开工

---

① 张云梅.自治区乡村建设和乡村产业发展工作会议召开确保全面推进乡村振兴行稳致远[N/OL].新疆日报,2022 - 07 - 28[2023 - 05 - 12].http://nynct.xinjiang.gov.cn/nynct/nyncdt/202207/25fe7ec417814fb389df3ca58880669c.shtml.

率 96.82％，完成投资 1 164.25 亿元，投资完成率达到 52.49％①。

在乡村建设资金投入方面，自治区财政厅、乡村振兴局、发展改革委等部门，结合新疆实际，研究制定了《关于加强财政衔接推进乡村振兴补助资金使用管理的指导意见》，提出"扎实稳妥推进乡村建设，根据城镇和村庄布局分类，支持有条件、有需求的村庄编制村庄规划，重点支持因地制宜补齐农村供水设施短板、稳步提升农村供水保障水平，允许适当安排衔接资金改善影响群众基本生活条件的村（欠发达国有农牧林场）内道路、桥梁、排水等小型公益性基础设施，支持抵御防范自然灾害项目建设。支持完善易地搬迁集中安置区内必要的配套设施，适当补助'一站式'社区综合服务设施建设。支持少数民族特色村寨整村规划建设，集中连片民族村寨整体规划建设，推动民族村寨整体面貌提升，特色建筑保护利用②"。自治区党委办公厅、自治区人民政府办公厅印发《关于调整完善土地出让收入使用范围优先支持乡村振兴的实施方案》，要求"各地（州、市）要逐年提高土地出让收入用于农业农村的比例，确保到'十四五'时期末全自治区土地出让收入用于农业农村比例达到 15％以上，土地出让收益用于农业农村比例达到 50％以上③"。2022 年，自治区统筹整合财政涉农资金，建立完善资金多元化投入机制，为示范建设提供充足资金支持。中央和自治区财政已投入衔接资金201.30 亿元，在财力极为紧张的情况下较 2021 年同期增长 3.53％④。

### （三）从制度层面全面保障推动城乡融合发展

2022 年 1 月，新疆发布《新疆维吾尔自治区乡村振兴促进条例》，提出新疆城乡融合发展的制度性要求，即"县级以上人民政府应当推进城乡基础设施和新型基础设施统一规划、统一建设、统一管护，推进城乡基础设施互联互通；县级以上人民政府应当健全城乡一体、全民覆盖、均衡发展、普惠共享的基本公共服务体系，推进教育、医疗卫生、社会保障等资源向乡村倾斜，建立乡村便民服务体系，推动公共服务与自我服务衔接，增强生产生活服务功能，促进城乡基本公共服务均等化"。自治区住房和城乡建设厅编制《自治区美丽宜居村庄建设导则》，提出城乡融合的发展要求为："夯实城乡融合发展基础，统筹县域基础设施、公共服务设施、生态保护、村落分布等空间布局，推动城镇基础设施向农村延伸、城镇公共服务向农村覆盖、城镇现代文明向农村辐射；把乡镇建成服务农民的区域中心，推动供水供电供气、垃圾污水处理、便民生活服务等向农

---

① 王亚芸. 新疆住建行业完成项目投资 1 164.25 亿元 [N/OL]. 新疆日报，2022-08-29 [2023-05-12]. https：//www.ts.cn/xwzx/jjxw/202208/t20220829_8667415.shtml.

② 关于印发《关于加强财政衔接推进乡村振兴补助资金使用管理的指导意见》的通知，新财振〔2022〕5 号。

③ 新疆维吾尔自治区党委办公厅，新疆维吾尔自治区人民政府办公厅. 关于调整完善土地出让收入使用范围优先支持乡村振兴的实施方案 [EB/OL]. （2022-08-03）［2023-05-12］. http：//nynct.xinjiang.gov.cn/nynct/zcfg/202208/c506c03bc7b443b29a92019c75e6b3a1.shtml.

④ 国务院新闻办公室. 中共新疆维吾尔自治区委员会举行"中国这十年"主题新闻发布会 [EB/OL]. （2022-08-28）[2023-05-12]. http：//www.scio.gov.cn/xwfbh/xwbfbh/wqfbh/47673/48948/wz48950/Document/1729357/1729357.htm.

村地区延伸；统筹安排城镇和农业农村基础设施建设，实现城乡基础设施共建、功能互用、解决农业农村基础设施'最后一公里'问题；统筹推进城乡生态环境建设，保护城乡生态环境和资源，贯彻生态文明建设的思想。"这些制度规范和技术规范体现了自治区城乡融合工作的基本目标和要求。

围绕城乡建设的高质量发展，自治区住房和城乡建设厅、发展改革委等部门也相继提出了相关工作重点任务。例如，2022年2月中旬召开的住房和城乡建设工作会议明确要求，要始终聚焦"八个坚持"，踔厉奋发、笃行不怠，统筹谋划推进各项工作，努力推动住房城乡建设事业高质量发展。坚持"美丽宜居"，推动农房和村庄建设现代化。加快城乡融合发展，整治提升农村人居环境，实施农房质量安全提升工程，试点推进乡村建设评价，统筹传统村落保护和发展，加快建设美丽宜居乡村。为进一步推进自治区新型城镇化和城乡融合高质量发展，经自治区人民政府同意，6月下旬，自治区发展改革委印发了《2022年自治区新型城镇化和城乡融合发展重点任务》，提出五大重点内容，共23项任务，其中，在促进城乡融合发展方面提出："推进城镇基础设施向乡村延伸、公共服务和社会事业向乡村覆盖，促进城乡要素自由流动和公共资源合理配置，稳步推动农村土地改革，培育发展乡村产业，促进巩固拓展脱贫攻坚成果同乡村振兴有效衔接。"这些工作部署和要求对新疆城乡建设发挥了重要推进作用。

## 二、实施乡村建设行动取得明显成效

2022年，新疆大力开展乡村建设行动，接续实施农村人居环境整治提升5年行动，抓好新疆乡村振兴示范引领县和示范乡（镇）、示范村建设，稳妥有序推进农村厕所革命，加快农村水电路气网基础设施提档升级，着力补齐农村公共服务短板，加快生态宜居美丽乡村建设。

### （一）农村人居环境建设取得新进步

新疆持续开展农村人居环境建设，重点改造农村厕所，统筹解决农村生活污水治理、垃圾处理、村庄清洁行动，实施河湖水系综合整治，绿化、美化乡村环境，取得了重要进步。自治区将93个县（市）分类为示范引领类、稳步发展类和巩固提升类3种类型，制定差异化发展目标以及分类施策，其中示范引领县20个、稳步发展县38个和巩固提升县35个。各县（市）根据自身条件，合理确定目标任务，积极推进人居环境整治，开展好村庄清洁行动，高质量推进农村改厕工作，加强农村生活污水、垃圾治理。截至2022年8月底，全自治区农村生活污水治理率达到19.4%，农村生活垃圾处理率达到83.21%，新建农村卫生户厕1.35万座，整改问题户厕16.13万座，已完成绿化美化村庄 971 个、绿化面积 9.33 万亩①。在人居环境建设强有力推动下，新疆诸多县（市）被评为全国人居环境建设先进县（市）。例如，伊犁哈萨克自治州昭苏县、塔城地区和布克赛尔蒙古自治县、巴音郭楞蒙古自治州若羌县 3 个县被农业农村部、国家乡村振兴局评为"2021 年全国村庄清洁行动先进县"②。阿克苏市被农业农村部、国家乡村振兴局、财政部评为"2021 年度促进乡村产业振兴改善农村人居环境等乡村振兴重点工作成效明显的市、县"。新源、托里、精河、呼图壁、尉犁、温宿 6 个县获得了由国家发展改革委下达的中央预算内资金 1.2 亿元，用于开展农村生活污水、生活垃圾治理等农村人居环境基础设施建设③。

### （二）重点领域基础设施建设显著改善

新疆持续深化"四好农村路"示范创建，加强农村住房隐患排查，实施好农村饮水安全巩固提升工程，推进数字乡村建设，推动"互联网＋政务服务"向乡村延伸覆盖，提高大数据服务乡村振兴能力。全自治区投资 76.1 亿元，新改建农村公路 9 291 千米，5 个县、市被评为全国"四好农村路"示范县（市），农村自来水普及率和集中供水率分别达到 97.5％和 98.6％，农村电网供电可靠性达 99.78％，光纤网络实现行政村全覆盖。安排自治区衔接资金 27.7 亿元，支持 100 个示范乡（镇）、1 059 个示范村建设，集中建设 180 个重点示范村，示范引领作用充分显现④。推动县、乡、村（户）道路联通，促进城乡道路客运一体化。建设联结城乡的冷链物流、电商平台、农贸市场网络，建设重要农产品仓储设施和城乡冷链物流设施。推动城乡基础设施管护一体化。农村生产生活条件持续改善，各族群众获得感、幸福感、安全感显著提升。

### （三）逐步补齐农村基本公共服务短板

新疆稳步推进城镇公共服务向乡村覆盖，开展县、乡、村公共服务一体化示范创建。积极建设城乡学校共同体，持续改善乡村寄宿制学校办学条件，推进县域内义务教育优质均衡发展。发展普惠托育服务，构建多元化、多样化、覆盖城乡的婴幼儿照护服务体系，办好乡镇公办幼儿园。完善县、乡、村三级联动的县域医疗服务体系，建设紧密型县域医共体，实行医保基金总额付费、结余留用，建立柔性人员上下流动机制，推动"县聘乡用、乡聘村用"。健全县乡村衔接的养老服务网络，完善农村养老关爱服务体系，发展乡村互助式养老服务。深化户籍制度改革，研究制定劳动就业、社会保障、

① 新疆维吾尔自治区农业农村厅. 自治区乡村建设和乡村产业发展工作会议召开 [EB/OL]. (2022 - 07 - 28) [2023 - 05 - 12]. http://nynct. xinjiang. gov. cn/nynct/nyncdt/202207/25 fe7ec417814fb389df3ca58880669c. shtml.

② 新疆维吾尔自治区农业农村厅. 2021 年全国村庄清洁行动先进县名单公布，新疆三地入选 [EB/OL]. (2022 - 01 - 30) [2023 - 05 - 12]. http://nynct. xinjiang. gov. cn/nynct/nyncdt/202201/183d637d954945458b1abde59973afd4. shtml.

③ 石鑫. 中央 1.2 亿元资金支持改善新疆 6 县农村人居环境 [N/OL]. 新疆日报，2022 - 06 - 06 [2023 - 05 - 12]. http://nynct. xinjiang. gov. cn/nynct/xjncr/202206/5fa48c1f5cfb492d974cc41bd1df93ce. shtml.

④ 新疆维吾尔自治区农业农村厅. 自治区乡村建设和乡村产业发展工作会议召开 [EB/OL]. (2022 - 07 - 28) [2023 - 05 - 12]. http://nynct. xinjiang. gov. cn/nynct/nyncdt/202207/25fe7ec417814fb389df3ca58880669c. shtml.

就学就医、落户租房等方面的均等化、同城化政策。完成"煤改电"一期工程，南疆89.2万户农牧民用上了清洁能源，持续改善各族群众生活条件①。推动实施新疆煤改电二期工程正式启动，实施时间为2022—2024年，涉及喀什地区、和田地区、克孜勒苏柯尔克孜自治州、阿克苏地区、巴音郭楞蒙古自治州南疆5地（州）和吐鲁番市、哈密市伊州区东疆2市（区），惠及43个县（市、区）、439个乡（镇）、3 896个村、76.61万户农村居民②。

### （四）农村面貌得到持续改善

近年来，自治区党委和人民政府全力推进美丽宜居乡村建设，农村牧区面貌发生巨大变化，在农房建设、居住环境和村落保护方面取得了新的突破。全自治区累计投入880亿元，完成了农村安居工程266.98万户、农房抗震防灾工程3万户，1 100余万农民喜迁新居；生活垃圾治理收运处置体系覆盖全疆95%以上的行政村，农村卫生厕所覆盖面占到农村常住户数的84.95%；打造了5个住房和城乡建设部美丽宜居小镇、107个全国重点镇、10个全国特色小镇、14个住房和城乡建设部美丽宜居村庄③。2021年以来，自治区住房和城乡建设厅制定发布了《自治区小城镇建设指南》《自治区美丽宜居乡村建设三年行动实施方案》，统筹推进以县城为重要载体的就地城镇化和以县域为单元的城乡融合发展，建制镇生活垃圾处理率和污水处理率分别达90.17%、35.52%。全自治区农村生活垃圾收集、转运和处置体系覆盖的行政村比例达90%以上，建成农村公厕约1.58万座，拆除老旧危房约2.06万座。共有27个建制镇被评为自治区小城镇环境整治示范镇，33个行政村被评为自治区新时代美丽宜居村庄④。

### 三、新疆乡村建设行动需要破解的现实难题

由于经济发展水平、重视程度、规划能力、工作落实能力等差异，新疆乡村建设行动还存在一定的区域差异和结构性差异，需要进一步破解工作中的现实难题，主要体现在美丽宜居乡村建设统筹谋划推进力度还不够、乡村建设项目设置和前瞻规划工作相对滞后、农村基础设施和公共服务体系还不够健全等方面，需要引起高度重视，加以解决。

---

① 国务院新闻办公室.中共新疆维吾尔自治区委员会举行"中国这十年"主题新闻发布会［EB/OL］.（2022-08-28）［2023-05-12］.http：//www.scio.gov.cn/xwfbh/xwbfbh/wqfbh/47673/48948/wz48950/Document/1729357/1729357.htm.

② 杨睿.新疆煤改电二期工程启动 涉及南疆5地州和东疆2市区、76.61万户农村居民［N/OL］.人民网，2022-03-19［2023-05-12］.http：//zjt.xinjiang.gov.cn/xj zjt/c113210/202203/fec8c1ce10ec413f89f5e8607058936f.shtml.

③ 王亚芸.新疆持续发力推进美丽宜居乡村建设［N/OL］.新疆日报，2022-06-23［2023-05-12］.https：//www.xinjiang.gov.cn/xinjiang/bmdt/202206/0f5860f9312e46788bccd48f48201788.shtml.

④ 新疆维吾尔自治区住房和城乡建设厅.2021年自治区小城镇环境整治示范样板和新时代美丽宜居村庄示范样板名单［EB/OL］.（2022-01-24）［2023-05-12］.https：//zjt.xinjiang.gov.cn/xjzjt/c113262/202201/69656361802f432e9e32377c2a a74e76.shtml.

## （一）美丽宜居乡村建设统筹谋划推进力度还不够

从新疆美丽乡村建设的现状看，众多乡村还处在基础设施完善阶段，同时，众多乡村的自发形成特征十分明显，与美丽宜居乡村建设的目标还存在诸多差距。如，村庄建设同质化特征比较明显，千村一面和景观城市化问题不同程度的存在，环境保护和传统村落保护力度仍需加强，乡村特色化建设还不够突出。南疆、北疆范围内村庄建设参差不齐，公共服务设施和基础设施配套建设还存在一定差距。乡村建设管理体制机制还不够完善，城乡基础设施和公共服务设施建设缺乏统筹，建设模式选择还不合理、工程质量监督还不到位、发动群众还不充分。村庄基础设施布局没有得到全面的优化，电力、自来水、能源、通信等官网建设存在众多不合理情况，影响村容村貌和安全生产。村庄绿化、美化覆盖面较小，缺乏后期维护机制，村集体无法保障常长效管护。农民环境保护和卫生健康意识方面还存在众多问题，需要加强正面的常态化管理和引导。

## （二）乡村建设项目设置和前瞻规划工作相对滞后

目前，推进全自治区乡村建设中，缺乏能够对乡村振兴产生重大作用的专题项目和重要工程，不能够有效激活农村生产力运行，不能有效拉动农村经济增长，不能有效推动村容村貌结构性提升，不能有效提高农民生活便利化水平。众多工作停留在落实上级政策等层面，新疆自身统筹谋划、改革创新推动工作还不够，突破性的办法举措还不多。由于缺乏对乡村建设用地和公共设施、产业发展设施的前瞻性规划，导致后期各类项目设施都受到土地等要素的制约。乡村除了宅基地区域和道路等之外，农村其他便于建设的区域很大程度上划分为红线区域，许多后期的基础设施项目、公共设施项目和产业发展类项目都面临选址困难，不利于开展宜居宜业美丽乡村建设。

## （三）乡村基础设施和公共服务体系还不够健全

新疆的农村基础设施建设部分领域还存在一些突出短板和薄弱环节，与农民群众日益增长的美好生活需要还存在差距。村容村貌建设、农村人居环境建设还有大量工作任务：农村生活污水治理率比较低，还没有完全实现农村污水处理设施的普及建设和应用；农村还不能够实现农村生活垃圾分类、源头减量；农村卫生防疫设施不够完善，缺乏大量的全科医务人员；许多村庄还没有建设环村公路；多数村庄还未能够打造与乡村旅游发展、休闲农业发展需求等相适应的村容村貌条件和基础设施条件。众多农村还没有有效规划布局农村公共厕所和旅游景区厕所，已有公共厕所管护责任未能够全面落实。

## 四、开创新疆乡村建设行动新局面的对策建议

要把学习、宣传、贯彻习近平总书记视察新疆重要讲话重要指示精神，作为当前和

今后一个时期的头等大事和首要政治任务，与学习贯彻习近平总书记关于"三农"工作的重要论述结合起来，以贯彻落实自治区党委十届三次全会、五次全会为主线，把学习成果转化为全面推进乡村振兴、加快农业农村现代化的具体行动。要遵循城乡建设发展规律，把乡村建设摆到现代化建设的重要位置，牢固树立抓项目就是抓发展的理念，系统研究新疆美丽宜居乡村建设，分类有序推进村庄建设和现代化基础设施建设，合理完善村庄空间规划和公共服务设施规划，持续改善农村面貌，推动城乡融合发展。

### （一）把乡村建设摆到现代化建设的重要位置

当前正值新疆乡村振兴的"黄金建设期"，需要积极抢抓机遇，紧盯乡村振兴项目投资建设目标，以更加坚定的决心、更加务实的办法、更加有力的举措，高质量、高效率推进乡村建设。一要切实提高政治站位，增强工作的紧迫感和责任感，全力以赴、统筹抓好乡村建设各项工作。二要积极筹措项目建设资金。准确把握政策支持方向和投资重点，加强与当地发改、财政等部门和对口援疆省、市前指的沟通协调，积极争取更多中央、自治区和援疆资金支持，加快资金使用，充分发挥好财政资金的引领带动作用。推动政、银、企同向发力、协调联动，畅通各地项目融资渠道。三要常态化落实乡村建设工作机制，严格落实项目建设推进机制。会同发改、财政等部门及时协调解决项目建设面临的难点和堵点问题，抓实抓好项目建设，抓出项目投资成效。四要处理好政府、社会、集体和农民的四方关系，鼓励社会力量积极参与，形成共同推进的合力。充分体现乡村建设为农民而建，充分尊重农民意愿，激发内生动力，保障群众知情权、参与权、表达权、监督权。

### （二）以项目为重要抓手大力推进乡村建设

要紧紧抓住各方面机遇，提前谋划储备项目、提高储备项目质量。抓住国家基础设施项目建设政策"窗口期"，以城乡基础设施（城乡融合发展设施）、农村人居环境综合整治、重点领域基础设施建设、逐步补齐农村基本公共服务短板等为重点，扎实谋划一批基础条件好、竞争力强、辐射范围广的项目，做深做实做细项目前期工作，确保国家具体支持政策出台后，有关行业项目能够立即落地实施、见到实效。

### （三）系统研究新疆美丽宜居乡村建设

结合自治区区域环境、人文特色，以高质量发展为引领，从地域性、生活性、时代性、生态性和操作性等全方位多维度研究新疆美丽宜居村庄建设。地域性：突出乡土特色和地域特点，继承和发扬优秀中华文化，挖掘地域特色，融入新时代发展理念，注重保护和传承，突出地域特征和文化特色，进一步完善对传统村落的保护和利用，留住乡村文化的"根"与"魂"。生活性：结合村庄资源禀赋、文化特色和现状产业发展基础，通过城乡融合发展，带动经济发展，突出乡村建设与村民生活互促共融。时代性：突出乡村建设贯彻社会主义精神文明要求，铸牢中华民族共同体意识，深入开展文化润疆工作，营造有利于引导乡风文明发展的环境氛围，把党中央关于乡村文化发展的总体要求融汇到乡村建设工作当中。生态性：要加大对农村资源环境的保护力度，构建节约资源和保护环境的空间格局、产业结构、生产方式以及生活方式，建设人与自然和谐共生、富有生机活力的美丽宜居乡村。操作性：突出乡村建设落地实施的有效性，尤其是考虑造价、材料、工艺等方面的现实问题，注重经济实用。

### （四）分类有序推进村庄建设和现代化基础设施

结合南疆、北疆乡村发展不同阶段特征，针对城郊、绿洲农区、牧区、边境线地区的乡村特点，衔接乡村振兴战略有关村庄分类的要求，综合考虑建设形态、居住规模、服务功能等因素，细化城郊融合类、聚集提升类、特色保护类、搬迁撤并类村庄的建设指导要求，分类有序推进村庄建设。遵循乡村发展规律，突出农村特点，注重乡土味道，保留乡村风貌，留住田园乡愁，不搞盲目攀比，防止大拆大建。坚持因地制宜、突出地域特色，防止乡村建设"千村一面"。坚持有序推进、务实规划，防止一哄而上，片面追求村庄规划快速全覆盖。要坚持规划先行，充分考虑县域发展实际和城镇化布局，充分考虑财力可持续和农民可承受情况，统筹留够必要的发展空间，合理划分村庄分类，合理确定建设标准，合理安排建设时序，避免无效投入、资源浪费。夯实打牢农村现代化基础设施。建议在"十四五"期间，将新疆农村污水处理管网建设纳入重点建设目录，科学规划和分步骤实现农村污水处理排污设施普及，彻底解决农村生态环境保护问题。要加大农村社区的天然气引入建设问题的规划研究，条件允许的区域优先实现天然气普及，不断提升农村生产生活便利化水平。修建村庄环村公路，方便群众出行，保障村庄应急通道畅通，提升乡村防灾能力。加强村级客运站点、公交站点建设，完善乡村交通设施。

### （五）合理完善村庄空间规划和公共服务设施规划

坚持先规划后建设，通盘考虑土地利用、产业发展、居民点布局、人居环境整治、生态保护和历史文化传承。坚持农民主体地位，尊重村民意愿，反映村民诉求。力求农业农村联动、生产生活生态融合。按照生态环境有改善、耕地保有量不减少、质量不降低、空间布局有优化、集约节约建设用地的要求，结合村庄实际划分村庄林地（生态林）、河湖、草原等生态空间，农、林、牧、渔等农业空间，宅基地、经营性建设用地、公共服务和基础设施等建设空间，明确村域国土空间开发保护格局。划定村域内地表水体保护控制线、历史文化保护控制线、灾害影响与安全防护范围线、重大基础设施和公共服务设施等其他重要用地控制线，标注各类控制线坐标。统筹考虑村庄发展布局以及基础设施和公共服务设施用地布局，规划建立全域覆盖、普惠共享、城乡一体的基础设施和公共服务设施网络。以安全、经济、方便群众使用为原则，因地制宜提出村域基础设施和公共服务设施的选址、规模、标准等要求。合理配置建设村卫生室、老年活动室、儿童之家、文化活动室、农家书屋、便民农家店、村务室等服务要素。改造提升农村寄递物流基础设施，推进电子商务进农村和农产品出村进城。有条件的情况下，尽力配置村级幸福院、老年人日间照料中心、幼儿园、托儿所、乡村小规模学校、红白喜事厅、特色民俗活动点、四史馆、健身广场、金融电信服务点以及垃圾收集点、公共厕所、小型排污设施等服务要素。合理配置安全生产设施，配套农业生产服务设施。

### （六）持续有序推动农村人居环境建设行动

实施好农村人居环境整治提升 5 年行动，加快生态宜居美丽乡村建设。持续推进农户庭院环境整治、居住环境整治、村庄环境整治 3 项工作，建设普遍干净、整治有序的人居环境。大力实施以"三清三改两提升"为重点的村庄清洁行动。按照《自治区农村村容村貌整治技术导则》的指引，因地制宜改造农村厕所，对于新建卫生厕所要科学规划、因需建设，不搞"一刀切"。深入推进农村户厕问题摸排整改"回头看"，摸清问题厕所底数，抓紧整改短期内能立行立改的问题厕所，确保改好改实。因地制宜采取集中与分散相结合的方式，实施农村生活污水处理。对农村居民点排水渠实施清淤疏浚，采取综合措施恢复水生态，逐步消除农村黑臭水体。综合整治农村电线、网线、喇叭线、广告牌等杂乱布置现象，实现线路设施安全和归正。加强村组道路两旁、林带、农田边缘、水渠两旁的土地平整，开展农村偏远散区域的环境清理整顿，绿化、美化、亮化乡村环境。探索和普及以村组为单位的环境卫生评比管理，切实发挥卫生模范主体的示范引领作用，不断提高村民环境卫生意识。不断增强村规民约在环境卫生建设和乡村治理中的积极作用，大力倡导常态化的农村爱国卫生活动。广泛开展中国特色社会主义和中国梦宣传教育，创新开展"听党话、感党恩、跟党走"宣传教育活动，不断激发广大农民乡村振兴的内生动力和建设热情。

# 新疆乡村振兴文化建设研究

张岩[①]

**摘 要**

在乡村振兴战略中，文化振兴是一项铸魂工程，是实现乡村全面振兴的内生动力，是乡村文化发展的目标追求，具有深远意义。新疆在新时代党的治疆方略指引下，乡村文化振兴取得了明显成效，表现出自身的显著优势。然而，面对乡村社会的转型过渡，新疆乡村文化在建设过程中也面临一些深层次的挑战和发展困境。为此，应借助国家制度多维优势，推动制度建构基础上的新疆乡村文化建设，以此推进实现新疆乡村文化领域的现代化。

**关键词**

乡村文化建设；新疆

"十四五"时期，是全面建设社会主义现代化国家开局起步的关键时期，也是巩固拓展脱贫攻坚成果与乡村振兴有效衔接的重要时期。新疆在乡村文化振兴的全过程中，既担负着接续"扶贫先扶志""扶贫必扶智"的历史责任，强化内生发展活力和能力，满足新时代乡村民众日益增长的美好生活需要，也承载着增强民族团结、强化国家认同、铸牢中华民族共同体意识、实现中华民族伟大复兴的历史使命。新时代新征程，新疆必须以党的二十大精神为根本遵循，以发展现代文化为目标，推进乡村振兴战略的铸魂工程。

## 一、乡村文化振兴的价值意蕴

乡村振兴，既要塑形，也要铸魂。在这个过程中，乡村文化建设不仅是乡村振兴的重要内容，也是实现乡村有效治理的重要途径。阐释乡村文化的价值意蕴，充实乡村文化的价值内涵，以期将乡村文化的优势内核转化为乡村文化振兴的治理效能，这对加快

---

① 张岩，新疆社会科学院农村发展研究所副研究员。

新疆乡村振兴进程具有十分重要的现实意义。

## （一）乡村文化振兴是乡村全面振兴的内生动力

党的十八大以来，为了从根本上改变城乡发展的现实差距，习近平总书记以社会主要矛盾的新变化为依据，提出了乡村振兴战略，明确了乡村社会的发展方向。其中，乡村文化振兴作为这一宏大战略的铸魂工程，既是乡村振兴的重要组成部分，也是乡村高质量发展的应有之义。较之以往中国乡村发展，新时代的乡村振兴不是中国乡村建设的升级版，而是一场"从传统乡村文明向现代乡村文明转变的深刻的乡村治理文明变革[①]"，它孕育于中华民族实现伟大复兴的历史条件下，因而具有与生俱来的历史进步的属性和特征。乡村振兴蕴含乡村文化振兴，乡村文化建设是乡村治理的重要变量和衡量标准，其核心要义是实现乡村从传统向现代转型和重构乡村文明关系的现代秩序。以乡风文明为要义的乡村文化振兴不是简单的文化输入，而是"在田野上、村庄中找回文化发展的内生动力[②]"，在一定程度上影响产业兴旺、生态宜居、生活富裕等显性指标的实现程度和持续能力。可以说，实现乡村文化振兴不仅是中国式现代化在乡村社会的具体实践，更是乡村实现全面振兴与现代转型的必然要求。

## （二）乡村文化振兴是乡村文化发展的目标追求

乡村文化是中华文明的智慧源头，体现中华民族的文化底色，所蕴含的乡土情结、农耕文化、红色文化、生态伦理思想、德治文化是乡村文化的优势内核，代表中华民族特有的精神标识，彰显中华民族一脉相承的精神脉络。然而，在现代社会的冲击下，乡村文化面临被边缘化和日益衰微的困境，乡村文化危机就构成乡村社会的深层次治理危机。随着乡村振兴战略向纵深推进，乡村文化治理成为乡村文化振兴实践的政策切入点。不难看出，乡村文化治理现代化与乡村文化振兴在实践层面上具有高度的耦合性，"如果说乡村文化振兴旨在形成乡风文明的最终结果，那么乡村文化治理现代化则强调'现代化'的逻辑指向[③]"，是乡村文化建设与发展的目标追求。相对于传统文化治理而言，乡村文化治理现代化的治理目标在于一方面挖掘孕育于中华悠久历史文明中的乡村文化，通过文化振兴传承文化基因、接续优秀文脉、增强文化自信，在全社会形成传播和弘扬优秀乡村传统文化的良好氛围，焕发乡风文明新气象；另一方面打破传统文化治理面临的内外困境，对不合时宜的传统文化治理方式进行变革和超越，在导入现代文化治理元素的过程中构建起与现代乡村社会生活相适应的公共文化服务体系，促使乡村社会建立健全现代化的规范有序的文化治理体系和运行机制。

① 胡惠林.乡村文化治理：乡村振兴中的治理文明变革［J］.福建论坛（人文社会科学版），2021（10）：62.
② 吕晓勋.把文化种子播入精神土壤——关于乡村振兴的思考［N］.人民日报，2017-12-18（5）.
③ 孙刚，罗昊.乡村振兴背景下文化治理现代化的价值意蕴与政策路径［J］.江汉论坛，2021（7）：88.

## 二、新疆乡村文化振兴的社会效益分析

党的十八大以来，以习近平同志为核心的党中央高瞻远瞩，科学判断，明确了新时代党的治疆方略和新疆工作总目标，并就维护社会稳定、促进民族团结与宗教和谐、加强意识形态领域斗争等重大问题提出了一系列新论断、新任务。依托乡村振兴战略，乡村文化建设对于实现新疆社会稳定和长治久安具有特殊作用。当前，"新疆有 1 123.87 万人生活在乡村，占新疆总人口 43.47％[①]"，这意味着，乡村要发展，需要用文化的力量将农民群众有机联结，引导乡村民众在思想观念、生活方式上的现代化转型，这是贯彻落实新时代党的治疆方略、满足广大农民对美好生活向往的必经之路，也是实现新疆乡村全面振兴、推动加快新疆农业强区建设的重要途径。

### （一）新疆乡村文化振兴取得的主要成效

#### 1. 农村意识形态安全有效保障

自 2014 年"访惠聚"活动开展以来，新疆基层党组织切实发挥起战斗堡垒作用，在乡村文化建设方面不断加强社会主义核心价值观的引领功效，有效维护了农村意识形态安全。具体表现在，新疆基层党组织不断强化乡村文化振兴的主导地位，依托驻村工作队、结对干部、草根宣传员等力量，通过"三会一课"、党日团日、升旗仪式、农民夜校等途径，持续开展新疆历史教育、去极端化教育、法治教育，讲解惠农政策、民族宗教政策，同时，将思想教育性强、内容丰富的优秀文艺活动和作品推广到基层，发挥主流舆论媒体功能，用主流舆论引导价值观。当前，新疆乡村制度体系的生命力逐步凸显，基层党组织领导核心地位不断强化，乡村教育、乡村文化建设、乡村文化宣传工作等文化制度同步推进，为乡村文化振兴架起坚固的文化堡垒。

#### 2. 农村乡土文化得到创新发展

新疆是古丝绸之路的必经之地，乡土文化源远流长，历经千年沧桑，形成了独具魅力的民族风情和传统技艺，是"一方水土养一方人"的深厚精神积淀。新疆充分发挥民俗文化资源众多的优势，打造乡村文化建设新模式。一方面，一些非遗资源得到很好的保护和发展。比如，2020 年以来，哈密传统工艺工作站积极探索发展途径，借助央视总台节目宣传新疆刺绣工艺，让维吾尔族刺绣走出家门，还先后在"上海国际时装节""成都国际非遗文化节""中国国际进博会"等重大节会上亮相，不仅实现传统文化与现代文化接轨，还为新疆特色文化产品打开了国际国内市场，极大增强了传播力和影响力。同时，积极与清华大学合作出版《哈密维吾尔族刺绣图案集》和《国韵非遗——哈密维吾尔族刺绣的传承与深度开发》，为刺绣爱好者及研究人员提供非常有价值的参考

---

① 国务院新闻办公室. 新疆的人口发展［N］. 人民日报，2021-09-27（11）.

资料。再比如，积极开发吐鲁番、喀什等地土陶烧制技艺、花毡制作技艺、印花布技艺、和田地区桑皮纸制作工艺、塔城地区哈萨克族芨芨草编织技艺等非遗资源，挖掘文化内涵，提升文化价值。另一方面，乡村优秀传统文化得以传承和弘扬。比如，"十二木卡姆"艺术、"玛纳斯""江格尔"演唱、"阿肯弹唱"等歌舞文化在各大剧场、旅游景区、乡村"文化大院"等各类舞台尽情展示。《玛纳斯》《江格尔》等优秀民间文学作品被翻译成多种文字广泛颂扬，还有丝绸文化、陶文化、饮食文化、服饰文化等被积极传承发展。另外，2021 年，尉犁县克亚克库都克烽燧遗址入选全国十大考古新发现。

### 3. 农村群众性文化生活极大丰富

群众性公共文化活动具有凝聚价值共识、传播正向能量、丰富业余生活、形塑团结友善的社会功效。一是开展文艺下乡活动。2020 年，中国音乐协会组织国内知名词曲作家，赴新疆进行的"深入生活扎根人民"采风创作活动。2021 年由自治区文化和旅游厅、北京当代中国写意油画研究院主办，新疆画院承办的"和美新疆——2021 年中国油画名家采风创作活动"。新疆艺术学院联合中央美术学院、清华大学等院校深入墨玉、塔什库尔干等县、市、乡、村进行艺术创作表演等[①]。二是开展自发性群众活动。2022 年，富蕴县可可托海镇塔拉特村、阿克苏市依干其乡依干其村、伊宁市六星街社区和呼图壁县二十里店镇成为全国"村晚"示范展示点，通过国家公共文化云、央视频平台展示了新疆浓郁的乡土气息和淳朴的民风民情。三是利用文艺专项扶持资金，挖掘了一批乡村振兴题材的文艺作品，比如舞蹈《阳光下的麦盖提》《沙漠绿洲》、话剧《勋章》、歌曲《文化大院》、小品《阿里木的致富经》等。这些公共文化活动的开展不仅丰富了乡村民众的文化生活，也增强了乡村文化自信。

### 4. 农村公共文化服务水平不断提升

一是乡村文化阵地建设成效明显。2021 年，新疆 5 家地（州、市）级博物馆新馆建成开放，全疆各类博物馆、纪念馆、文物遗址点接待观众 2 000 余万人次。截至 2022 年上半年，已建成 8 269 个村级综合性文化服务中心。至此，自治区、地、县、乡、村 5 级公共文化服务网络构建完备，补齐公共文化设施服务短板。挖掘历史文化名镇、名村等乡村文化阵地，开发建设了具有鲜明中华文化标识、弘扬革命文化、红色文化为主题的基层文化场所，比如，沙雅县海楼镇打造的"忠孝园""和园"特色文化阵地。二是乡村公共文化服务精准对接群众需求。为巩固拓展"5＋1"公共文化服务网络覆盖新模式，重点在自治区级"访惠聚"驻村点及第一书记所在村开展"文化大院"示范点建设工作，并以"文化大院"示范点建设、"石榴籽"文化小分队惠民服务、"流动博物馆"巡展为抓手，与新时代文明实践所（站）、乡（镇）、村综合文化站、乡村大舞台等

---

① 刘明，郭世杰. 文化润疆与乡村文明建设［J］. 实事求是，2022（1）：98.

基层文化阵地联动，组织开展了一系列群众喜闻乐见、便于参与的文化活动。

### 5. 农村文化产业持续发展

近年来，新疆乡村文化产业不断发展，类型和规模不断扩大，文化产业振兴极大改善了乡村生产生活条件，特别是南疆 4 个地（州）经济社会发展取得显著进步，农民推进乡村建设的积极性、主动性有了很大提高，增强了其获得感、幸福感、安全感，这对推动乡村文明建设工作大有裨益。比如新疆创新旅游文化产业，利用"民族特色和地理特色，发展乡村手工艺、园艺、果艺以及乡村文化创意等产业，优化整合地域文化节资源，形成具有新疆地域文化的旅游产业精品项目，打出新疆文化产业的响亮品牌①"。新疆文化旅游产业的发展不断提升乡村文化的魅力和影响力。

## （二）新疆推进乡村文化振兴具有的显著优势

### 1. 时代契机：文化润疆工程的提出

第三次中央新疆工作座谈会形成的新时代党的治疆方略，是深化新疆工作规律的认识成果、开创新疆工作新局的行动指南。与第二次中央新疆工作座谈会比照，"文化润疆"是新增的其中一个指导方针。作为新时代治理新疆的重要抓手，文化润疆体现的是文化，旨在通过文化的灵魂作用，发挥更加基础、更加自信、更加持久的精神力量，以解决新疆社会稳定和长治久安的深层次、根本性问题，事关思想人心，实质是做好意识形态领域工作。文化润疆之于乡村文明建设，是以文化引领促进新疆乡村文化建设在价值研判上形成系统化认知，在新疆多元一体的文化特征中凝聚价值共识。文化润疆工程为推进乡村文化治理现代化提供力量支撑。

### 2. 制度保障：基层党组织发挥战斗堡垒作用

实施乡村文化振兴离不开完善的乡村治理体系，而乡村治理有效的保障性基础关键在于党领导乡村工作形成的制度体系。党的十九大报告将加强基层党组织建设作为坚定不移全面从严治党、不断提高党的执政能力和领导水平的一项重要内容，充分体现了基层党组织在党的建设这一新的伟大工程中的基石作用。近几年来，新疆不断夯实基层党组织建设，在发挥基层战斗堡垒作用中持续增强凝聚力、向心力和战斗力。因此，乡村文化振兴同样发挥着基层党组织政治引领作用，依靠其完善的制度体系，从组织维度引领文化参与乡村建设，为乡村文化振兴提供坚强的政治保证和组织保证。

### 3. 政策支撑：顶层设计定政策把方向

自 2002 年起，党中央每年都把"三农"问题定为中央 1 号文件。进入新时代，

---

① 张晓霞. 文化振兴助力新疆乡村振兴的途径研究 [J]. 乡村科技，2019（7）：49.

乡村振兴战略成为实现中华民族伟大复兴的重大决策部署。为此，2018 年中央 1 号文件聚焦乡村振兴，擘画战略蓝图，抓好顶层设计，制定了《乡村振兴战略规划（2018—2022 年）》。新疆依据党中央的规划蓝图，于 2018 年 11 月印发了《新疆维吾尔自治区乡村振兴战略规划（2018—2022 年）》，对新疆推进乡村振兴战略作出了全面安排部署，其中，特别明确了乡村文化建设的工作要求。其实，党中央从顶层设计入手，除乡村文化的具体部署及战略规划以外，还发布了《关于切实加强中国传统村落保护的指导意见》《中国传统工艺振兴计划》《关于加快推进乡村人才振兴》等政策措施。自治区党委立足新疆乡村文化建设实际，指出要维护农村意识形态安全、加强农村思想道德建设、丰富农村文化生活，以开展十项文化振兴重大工程来有效推进乡村文化建设。需要指出的是，党中央和新疆的战略规划虽然时效为 5 年，但很多政策措施需要长期推进、久久为功，这为新疆推进乡村文化振兴提供了根本的政策保障。

4. 社会环境：和谐稳定的社会大局持续向好

自治区党委完整准确贯彻新时代党的治疆方略，聚焦总目标、打好"组合拳"，坚持把维护稳定作为重于泰山的政治责任，立足抓早抓小抓快抓好，谋长远之策、行固本之举，天山南北面貌焕然一新，稳定红利持续释放，取得了来之不易的大好局面。其中，表现在社会大局方面是：新疆民族团结发展进步，宗教领域和谐和睦，基层基础夯实有效，平安建设稳步推进。正是采取行之有效的举措，才让新疆社会环境发生了明显变化，各族群众的获得感、幸福感、安全感持续增强，这为推进乡村文化振兴提供了有利的社会环境。

5. 社会基础：经济社会发展活力增强

新疆自实施精准脱贫以来，各项措施落地见效，减贫任务达到预期目标，全自治区现行标准下 306.49 万农村贫困人口全面脱贫，3 666 个贫困村全部退出，35 个贫困县全部摘帽；南疆 4 个地（州）区域性整体贫困彻底消除，脱贫攻坚战取得全面胜利，"两不愁三保障"突出问题基本解决。随着全自治区接续推进脱贫攻坚与乡村振兴两大战略有效衔接，为力求乡村民众"志""智""技"同步推进，乡村公共文化服务水平逐步提升，文化阵地建设日益完善，文化惠民工程持续推进，乡村文化治理能力不断增强。同时，丝绸之路经济带核心区建设加快推进，中央及对口援疆工作持续用力，返乡大学生、内地招录大学生及大学生志愿者等有为青年壮大乡村振兴人才队伍，这些坚实的社会基础为新疆乡村文化振兴提供了有利条件。

## 三、新疆乡村文化治理的现实困境

在脱贫攻坚的战略部署下，受党中央及对口援疆省份的大力支持和帮扶，新疆农村经济、教育、医疗、民生等领域得到长足进步，为乡村文化发展提供了可靠的物质基础，文化扶贫工作取得一定成效。然而经济基础的变革往往会引起上层建筑的波动，面对乡村社会的转型过渡，乡村文化在治理过程中正面临一些深层次的挑战和发展困境。

### （一）乡村文化的主体困境

当前，村民普遍缺乏乡村文化自信，这源于没有树立正确的乡村文化自觉意识。受文化水平和认识能力的影响，大多数村民不会主动挖掘和了解乡村历史文化产生的渊源、脉络及其蕴含的价值观念，无法准确理解乡村文化存在的意义和影响，甚至具有鲜明中国特色的乡村德治文化如勤俭观、婚约观等的传承断裂，而表现为精神上空虚无助，思想上"等靠要"，对奋斗获得幸福的认知不强。

### （二）乡村文化的客体困境

#### 1. 乡村文化赖以生存的土壤逐步流失

一是从生产方式看，为实现农民增收致富，南疆地区一部分富余劳动力通过外出务工或创业的方式不断转向二、三产业领域就业，村民家庭形成"半耕半农"的生活格局。阿克苏以及北疆一些地区，大规模土地流转带来了家庭农场、大户经营等各种新型农业经营主体。农业生产属性的转变对乡村文化的可持续发展造成影响。二是从生活方式看，新疆一些农村通过"合村并居"或"易地扶贫搬迁"迁入新型农村社区，致使一些传统村落正日渐破败或消失，在此基础上的乡村文化必然呈现衰退状态。

#### 2. 乡村文化传播渠道不畅

一是从传播手段看，受制于城乡文化权力分配不均的现状，乡村文化传播的媒体技术滞后使得乡村不占据网络媒体的主导权。尽管文化传播方式已经突破地域时空的局限，但与城市融媒体相比，乡村文化在网络媒体的语境下不具备足够的话语能力。二是从传播路径看，新疆乡村传统技艺、民俗活动、人文景观等具有民族特色的文化样态，缺少准确的历史文字记录、缺乏仿真物品的再现媒介，缺失传统文化的体验式感受，只是迎合消费市场的需求，而欠缺对乡村历史文化继承与发扬途径的思考。

### （三）乡村文化的载体困境

#### 1. 文化基础设施需要进一步完善

在中央与新疆相关政策法规的指导下，新疆各级党委高度重视，农村社会基础建设有了很大改善，特别是教育领域的各项硬件设施配备齐全，但服务于全体乡村民众的公共文化基础设施还存在一些短板。比如，以公共图书馆为例，"已建成的图书馆存在总分馆制建设、数字图书馆建设不足、网络化服务与配送体系不完善的问题[①]";再比如,村级农家书屋、文化室已建成多年,但缺乏专门经费和管理人员,报刊图书陈旧,书籍种类匮乏。加之村民忙于生产以及囿于文化知识水平,文化基础设施利用率不高。

### 2. 文化服务体制偏离农民本位

中国乡村文化服务体制采取自上而下的压力型传导方式,即中央制定政策高位推动,地方政府负责具体落实。在具体实践中,因受权力制约和考核机制,基层文化管理部门更多是执行上级命令,考核体系大多注重量化指标,使得一些乡村文化服务工作盲目追求"亮点工程"。这一做法在新疆也是屡见不鲜,比如大建乡村文化广场,大兴乡村文艺汇演等,而不是沉下身子,深入群众,挖掘培养草根文化积极分子,组织和激发农民参与创造村落文化,这实际上是把公共文化服务简单理解为"建阵地""送文化"。

## (四) 乡村文化的转化困境

### 1. 乡村文化人才力量亟待加强

一是紧缺创造性转化的专业人才。乡村传统文化的创造性转化工作高标准严要求,这源于"这项工作需要对传统文化中优秀成分、有益成分进行梳理与分析,并结合当代社会的需要进行创造性转化,以形成对当代乡村的价值引领、道德教化[②]"。所以,仅仅挖掘农村现有的传统文化传承人、手工艺人是远远不够的,还需要培养造就一批职业型文化艺人。二是缺乏文化工作的专职人员。新疆基层科技人才短缺,村干部大多身兼数职且变动大,基层文化队伍不健全,妇联、共青团的作用发挥不明显,文化建设的组织主体亟须强化。

### 2. 乡村传统文化挖掘缺乏系统性

新疆民族村落传统文化与中华文化有着密不可分的内在联系,这充分体现了各民族在长期的"交往交流交融"中形成的"你中有我,我中有你"的民族文化特征。当前,新疆在挖掘乡村传统文化资源时,缺乏对中华传统文化现代化转化的整体性、系统性认识,在赋予民族传统文化以时代精神和适宜形式等方面的研究和实践不足,这与"弘扬和保护各民族传统文化,要去粗取精、推陈出新,努力实现创造性转化和创造性发展[③]"的目标要求还有很大的差距。

---

①② 安丰岷. 乡村振兴战略背景下新疆农村文化建设研究 [J]. 边疆经济与文化,2021 (6):70.
③ 新华社. 中央民族工作会议暨国务院第六次全国民族团结进步表彰大会在北京举行 [EB/OL]. (2014-09-29) [2023-05-18]. https://www.gov.cn/xinwen/2014-09/29/content_2758816.htm.

## 四、新疆乡村文化建设的路径探析

乡村文化建设是一个综合性的系统工程，实现文化现代化需要深刻把握与中国式现代化的内在关联。为此，借助国家制度多维优势，推动制度构建基础上的新疆乡村文化建设，不仅具备政策设计上的科学性和可行性，还能有效实现文化的价值导向和治理功效，以此推进新疆乡村文化领域的现代化。

### （一）坚持党对乡村文化工作的统一领导，确保乡村文化始终沿着社会主义方向发展

中共十九届四中全会指出，"必须坚持党是领导一切的"。坚持党的领导是推进新疆乡村文化治理变革的根本保证。落实党对乡村文化工作的领导，需要做实以下几方面功课：首先，持续不断强化农村基层党组织的政治领导功能。农村基层党组织要切实加强对乡村文化建设的全局性领导，通过发挥政治制度优势提升战斗堡垒作用，以增强基层党组织在乡村文化建设中的引领力。其次，牢牢把握党对乡村意识形态领导权。意识形态工作决定文化属性和前进方向。新疆基层党组织要充分依托基层各支力量，宣传党的路线方针、民族宗教政策、暖心惠民举措，深入开展新疆历史教育、民族团结教育、红色教育、去极端化教育等"文化润疆"工程，坚持正确的舆论导向，用群众乐于接受的方式让习近平新时代中国特色社会主义思想飞入寻常百姓家。最后，切实提高基层党组织的组织力。农村基层党组织要加强班子建设，通过拓宽选人用人渠道，优化党组织班子结构，提高"两委"班子的组织领导力。同时，通过加强基层党建带动农村自治组织与民间组织的发展，奠定文化认同和价值引领的组织保障。

### （二）坚持农民本位，多元主体参与，激发乡村文化内生发展动力

新疆乡村文化振兴要坚持以农民为中心，多元治理主体共同参与，发挥各自优势，形成整体合力，以乡村文化治理共同体构建发展新格局。具体来说，首先，培养农民主体意识，树立乡村文化自信。要发挥好乡村学校的教育作用，在开设文化类课程中融入本土的历史文化，从小强化乡村儿童对乡土文化的认知、体验和交流；要发挥好村委会的引导作用，帮助青年农民正确看待乡村文化，通过草根宣讲、名人进村、文化展示等多种形式，让青年群体感受到乡村文化的价值所在和大有可为的发展空间，唤醒他们的文化自觉；要发挥好有威望的老人和能人的积极作用，由他们给村民传播良好家风、淳朴民风和文明乡风，以重塑个人认知和乡村秩序。其次，发展壮大民间文化社群，营造乡村良好人文氛围。为活跃乡村文化生活，基层地方政府要对群众性文化团体加强规划和引导，巩固乡村文化发展的多元主体基础。同时，要引导乡村文化社群自觉践行社会主义核心价值观，提高基层文化服务效能，以便实现乡村文化的自我发展和自我服务。最后，培养高素质农民，打造人才梯队建设。政府要完善文化人才培养机制，"不拘一格降人才"，突出培养一批本土的乡村文化知识型、创新型、管理型、实用型人才队伍，

并借助对口援疆政策优势，建立"绿色通道"，增设多种形式的对外学习交流，提升乡村文化人才水平。

### （三）培育法治文化，坚持德法结合，保障乡村文化建设法治化

推进乡村文化治理，实现乡村文化现代化，理应培育法治文化，树立法治意识，彰显法治功能，把法治建设贯穿乡村文化建设的全过程，为加快实现新疆乡村文化现代化保驾护航。具体来说，首先，从教化功能看，发挥好村规民约"软法"作用。2018年，中央各部委联合印发的《关于做好村规民约和居民公约工作的指导意见》指出，"村规民约是党组织领导下自治、法治、德治相结合的现代基层社会治理机制的重要形式"，这种自我认同的民间规范体系是乡村文化治理的重要方式和载体。村规民约最重要的价值就是让村民用自己普遍认同的价值规范和道德标准，通过自主行动和集体认同内化为共同的行动指南，进行自我约束①。因此，要将村规民约与乡村文化建设紧密结合，以农民道德规范和文化需求为导向，开展扬家风、树新风、守公德的文化宣传活动，有利于村民的道德养成，实现文化自觉，推进乡风文明建设。其次，从保障功能看，推进乡村文化的法治化建设。要增强普法宣传力度，运用"网言网语""乡言土语"创新宣传教育方式，让农民自觉抵制宗教极端思想和陈规陋习，培养世俗化的现代文明健康的生产生活方式。要抓住"关键少数"，基层党员干部要自觉践行《中国共产党农村工作条例》《中国共产党农村基层党组织工作条例》等党内法规，严守规矩意识、制度意识。建议地方立法出台乡村文明行为促进条例，明确文明行为正面清单及负面清单的法律责任，用法律手段推进文明乡村新形态。

### （四）构建系统完备的乡村文化制度体系，为乡村文化建设保驾护航

#### 1. 构筑乡村思想道德建设体系

乡村思想道德建设是新疆乡村文化建设的重要手段，形成其制度化有助于乡村精神文化治理制度的形成。具体来说，一要培育和弘扬社会主义核心价值观。党的十九届四中全会指出，"坚持以社会主义核心价值观引领文化建设制度"，这是党中央站在坚持和发展中国特色社会主义高度作出的重要制度安排，深刻说明社会主义核心价值观是文化建设的主心骨和核心要素。要强化社会主义核心价值观政策法律的价值导向作用，形成管用有效的社会主义核心价值观的政策法规体系；要构建和完善乡村道德规范体系，在公民道德建设、诚信建设等方面建立长效机制。二要深化民族团结进步教育。民族团结是新疆各族人民的生命线，是新疆长治久安的基础。为此，"要设置可量化、可考核的

---

① 王慧斌，董江爱. 文化治理：乡村振兴的内在意蕴与实践路径 [J]. 山西师范大学学报（社会科学版），2020（2）：19.

指标，建立维护和促进民族团结的规章制度，健全民族团结进步教育常态化机制①"，要把推进各民族交往交流交融、民族团结联谊活动形成常态化，营造"各民族要像石榴籽一样紧紧抱在一起"的生动局面。三要推进国家通用语言文字教育。建立健全学习教育常态化机制，通过提高语言能力架起沟通桥梁，融入现代文明，满足精神文化需求，铸牢中华民族共同体意识。

### 2. 构筑乡村公共文化服务体系

在2021年，文化和旅游部联合印发的《"十四五"公共文化服务体系建设规划》指出，"要以文化繁荣助力乡村振兴，按照有标准、有网络、有内容、有人才的要求，健全乡村公共文化设施、资源、组织体系等方面的优势，强化文化实践功能，推进与新时代文明实践中心融合发展"。根据中央部委部署，新疆要建立健全各级地方政府向社会组织购买公共文化服务机制，形成文化生产和消费的市场化制度化；要完善乡村公共文化服务协同发展机制，如进一步完善"总分馆制"来发挥县级图书馆、文化馆的辐射作用，在有条件的村建设文化服务中心或社会性文化机构，扩大公共文化服务的乡村覆盖面；要健全"中国民间文化艺术之乡"建设管理机制，实现民间传统文化、非物质文化遗产与时代相契合，推动其创造性转化和创新性发展，提升乡村文化建设品质；要增强乡村公共文化服务供给，"注重'供给侧'改革，推出'菜单式''超市式'或者'招标竞价式'的文化供给模式②"，满足乡村民众的精神文化生活需求。

### 3. 构筑乡村文化旅游产业体系

乡村文化振兴要走文旅融合之路，以文促旅和以旅彰文。党的十九届四中全会指出，"完善文化和旅游融合发展体制机制"，这是我国首次将文化和旅游融合发展体制机制纳入国家治理体系的战略高度来统筹谋划。新时代背景下，新疆与全国同步，已转向高质量发展阶段，构筑乡村文化旅游产业体系不仅为新疆经济转型升级提供新动能，更为新疆现代化经济体系构建提供智力支持。立足新疆实际，第二次中央新疆工作座谈会提出，要将新疆建设成为丝绸之路经济带旅游集散中心、将南疆建设成为丝绸之路文化和民俗风情旅游目的地。2018年新疆召开旅游发展大会，首次提出"旅游兴疆"的战略目标。可见，新疆依托顶层设计，为文化旅游产业融合发展提供了有利的政策保证。借助政策红利，新疆要坚持守正创新的基本原则，建立和完善社会主义核心价值观引领的文旅融合体制机制、建立和完善红色文化、民族特色文化、民族团结示范基地等文旅融合体制机制；要坚持综合协调基本思路，建立和完善文化旅游统筹协调机制，在信息互联互通、资源共建共享等领域优化交流互动机制，建设和完善文化旅游公共信息服务机制，推进智慧工程建设，全面提升文化旅游服务水平。

---

① 闵言平. 推动民族团结宣传教育人文化、大众化、实体化 [N]. 中国民族报，2015-01-02.
② 闫炜炜. 对现阶段做好新疆乡村文化振兴工作的思考 [J]. 实事求是，2021 (6)：111.

# 新疆农村生态文明建设研究

陈鲲玲[①]

**摘 要**

中国特色社会主义进入新时代，人民对美好生活的需要日益广泛，对美好生态环境的需要日益增长。建设生态文明，是民意，也是民生。农村生态文明建设是我国生态文明建设的重要组成部分，关系乡村振兴，关乎农业农村现代化。本篇梳理习近平总书记关于农村生态文明建设的重要论述，总结出新疆农村生态文明建设成效，从农村经济发展水平、化肥农药使用情况、群众环境保护意识、水资源约束等角度分析新疆农村生态文明建设瓶颈。提出确立"人—自然—社会"和谐发展的价值取向、分类有序推进新疆农村环境整治、加强农业面源污染防治、加强农村生态环境治理和修复、夯实农村生态文明制度建设，多角度全方位地推进新疆生态文明建设，不断提升新疆农村可持续发展能力。

**关键词**

农村；生态文明；可持续发展

"十四五"时期，我国"三农"工作进入全面推进乡村振兴、加快农业农村现代化的新阶段。农村生态文明建设是我国生态文明建设的重要组成部分，关系乡村振兴、关乎农业农村现代化。2021年11月12日，国务院印发的《"十四五"推进农业农村现代化规划》（简称《规划》）提出，推进中国特色农业农村现代化，必须牢固树立绿水青山就是金山银山理念，推进农业绿色发展，加强农村生态文明建设，加快形成绿色低碳生产生活方式，走资源节约、环境友好的可持续发展道路。

"农村稳则天下安、农业兴则基础牢、农民富则国家强"，新时期面临新要求，新疆坚持走好中国特色的乡村发展道路，坚持生态发展，坚持人与自然和谐共生，良好的生

---

① 陈鲲玲，新疆社会科学院经济研究所副研究员。

态环境是乡村最宝贵的财富，是乡村最雄厚的基础，亦是乡村最大的潜力和后劲。新疆推进乡村振兴，秉持生态必先行的发展理念，坚持绿色发展核心理念，引领新疆生态文明建设持续向好、乡村振兴可持续性发展。

## 一、习近平总书记关于农村生态文明建设的重要论述

习近平总书记推动和领导着我国生态文明制度建设的顶层设计。在习近平总书记主持起草的党的十八大报告中，生态文明建设上升为党的执政方针。党的十八大以来，习近平总书记的生态思想又有新发展，习近平总书记站在中华民族永续发展、人类文明发展的高度，明确地把生态文明作为继农业、工业文明之后的一个新阶段，指出生态文明建设关乎人民主体地位的体现，关乎共产党执政基础的巩固和中华民族伟大复兴的中国梦的实现。

习近平总书记把以人为本的生态观进一步发展为政治意涵丰富的生态民生政治观。中华文明能否在现代化的浪潮中再铸辉煌？站在这样的高度，习近平总书记指出："走向生态文明新时代，建设美丽中国，是实现中华民族伟大复兴的中国梦的重要内容。"习近平总书记强调，不能把加强生态文明建设仅仅作为经济问题，"这里面有很大的政治""建设生态文明，是民意，也是民生""环境治理是一个系统工程，必须作为重大民生实事紧紧抓在手上"。习近平总书记提出："良好生态环境是最公平的公共产品，是最普惠的民生福祉。"习近平总书记要求"为人民群众提供更多生态公共产品，提高生活质量和幸福指数，让老百姓在分享发展红利的同时，更充分地享受绿色福利，使生态文明建设成果更好地惠及全体人民，造福子孙后代"。

作为对人与自然和谐的基础，习近平总书记提出了人与自然构成"生命共同体"的思想。习近平总书记指出："山水林田湖是一个生命共同体，人的命脉在田，田的命脉在水，水的命脉在山，山的命脉在土，土的命脉在树。"习近平总书记提倡在城市规划时建设能够实现水循环的"海绵城市"。自然的循环是生态文明建设的科学依据，维持健康的自然循环是生态文明建设的责任。习近平总书记强调，"中国将按照尊重自然、顺应自然、保护自然的理念，贯彻节约资源和保护环境的基本国策，更加自觉地推动绿色发展、循环发展、低碳发展"，把生态文明建设融入经济、政治、文化、社会建设的各方面和全过程。中国哲学主张"天地之性人为贵""人为天地之心"；人的贵就在于能够体会和服从天地生生之德，把天地生养万物的职能作为自己的职责，"延天佑人"、参赞化育，这是天人合一作为生态理念的积极意义。习近平总书记的生态文明建设思想丰富了天人合一理念。

习近平总书记继续强调环境生产力理念，把"自然休养"发展为更为积极主动的"生态修复"，强调"给自然留下更多修复空间"。习近平总书记指出，"生态环境没有替代品，用之不觉，失之难存"，要"像保护眼睛一样保护生态环境，像对待生命一样对待生态环境"。2016年1月5日在推动长江经济带发展座谈会上，习近平总书记指出"要把修复长江生态环境摆在压倒性位置""推动长江经济带发展必须从中华民族长远利

益考虑，走生态优先、绿色发展之路，使绿水青山产生巨大生态效益、经济效益、社会效益，使母亲河永葆生机活力"。2019 年习近平总书记在参加十三届全国人大二次会议内蒙古代表团审议时，就生态文明建设的战略地位提出了"四个一"的判断，即生态文明建设是"五位一体"总体布局中的一位，坚持人与自然和谐共生是新时代坚持和发展中国特色社会主义基本方略中的一条重要方略，绿色发展是新发展理念当中的一项重要理念，污染防治是三大攻坚战中其中一大攻坚战。2021 年 4 月 30 日，习近平总书记在主持中共中央政治局第二十九次集体学习时，在"四个一"的基础上指出，美丽中国是21 世纪中叶建成富强民主文明和谐美丽的社会主义现代化强国目标中的一项重要目标。党的二十大报告中进一步明确指出，"尊重自然，顺应自然，保护自然，是全面建设社会主义现代化国家的内在要求""站在人与自然和谐共生的高度谋划发展"。

生态文明作为人类历史发展的新文明形态，是肯定自然的价值，从而实现人的价值，达到自然史和人类史相统一的有效途径，这也是马克思主义的生命力所在。习近平生态文明思想是我们党不懈探索生态文明建设的理论升华和实践结晶，是马克思主义基本原理同中国生态文明建设实践相结合、同中华优秀传统生态文化相结合的重大成果，是以习近平同志为核心的党中央治国理政实践创新和理论创新在生态文明建设领域的集中体现。

## 二、新疆农村生态文明建设成效

### （一）有效治理农田面源污染

由于前期新疆对农药、化肥等资料的使用没有严格的规定，农业生产以追求农产品数量的增长为首要目标，最终导致新疆农药平均使用量略高于全国平均施药水平。农药的大量使用既污染了环境，也污染了农作物，并使害虫的抗药性增强。化肥中含有的重金属、无机酸和有机化合物等有害成分，会随化肥的长期、过量施用对农业环境造成一定污染。新疆从 1979 年开始引进地膜栽培技术，目前无论地膜面积还是地膜用量都居全国之首。由于地膜大多降解缓慢或不可降解，对土壤环境和农业生产造成了巨大的破坏。通过实施提升废旧地膜有效捡拾水平、构建完善回收加工体系、打通地膜加工再利用产业链条等绿色方案，使废旧地膜回收再利用水平不断提高。2016 年，新疆出台的《新疆维吾尔自治区农田地膜管理条例》对制约农膜的白色污染具有长久效益，如农膜废弃物回收，加工资源循环利用，实现资源再利用产业链条，绿色农业稳步推进。自治区农业农村厅相关数据显示，2020 年，新疆农田当季地膜回收率达到 80%，农田地膜残留量也呈现逐年下降的趋势。新疆生产建设兵团努力当好"生态卫士"，深入开展农田废旧地膜污染治理，先后出台实施《兵团农田残膜污染治理三年行动攻坚计划》《兵团废弃农膜污染综合治理考核办法（试行）》等，有力推动农业绿色高效发展。2021年，新疆生产建设兵团当季农田废旧地膜回收率达到 90% 以上，废弃农膜抽测平均残膜量为 2.66 千克/亩，均值达到国家标准，全面消除了三级重度污染及四级严重污染团场。目前以红枣、香梨、葡萄、哈密瓜、杏为主的绿色特色林果产品，棉花地农膜回收力度最大。未来几年，新疆将进一步推动农田地膜的回收利用，基本实现农田废旧地膜污染治理全覆盖。

### （二）彻底解决农村人口饮用水安全问题

针对农村饮水安全实施情况，中国科学院进行了第三方评估，评估结果认为农村饮水安全工程建设成效显著，是国家许多重大惠民工程中最受农村居民欢迎的工程之一，被广誉为"德政工程""民心工程"。在脱贫攻坚时期，通过大力实施水利设施改善工程，新疆水利公共服务能力大幅提高。新疆40余个县（市）农村供水水价改革取得突破。通过落实水资源总量控制和定额管理、建立初始水权制度、健全农业水价形成机制、组建农民用水合作社等一系列政策措施，不断盘活村一级水资源和水利设施运营格局。建立初始水权制度、组建农民用水合作社以及开展小型农田水利工程产权改革，3个方面的举措让所有机制和规定在基层的落实有了抓手。在水价改革的同时，水利基础设施建设全面推进。2019年，新疆完成投入270亿元，超额完成了年度目标任务，加快推进了阿尔塔什等10项重大水利工程建设，新开工建设了玉龙喀什、莫莫克水利枢纽工程，完成了55项大型灌区、31项重点中型灌区续建配套与节水改造项目，同步实施了小型病险水库除险加固等400多项水利工程，到2020年建成集中式供水工程1 332处。农村安全饮用水工程的推进，惠民效果显著。一是减少了农村涉水性疾病，提高了健康水平。通过更新自来水管道、新建改建水源、加快推进渠道防渗等一系列有效措施，我国已查明并列入规划的血吸虫疫区、砷病区、涉水重病区等饮水安全问题全部得到解决，中重度氟病区的饮水安全问题基本得到解决，仅塔什库尔干塔吉克自治县通过实现农村饮水安全工程全覆盖，有2.98万人受益。二是提升了农民生活品质，促进美丽乡村建设。自来水到户的地方，近一半农户购买了洗衣机、太阳能热水器等家用电器。不仅提高了生活品质，还拉动了内需；不少地方供水排水一体化，改善了农村生活环境，促进了美丽宜居乡村建设。三是提高了农村供水保证率，增强了抗旱防灾能力。通过大力发展规模化集中供水工程，干旱季节发生饮水困难的人数比历史同期显著减少。四是解放了农村劳动力，促进了农民增收。饮水工程建成后，缩短了偏远农牧民的拉水距离，保障了农村留守老人妇女儿童的饮水安全，解放了农牧区劳动力。五是增进了民族团结，维护了社会和谐稳定。农村饮水安全工程主要向民族、边疆、贫困地区倾斜；促进了区域协调发展和城乡基本公共服务均等化，同时促进了民族团结，维护了边疆稳定。广大农民用上自来水后，切实感受到了党和政府的温暖，幸福感和获得感显著增强。

### （三）大幅改善农村人居环境

新疆在新农村建设时期，提出了农村"六好"建设。"环境好"作为其中重要的一项工作放到了新农村"六好"建设中，农村生态环境的重要性大幅提高，同经济和社会的发展一起放在了同等重要的位置。为了进一步改善农村环境，围绕关键问题重点突破，2018年，提出了农村庭院整治，尤其是深度贫困的南疆乡村，下大力气进行宣传和引导，通过庭院整治实现住宅区、种植区、养殖区"三区分离"。种植区里，葡萄架下、小拱棚里瓜果飘香，长势喜人；住宅区的家具物品摆放得井井有条，干净整洁；养殖区建好的羊圈、鸡棚都用栅栏围着，打扫得干干净净。通过"三区分离"农户生活环境有了大幅改善，同时改造出来的种植区、养殖区拓宽了农民增收渠道。不仅仅是"三区分离"，还有因地制宜的引导农户建设三格化粪池式卫生厕所，让农村面貌和家庭卫生状况也发生了很大的改变。持续推进村庄清洁行动，拓展行动内容，围绕"三清三改两提升"工作重点，持续提升村容村貌，引导群众养成良好卫生习惯，持续改善农村人居环境。为全面推进乡村振兴、加快农业农村现代化建设，新疆维吾尔自治区党委办公厅、自治区人民政府办公厅印发《自治区农村人居环境整治提升五年行动方案（2021—2025 年）》，进一步指导农村人居环境改善、生态宜居和美丽乡村建设取得新进展。

### （四）大力推进农业绿色发展

以绿色发展理念引领乡村振兴，是我们党深刻把握现代化建设规律和新时代城乡变化特征得出的结论，也是通向美好生活的必由之路。

农业绿色发展能够实现经济效益和社会效益、生态效益的协调，提高农产品市场竞争力，发展高质量的、安全的、绿色的农产品，以及提升农村居民的生活水平。2018年以来，新疆严守生态保护红线，以绿色发展引领乡村振兴，大力推广化肥减量增效技术，因地制宜落实病虫害绿色防控技术，预计全年化肥总使用量、单位面积施肥量可实现负增长，农药使用量总体呈下降趋势。绿色生产方式的推广，使农产品品质不断提升。新疆草原植被盖度、高度和产草量均达到和超过国家制定的生态恢复绩效指标。早在 2017 年年底前，新疆就已实现了 1 300 个农产品通过"三品一标"认证，皮亚曼石榴、阿克苏苹果、库尔勒香梨等"三品一标"产品纷纷赢得市场和消费者的认可，成为新疆优质特色农产品的代表[①]。到 2020 年，新疆"三品一标"环境监测面积将达到食用农产品生产总面积的 43% 以上。2021 年，新疆 12 个基地入选全国种植业"三品一标"（品种培优、品质提升、品牌打造、标准化生产）基地。裕民县江格斯乡红花"三品一标"基地、焉耆县五号渠乡等富硒小麦"三品一标"基地、阿瓦提县塔木托格拉克镇长绒棉"三品一标"基地、兵团第六师 103 团绿色无公害哈密瓜"三品一标"基地、兵团第五师 81 团葡萄"三品一标"基地、兵团第三师 48 团红枣"三品一标"基地于 2021 年入选第一批全国种植业"三品一标"基地。

## 三、新疆农村生态文明建设瓶颈

### （一）农村经济发展相对缓慢

经济因素是影响区域生态文明建设的重要因素。由于新疆农村地区经济结构单一、

---

① 刘毅. 新疆积极打造绿意盎然的农业农村发展环境 以绿色发展引领乡村振兴［EB/OL］. （2008-11-23）［2023-05-05］. http://www.agri.cn/zx/xxlb/qg/201908/t20190812_6635683.htm.

农民劳动技能缺乏、收入水平低于其他行业等特征，相对于全国农村居民人均可支配收入和新疆城镇居民人均可支配收入，新疆农村居民人均可支配收入处于较低水平（图 2-9）。比如 2012 年，新疆农村居民人均可支配收入达到 6 394 元，比全国农村居民人均可支配收入 7 917 元少了 1 523 元，比新疆城镇居民人均可支配收入 17 921 元少了 11 527 元。到 2021 年差距进一步拉大。2021 年新疆农村居民人均可支配收入达到了 15 575 元，比全国农村居民人均可支配收入 18 931 元少了 3 356 元，比新疆城镇居民人均可支配收入 37 642 元少了 22 067 元。这种区域之间、城乡之间的经济发展水平的不平衡，不利于农村生态文明建设。当经济活动和生态环境保护发生冲突的时候，人们大都选择把经济收益放在首位，即使对生态环境有所考虑，在前期社会发展中也是选择了先发展后治理的发展模式。农村经济发展与环境保护、农民增收与生活宜居的矛盾凸显，农村付出了生态环境遭受破坏的巨大代价。而没有经济保障的生态文明建设，群众的认可度和参与度也会降低，很难从根源上破除农村生态文明建设的困境。

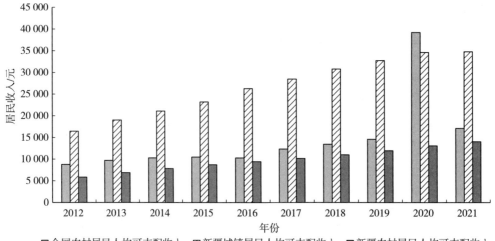

图 2-9　全国农村居民人均可支配收入和新疆城乡居民人均可支配收入变化趋势

## （二）化肥农药等农业资料使用基数偏大

化肥和农药对农产品增产和农民增收确实贡献巨大，化肥边际效益明显，因而农户为了增产增收每公顷耕地化肥用量超过了合理用量。但是化肥用量过度，不仅产出效益递减，而且也会引起耕地退化。高化肥、高残留、高污染、低有机（质）增加了耕地退化。在新疆，施用的化肥农药，1/3 被农田吸收，绝大部分残留在土壤中，渗入地下水，加剧了耕地污染，阻碍了农业绿色可持续发展。新疆棉花生产地膜使用量极大，近年来，棉花生产技术成熟，地膜使用也逐步增加，伴随着农膜污染加剧，残留地膜回收率低，机采棉收获过程中收入大量地表、棉株上的碎膜，掺杂在原棉中的碎膜在原棉加工过程中难以清除，土壤中残膜量逐步增加，白色污染占比较大，残膜对土壤造成严重污染。

### （三）群众环境保护意识比较淡薄

新疆农村人口约 1 013.84 万人，按每人每年产生生活污水 36 立方米估算，则农村每年产生生活污水约为 3.65 亿立方米；按每人每天产生生活垃圾 0.5 千克估算，则农村每年产生生活垃圾量约为 185 万吨。由于绝大部分农村没有垃圾收运和处置系统，生活垃圾处理能力比较弱，农村在河湖沟渠岸边随意堆放或倾倒垃圾的现象依然存在，致使蚊蝇滋生、臭气弥漫。农村生活污水没有污染防治措施，任意排放，势必对农村饮用水源、地下水造成污染，影响广大农村群众的饮水质量。此外，农户对绿色农业技术的认识不足，从事绿色生产将降低农田经济效益，农户积极性不高，大量的环境技术培训吸收效果不强，农业绿色发展技术推广效率相对低。

### （四）水资源紧缺制约农村生态建设

水资源紧缺是约束新疆经济社会发展的主要因素之一。2022 年新疆用水总量为 554.43 亿立方米，其中生产用水 525.92 亿立方米，占用水总量的 94.86%；生活用水 12.79 亿立方米，占用水总量的 2.31%；生态用水 15.72 亿立方米，占用水总量的 2.84%。在生产用水中第一产业用水 511.47 亿立方米，其中灌溉用水 506.81 亿立方米，鱼塘补水 1.98 亿立方米，牲畜用水 2.68 亿立方米；第二产业用水 12.42 亿立方米，其中工业用水 11.52 亿立方米，建筑用水 0.90 亿立方米；第三产业（即服务业）用水为 2.03 亿立方米。与 2018 年相比，2022 年生产用水增加 20.31 亿立方米，生活用水增加 0.12 亿立方米，生态用水减少 14.78 亿立方米，总体来看，2022 年用水总量比 2018 年增加 5.65 亿立方米。从用水比例看，生产用水中第一产业用水偏多，占用水总量的 92.25%，生态用水偏少，占用水总量的 2.84%，且受到第一产业、第二产业用水需求增加的影响，生态用水供给不稳定，这对新疆生态建设、山水林天湖草的保质保量形成了不小的威胁。2022 年，全球范围内普遍高温，新疆部分地区出现历史高温，降水减少，北疆草原、湖泊严重缺水，哈密市伊吾县一度发布了干旱橙色预警，伊吾县大范围出现中到重度气象干旱，局地特旱。

## 四、新疆农村生态文明建设对策思考

随着经济社会发展和人民生活水平不断提高，生态问题越来越引起群众的关注。推进农村生态文明建设，建设生态宜居和美乡村是实现农业农村现代化的重点任务之一。

### （一）坚持绿色发展，确立"人—自然—社会"和谐发展的价值取向

生态文明的本质是人、自然、社会三者关系的和谐。马克思、恩格斯一贯重视人与自然的关系，他们的经典著作中蕴含着丰富、深刻的生态哲学思想，可称之为马克思主义生态观，是当代应对环境问题的思想资源，为生态文明实践提供了有力的理论和方法

指导①。

人类的各种需要随着社会生产力变化而变化。人类的第一需要就是为维持自身肉体存在而获取衣食的需要。马克思曾经指出："人们为了能够创造历史，必须能够生活。但是为了生活，首先就需要衣、食、住以及其他东西。"满足了衣、食、住等最基本的需要之后就会追求生活质量的提升，"马斯洛需求层次理论"也证明了这一点。中华人民共和国成立 70 多年以来，人民群众已不再局限于基本生存产品的获得，进而对优质生态产品的需要不断增加起来。党的十九大报告指出，中国特色社会主义进入新时代，我们既要创造更多物质财富和精神财富以满足人民日益增长的美好生活需要，也要提供更多优质生态产品以满足人民日益增长的优美生态环境需要。人民对美好生活的向往就是中国共产党人的奋斗目标，改善农村生态环境，满足人民不断增长的优美生态环境需要是共产党人义不容辞的责任。

习近平总书记强调："坚持人与自然和谐共生，走乡村绿色发展之路。"乡村振兴是一个系统工程，是"产业兴旺、生态宜居、乡风文明、治理有效、生活富裕"的全面振兴。我国深入全面推进社会主义现代化强国建设，最艰巨最繁重的任务在农村，最广泛最深厚的基础在农村，最大的潜力和后劲也在农村。实施乡村振兴战略，是解决新时代我国社会主要矛盾，实现"两个一百年"奋斗目标和中华民族伟大复兴中国梦的必然要求。推进乡村全面振兴，既要有"金色"价值，更要有"绿色"颜值。因此，在乡村全面振兴的道路上，需要发挥好生态文明的引领作用，需要绿色发展理念引领。

### （二）重点突出，分类有序推进新疆农村环境整治

农村人居环境改善是提高农业质量效益和竞争力的内在要求，是实现农业农村现代化的重要任务。提高农业标准化水平，建立健全农业高质量发展标准体系，制订和修订一批产地环境保护、绿色投入品、绿色技术等标准，建设一批现代农业全产业链标准集成应用基地，加强绿色有机农产品和地理标志农产品认证管理。强化农产品质量安全监管，实施农产品质量安全保障工程，完善农产品质量安全全程监管体系，加大农业投入品规范化管理，试用食用农产品达标合格证制度，健全质量追溯体系，确保"舌尖上的安全"。健全农业绿色发展支撑体系，加强国家农业绿色发展先行区建设，探索推介一批农业绿色发展典型模式，打造产地绿色、产品优质、产出高效的生态农场样板。实施乡村建设行动的重大任务，是建设美丽宜居乡村的重要标志。因地制宜推进农村厕所革命，有序推进偏远地区的农村改厕，因地制宜建设一批厕所粪污、农村生活污水处理设施和农村有机废弃物综合处置利用设施，鼓励各地探索政府定标准、农户自愿改的奖补模式。推进农村生活污水和生活垃圾治理，梯次推进农村生活污水治理，逐步消除农村黑臭水体，推进农村生活垃圾源头分类减量，完善农村生活垃圾收运处置体系。整体提

---

① 王殿常. 把生态文明建设放在突出地［EB/OL］.（2017 - 07 - 26）［2023 - 05 - 05］. http://theory.people.com.cn/n1/2017/0726/c40531 - 29428631.html.

升村容村貌，深入开展村庄清洁和绿化行动，建立健全农村人居环境建设和管护长效机制，全面建立村庄保洁制度，创建一批美丽宜居村庄。

## （三）进一步加强农业面源污染防治

加强农村面源污染防治是深入打好污染防治攻坚战的重要内容，是推进乡村生态振兴的关键举措。深入实施化肥农药减量行动，继续开展测土配方施肥，增加有机肥使用，推进高毒高风险农药淘汰和兽药抗菌药使用减量，推广肥料高效施用技术和病虫害绿色防控技术。循环利用农业废弃物，支持发展种养结合绿色循环农业，持续开展畜禽粪污资源化利用，全面实施秸秆综合利用行动，推进废旧农膜机械化捡拾和专业化回收，开展农药肥料包装废弃物回收利用。加强污染耕地治理，实施耕地土壤环境质量分类管理，分级分类开展耕地土壤污染管控与治理，推进耕地重金属污染防治联合攻关，提升受污染耕地安全利用水平。

## （四）突出绿色发展，增强农业可持续发展能力

以绿色发展推动乡村产业振兴，建立以绿色高效为主基调的乡村产业体系是乡村振兴的重要路径。在生产方式上，要彻底革新单一农业生产，向绿色农业生产、智慧农业生产方式转型，打造循环农业、多结构农业生产体系。在结构模式上，不仅是增加生产要素的投入来提高产量收益，更多应该是要形成一种"投入—消耗—效益—回收"发展模式，加大科技投入对收取效益后农业剩余材料进行再次利用，提升农业生产效率。

要牢固树立"绿水青山就是金山银山"的理念，推进农业绿色发展，加快建设资源节约型、环境友好型、生态保育型农业，补齐生态建设和质量安全短板，促进农业可持续发展。加强土地、水、森林等资源的保护和合理利用，实施重要生态系统保护和修复工程，扩大退耕还林还草、退牧还草，推动建立市场化、多元化生态补偿机制。推进资源集约节约利用。实施藏粮于地、藏粮于技战略，坚持最严格的耕地保护制度和最严格的水资源管理制度，科学划定永久基本农田，深入推进高标准农田建设、中低产田改造、盐碱地改良，推广秸秆还田、机深翻、绿色有机肥、土壤调理剂使用，不断提升耕地质量；开展农业绿色发展行动，推广测土配方施肥、水肥一体化和绿色防控技术，建设化肥减量技术服务示范基地，建立全程绿色防控示范区；建立畜禽粪污资源化利用可持续运行机制，加大规模养殖场粪污处理设施装备配套建设，全面提高畜禽养殖粪污综合利用水平；建立农用残膜回收再利用机制，开展地膜替代、减量使用、降解地膜试验示范，加大农膜回收利用。

坚定不移走质量兴农之路，大力开发绿色优质农产品，改变农产品供给大路货多，绿色、生态、有机农产品少的状况，促进农产品供给由主要满足"量"的需求向更加注重"质"的需求转变。发展新疆绿色优质高效特色农业，推行绿色、有机、地理标志特色农业种植。整合新疆各县（市）农业园区，建设绿色化、标准化、规模化、产业化优质高效生产基地，提升特色优势产业质量和效益。建立与农业高质量发展相适应的农业

标准及技术规范，建立全要素、全链条、多层次的农产品标准化体系。大力推进农业标准化生产，制定特色农产品生产技术规范和质量标准，以优势主导产业为重点，加强农业标准化示范区（场）、示范县建设，积极开展绿色有机农产品生产示范，建设一批农产品地理标志产品和生态原产地保护基地。严格"三品一标"认证和属地管理责任，健全农产品质量安全检测体系、标准体系和监管追溯体系，推动农业产业化龙头企业、"三品一标"获证企业、农业示范基地率先实现可追溯。健全自治区、地、县、乡4级质量安全监管体系，加强农产品例行监测和监督抽查，建立全程可追溯、互联共享的农产品质量和食品安全信息平台，健全从农田到餐桌的农产品质量安全全程监管体系。

### （五）加强农村生态环境治理和修复

针对新疆农村当前面临的瓶颈，首要问题就是加强资源的保护修复和综合利用。农村的生产经营活动要以"以水定地、以水定人、以水定产"为基本遵循，是底线思维，这也释放出我国将更加突出水资源硬约束，推动人水和谐发展的信号。水资源的合理高效利用问题是新疆农村可持续发展的关键，要从生活用水、生产用水和生态用水3个方面有效治理。生产用水中农业用水过大、损耗率高是南疆4个地（州）水资源利用方面普遍存在的问题，随着工业化、城镇化的推进，工业用水、生活用水量持续增加。从水资源情况看，在严格遵循"三条红线"的基础上，统筹制定流域规划，加强水利基础设施建设是推进南疆4个地（州）水资源高效利用的关键。2018年新疆就已经通过了《和田河流域规划》，玉龙喀什水利枢纽工程列入国家规划的重大水利工程建设项目并于2021年开启。和田河流域现状格局为基础，要考虑流域特点及其任务要求，着力推进水资源综合利用、水资源与水生态保护、防洪减灾、流域综合管理等四大体系建设，确保完成向塔里木河下泄生态用水的约束条件，重视提高水资源的高效利用，增加流域内高效节水面积，并按照总量控制要求逐步退减灌溉面积；合理开发、优化配置，提升流域防洪能力，确保沿河两岸人民生命财产安全。其次，要稳步推进新疆高效节水工程的建设与使用。目前新疆采用的节水技术主要有以下4种：渠道防渗技术、低压管道输水灌溉技术、喷灌技术、微灌技术（包括滴灌、微喷灌和涌泉灌），其中滴灌占总体比例的94.77%。针对新疆缺水状况，要大力发展高效节水农业，推广喷灌、微灌等先进节水灌溉技术和覆膜保墒旱作农业节水技术，推进大中型灌区改造和灌区高效节水改造，提高农业用水效率。

在国家主体功能区规划和新疆主体功能区规划的基础上，健全完善南疆4个地（州）国土空间生态修复制度体系，指导修复工作有序开展；建立生态修复项目库，将项目分为国家级、自治区级、地级、县级不同的层级，体现重点区、敏感区。稳步推进南疆4个地（州）生态修复工程，林业工程方面实施"三北"防护林、退耕还林还草工程；水土方面实施水土保持综合治理和生态修复工程、湿地保护与恢复工程；沙漠化的防治一直是南疆4个地（州）的一项重点工作，推进荒漠和河谷草原修复工程、防沙治沙工程等。

## （六）夯实农村生态文明制度建设

生态文明发展涉及人文价值理念、经济运行模式以及社会生活方式，相较于传统农村发展模式，更需要政策制度上的支持。在主体管理制度上，各级政府要统筹市场以及社会各方面力量的介入，发挥市场资源配置主体引导作用，以建立市场化多元化生态补偿方式，激励绿色发展促发乡村振兴活力。在依法治理机制上，要把绿色发展的理念转变为法律意志，提高农产品监管成本，加强产地环境管理，严控无机配料的品质，推进减量化绿色生产。

推动实施农药化肥零增长行动，废旧地膜无污染化处理，高效回收建立农业绿色循环低碳生产制度，轮作休耕，建立废旧农业垃圾回收奖励机制，建立健全农业绿色发展推进机制，完善发展评价、目标考核和领导干部责任制。推进农村生态文明建设法律法规建设，确保农村生态文明建设有法可依、执法必严，切实履行好生态卫士职责，为建设美好新疆作出新贡献。

**参考文献：**

金欣鹏，马林，张建杰，等，2020. 农业绿色发展系统研究思路与定量方法［J］. 中国生态农业学报（中英文），28（08）：1127-1140.

李景平，杨锚，赵明，等，2019. 关于农业绿色发展认识与实践的思考［J］. 农业农村部管理干部学院学报（03）：6.

刘俊杰，刘学舟，2022. 农业绿色发展水平测度及提升路径研究——以珠江—西江经济带11市为例［J］. 生态经济，38（01）：100-107，115.

钱琳刚，陈曦，和玉林，2020. 加快云南省绿色食品发展的思考［J］. 云南农业大学学报（社会科学），14（06）：82-87.

王红梅，刘新华，2018. 南疆高效节水灌溉面临的问题及应对措施［J］. 水利规划与设计，180（10）：72-74，107.

徐伟峰，徐万里，2018. 对利用"腐植酸＋"推动新疆绿色农业发展的思考［J］. 金融发展评论，（01）：80-93.

杨长进，2020. 碳交易市场助推乡村振兴低碳化发展的实践与路径探索［J］. 价格理论与实践（02）：18-24.

杨立萍，2019. 新疆阿克苏地区绿色农产品生产的农户认知及意愿影响因素研究［D/OL］. 阿拉尔：塔里木大学，［2023-05-05］. httpss：//cdmd.cnki.com.cn/Ariticle/CDMD-10757-1019150183.htm.

余卓君，朱晓玲，2021. 供给侧结构性改革背景下新疆农业绿色发展的思考及提升路径研究［J］. 中国商论（09）：161-163.

张婕，李月芳，陈巧文，等，2020. 广西农业绿色发展实践模式探讨［J］. 农业与技术，40（21）：153-155.

赵永双，孙瑜，张帆，等，2022. 中国农业绿色发展绩效测度与提升路径研究［J］. 湖北农业科学，61（11）：208-213.

周瑶，卢东宁，马勇，2020. 乡村振兴视域下陕西农业绿色发展评价体系构建及应用［J］. 辽宁农业科学（06）：12-17.

# 3

# 调研报告

# 新疆农业产业化国家重点龙头企业发展报告

热合木提拉·图拉巴[①]

**摘　要**

农业产业化国家重点龙头企业在推动新疆乡村产业高质量发展、带动农民就业增收、加快推进乡村全面振兴中具有不可替代的重要作用。本文对新疆现有的农业产业化国家重点龙头企业的整体布局和发展趋势进行全面梳理，研究发现，新疆农业产业化龙头企业存在数量少、竞争力不强、企业发展基础较弱、产业链不够完善、科技人才短缺、品牌营销能力相对较弱、利益联结机制不够完善、联农带农能力不够强等问题，针对问题提出了相应的建议举措，以期促进新疆农业产业化龙头企业做大做强，助力新疆高质量发展。

**关键词**

农业产业化；龙头企业；发展现状

脱贫攻坚战取得全面胜利后，新疆与全国同步进入了全面实施乡村振兴战略的新阶段。作为引领带动乡村全面振兴和农业农村现代化的生力军，农业产业化国家重点龙头企业在打造农业全产业链、推动新疆乡村产业高质量发展、带动农民就业增收、加快推进乡村全面振兴中具有不可替代的重要作用，为新疆脱贫攻坚衔接乡村产业振兴作出了积极贡献。

## 一、农业产业化国家重点龙头企业

农业产业化国家重点龙头企业是指以农产品生产、加工或流通为主业，通过合同、合作、股份合作等利益联结方式直接与农户紧密联系，使农产品生产、加工、销售有机

---

[①] 热合木提拉·图拉巴，新疆社会科学院农村发展研究所助理研究员。

结合、相互促进，在规模和经营指标上达到规定标准并经全国农业产业化联席会议认定的农业企业①。

## （一）农业产业化国家重点龙头企业的认定

全国农业产业化联席会议由农业农村部、国家发展改革委、财政部、商务部、中国人民银行、税务总局、中国证监会、中华全国供销合作总社8个部门组成，根据各省（自治区、直辖市）省级龙头企业数量、销售收入1亿元以上的龙头企业数量、农牧渔业产值、粮食产量、脱贫县数量、县级以上龙头企业数量等情况，按权重测算各省份认定数量。以备选企业经营业绩、带动农户数等为主要指标，优中选优，根据《农业产业化国家重点龙头企业认定和运行监测管理办法》进行认定②。从2000年至2021年年底，累计认定了7批2 093家企业（包含更名、合并、摘牌）。每两年一次从企业的经济运行、发展农业产业化、资产和效益、企业资信、产品质量安全、企业带动农户情况等多个维度对龙头企业进行监测评估，实行动态管理。截至2022年7月底，已进行了第十次监测评估。

## （二）农业产业化国家重点龙头企业的申报条件③

申报条件包括企业经营的产品、企业规模（总资产、固定资产、年销售收入）、企业效益、企业带动能力、企业产品竞争力等。

### 1. 企业经营的产品

企业中农产品生产、加工、流通的销售收入（交易额）占总销售收入（总交易额）70%以上。电商企业中，互联网方式销售农产品收入占农产品销售收入达到60%以上。

### 2. 企业规模

对企业规模的标准包括企业总资产、固定资产、年销售收入3个方面（表3-1）。

表3-1　企业规模的标准

| 地区 | 总资产/亿元 | 固定资产/万元 | 年销售收入/亿元 |
|---|---|---|---|
| 东部地区 | >1.5 | >5 000 | >2.0 |
| 中部地区 | >1.0 | >3 000 | >1.3 |
| 西部地区 | >0.5 | >2 000 | >0.6 |

---

①③ 农业农村部，国家发展改革委，财政部，等. 农业农村部　国家发展改革委　财政部　商务部　中国人民银行　税务总局　中国证监会　中华全国供销合作总社关于印发《农业产业化国家重点龙头企业认定和运行监测管理办法》的通知［J］. 中华人民共和国国务院公报，2018（31）：49-53.

② 农业农村部办公厅. 农业农村部办公厅关于开展第七批农业产业化国家重点龙头企业申报工作的通知［J］. 中华人民共和国农业农村部公报，2021（06）：69-83.

### 3. 企业效益

企业的总资产报酬率应高于现行一年期银行贷款基准利率；企业诚信守法经营，应按时发放工资、按时缴纳社会保险、按月计提固定资产折旧，无重大涉税违法行为，产销率达 93% 以上。

### 4. 企业带动能力

以建立合同、合作、股份合作等利益联结方式带动的农户数量：东部地区 4 000 户以上，中部地区 3 500 户以上，西部地区 1 500 户以上；通过合同、合作和股份合作方式从农民、新型农业经营主体或自建基地直接采购的原料或购进的货物占所需原料量或所销售货物量的 70% 以上。

### 5. 企业产品竞争力

产品质量、产品科技含量、产品开发能力在同行业中处于领先水平，企业有注册商标和品牌。产品符合国家产业政策、环保政策和绿色发展要求，并获得相关质量管理标准体系认证，近 2 年内没有发生产品质量安全事件。

### 6. 电商企业

由于电商企业的特殊性，对其制定了差异化的标准。要求电商企业以互联网方式销售农产品收入占农产品销售收入之比达到 60% 以上，年销售收入 10 亿元以上；从农民、新型农业经营主体、自建基地或省级以上"一村一品"示范镇直接采购的农产品占所销售农产品总量的比例达到 50% 以上，带动农户数量 3 500 户以上。

## 二、新疆农业产业化国家重点龙头企业发展基本情况

截至 2021 年年底，全国现有农业产业化国家重点龙头企业 1 959 家[①]，新疆有 57 家（不含新疆生产建设兵团 22 家，参见图 3-1），其中有 10 家上市企业。

### （一）龙头企业发展加快

2021 年新疆农业产业化国家重点龙头企业增加 16 家，新疆农业产业化国家重点龙头企业数量同比增长 39%。新疆农业产业化国家重点龙头企业数量在全国位列第十八位；在西部地区位列第三位，仅次于四川和云南；在西北地区陕西、甘肃、宁夏、青海、新疆 5 个省份中位列第一位。

2021 年 12 月 30 日，中国农业产业化龙头企业协会发的"2021 年度农业产业化头

---

① 农业农村部新闻办公室. 第七批农业产业化国家重点龙头企业名单公布［EB/OL］.（2021-12-31）［2023-5-5］. http://www.moa.gov.cn/xw/zwdt/202112/t20211231_6386164.htm.

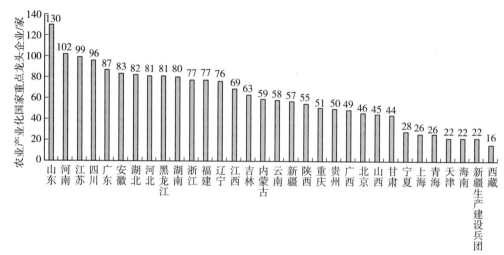

图 3-1　农业产业化国家重点龙头企业全国分布情况

部企业 100 强名单"① 中，新疆有 3 家企业入围，分别位列第五十二位、七十位、七十五位。新疆的入围企业数量在西部地区排名第二，在西北地区排名第一。

新疆有 19 家农业产业化国家重点龙头企业营业收入超 10 亿元，有 3 家企业销售收入超 50 亿元。

### （二）品牌影响力进一步提升

新疆农业产业化国家重点龙头企业品牌意识不断增强，获得中国驰名商标 3 枚、中国著名品牌 2 枚、全国名优特新产品 5 件。2022 年 9 月 6 日，在第十三届中国奶业大会上，新疆旺源生物科技集团有限公司荣获 2022 年"优秀乳品加工企业"。《农产品市场》2022 年第五期发表的《2021 中国地理标志农产品品牌声誉评价报告》② 中，新疆有 4 个地理标志农产品登上百强榜单，哈密瓜排第三位、库尔勒香梨排第四位、和田玉枣排第三十五位、若羌红枣排第五十七位。

### （三）地区发展水平有差距

新疆 79 家农业产业化国家重点龙头企业中有 22 家在新疆生产建设兵团，57 家在新疆的 12 个地（州、市）（图 3-2）。从南疆北疆分布来看，北疆有 31 家，南疆有 26 家。14 个地（州、市）中昌吉回族自治州有 12 家，位列第一；喀什地区和巴音郭楞蒙古自治州均有 8 家，并列第二；乌鲁木齐市和伊犁州直属县（市）有 7 家，并列第三；哈密市和克孜勒苏柯尔克孜自治州没有农业产业化国家重点龙头企业。

---

① 中国农业产业化龙头企业协会.2021 年度农业产业化头部企业名单公示［EB/OL］.（2021-12-31）［2023-05-05］.http://www.caale.org.cn/index/index/new_details/new_id/1022.html.

② 胡晓云，魏春丽，李闯，等.2021 中国地理标志农产品品牌声誉评价报告［J］.农产品市场，2022（05）：48-53.

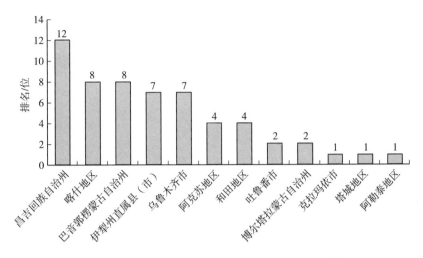

图 3-2 新疆农业产业化国家重点龙头企业区域分布情况

## （四）产业类型较为全面

根据产业分类来看，57 家（不含新疆生产建设兵团 22 家）农业产业化国家重点龙头企业中（图 3-3），畜禽业数量最多，有 12 家，占比为 21.1%；林果业 11 家，占比为 19.3%；粮食和特色加工业各 8 家，占比为 14.0%；蔬菜业 7 家，占比为 12.3%；棉纺织业 6 家，占比为 10.5%；流通和油料各 2 家，占比为 3.5%；水产品行业 1 家，占比为 1.8%。产业类型基本涵盖新疆主要农产品。

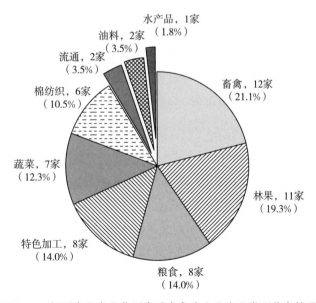

图 3-3 新疆农业产业化国家重点龙头企业产业类型分布情况

## （五）精深加工水平不断提升

近年来新疆加强指导服务，加大政策扶持，采取多种措施，积极支持农业产业化龙头企业发展壮大，农业产业化国家重点龙头企业的加工能力和加工水平取得明显提升，在加工程度方面，农产品精深加工已越来越成为主流趋势，加工转化率和增值率明显提高。29 家企业 35 类设备达到国际国内行业领先，25 家企业 28 项工艺达到国际国内行业领先[1]。

## （六）带动能力逐渐增强

在脱贫攻坚期间各类政策的加持之下，新疆逐渐形成了"龙头企业引领、新型经营主体参与、普通农户受益"的乡村产业发展"新雁阵"。截至 2021 年年底，全自治区"四级"（国家、自治区、地州市、县市区）农业产业化重点龙头企业总数达到 1 151 家，557 家（含国家级 57 家）自治区级以上农业产业化龙头企业带动各类经营主体 32.4 万个[2]。

## 三、新疆农业产业化国家重点龙头企业发展面临的形势

农业产业化龙头企业是乡村产业振兴的生力军，在保障国家粮食安全、引领农业农村现代化、带动农民就业增收、加快推进乡村全面振兴中具有不可替代的重要作用。新疆立足新发展阶段，贯彻新发展理念，服务和融入新发展格局，完整准确贯彻新时代党的治疆方略，按照中央"聚焦产业促进乡村发展，促进产业向园区集中、龙头企业做强做大"的工作要求，坚持问题导向，全力支持龙头企业创新发展、做大做强，推动农业产业化高质量发展，为全面推进乡村振兴、加快农业农村现代化提供有力支撑。新疆国家级农业龙头企业发展迎来难得机遇，也面临诸多困难挑战。

### （一）新疆农业产业化国家重点龙头企业发展面临的机遇

#### 1. 利好政策不断出台、政策红利持续释放

2021 年中央 1 号文件明确提出"支持农业产业化龙头企业创新发展、做大做强"。农业农村部先后出台了《关于加快农业全产业链培育发展的指导意见》《关于拓展农业多种功能促进乡村产业高质量发展的指导意见》《关于促进农业产业化龙头企业做大做强的意见》，支持龙头企业发展。

新疆支持龙头企业保障力度持续加大。新疆各部门相继出台《自治区农副产品加工业发展"十四五"规划》《自治区纺织服装等劳动密集型产业"十四五"发展规划》《自

---

[1] 刘毅. 沃野筑梦现代农业局高质高效［EB/OL］.（2021-06-07）［2023-05-05］. http：//nynct. xinjiang. gov. cn/nynct/nyncdt/202106/7a137abc0c1a450eadc0d5835daffb08. shtml.

[2] 刘毅. 龙头企业牵引农业产业化更上层楼［N］. 新疆日报（汉），2022-04-19（005）.

治区葡萄酒产业"十四五"发展规划》《自治区乡村产业发展规划（2021—2025年）》《自治区关于加快农业全产业链培育发展的实施意见》《自治区贯彻落实〈农业农村部关于促进农产品加工环节减损增效的指导意见〉的实施方案》《自治区关于保障和规范农村一二三产业融合发展用地二十条措施》《国家税务总局新疆维吾尔自治区税务局关于支持自治区"十大产业"发展的意见》《关于贯彻落实〈金融支持新型农业经营主体发展的意见〉的实施意见》等系列规划方案，为农业产业化发展创造良好的政策环境。

新疆充分利用国资国企引导各类资本参与产业结构调整，支持相关产业发展。2022年9月21日，由自治区人民政府安排国有资本运营平台新疆金融投资有限公司发起设立新疆产业发展投资引导基金，基金规模100亿元，模式为"1＋N"母子基金投资，联合央企、国家大基金、援疆资金、地方国资国企及龙头民营企业等投资机构和组织，引导金融资本、产业资本和社会资本等各类资本，分别设立新疆优势产业发展基金、战略新兴产业发展基金等专项基金。撬动各类资本支持新疆产业发展，推动自治区经济结构调整和产业转型升级[①]。

新疆加强国有资本布局的农牧业投融资平台建设，组建成立新疆农牧业投资集团，国资国企深度参与现代农业和农副产品加工业，以工业化带动提升农业产业化发展水平。2022年6月15日，新疆农牧投集团与南达新农业股份有限公司达成战略合作。双方将以"实施乳业奶源基地工程、整合区内乳品加工企业优势资源、开拓乳品市场、打造乳品领军龙头企业"为主攻方向，在乳品生产加工、奶牛养殖、饲草种植及加工、林果业及冷链物流等领域展开战略合作[②]。

### 2. 区位优势越发明显、市场驱动更加强劲

随着共建"一带一路"的深入推进，新疆独特优势不断显现，连接着国内国际两个13多亿人口的大市场，市场和区位优势更为突出和显著，已形成以国内大循环为主体、国内国际双循环相互促进的新发展格局。

消费潜力不断激发，个性化、多样化、绿色化将成为农产品市场消费主流，生态、优质、安全的高原特色农产品迎来更加广阔的市场空间。随着全域旅游纵深发展，人民群众对乡村旅游的消费需求更加迫切，对优质农产品及其加工产品多样化、优质化、个性化、便捷化和高端化的需求更加旺盛，对安全、健康、品牌农产品的青睐程度明显提高，为农业龙头企业带来新的发展机遇。

### 3. 数字技术发展加快、科技支撑更加有力

随着数字农业、智慧农业推进大数据、物联网、云计算、移动互联网等新一代信息技术向农业生产、经营、加工、流通、服务领域渗透和应用，加快乡村产业转型升级，

① 冉虎，康颢严. 新疆首支百亿元产业引导基金揭牌成立［N］. 新疆日报（汉），2022-09-22（002）.
② 石鑫. 新疆农牧投集团与南达新农业达成战略合作［N］. 新疆日报（汉），2022-06-24（007）.

数字乡村建设不断地深入，将有力地推动鲜活农产品保鲜、农产品精深加工、现代食品、装备创新等重点领域动技术装备升级，为推进农业农村现代化提供强有力的科技支撑，提高产能、降低成本，优化农业生产经营体系。抖音、快手视频号等自媒体将为农业龙头企业提供多元化的销售平台，有效减少企业销售成本。

### 4. 城乡融合更加深入、新业态快速发展

以工补农、以城带乡进一步强化，工农互促、城乡互补、协调发展、共同繁荣的新型工农城乡关系加快形成，城乡要素双向流动和平等交换机制逐步健全，将为推进农产品加工业注入新的活力。城乡融合发展过程中多类型融合业态发展，引导农产品加工业与旅游、文化、教育、科普、康养等产业深度融合，积极发展冷链物流、电子商务、农商直供、加工体验、中央厨房、文化旅游、金融服务、个性定制等新业态，推动农产品加工业发展由"产品"向"产品＋服务"转变。建立"新疆礼物（义乌）数字供应链选品中心"。在中国邮政新疆分公司全新疆线下主题邮局开设"新疆礼物"专台展示销售。积极鼓励短视频、直播带货等电商新业态快速发展，推动探索"县域活动＋直播推介带货＋网红孵化培训"为一体的多元直播模式。

## （二）新疆农业产业化国家重点龙头企业发展面临的困境

近年来，新疆农业产业化国家重点龙头企业快速发展、品牌影响力进一步增强、精深加工能力稳步提升、企业带动能力逐渐增强。但也面临着不少问题。

### 1. 龙头企业数量少、竞争力有待提高

在新疆 1 151 家"四级"农业产业化重点龙头企业中，57 家国家重点龙头企业仅占 5％。中国农业产业化龙头企业协会公布的"2021 年度农业产业化头部企业 100 强名单"中，新疆只有 3 家入围，山东有 16 家、广东有 10 家，而在科技创新、发展潜力、融资上市及粮食、植物油、肉类、蛋品、乳品、水产品、果蔬、茶、中药、饲料行业等分类的各 10 家头部企业中没有一家新疆企业入围。与中、东部地区相比，新疆龙头企业总体规模不大、实力不强，缺少实力强的行业领军型龙头企业，在企业规模、技术装备水平、市场占有率等方面均存在明显差距。

新冠疫情对世界经济格局产生冲击，全球供应链调整重构，国际产业分工深度演化，对中国新疆乡村产业链构建带来较大影响。新疆农产品加工业仍以中小型企业为主，与国外集团化大规模生产存在较大差距，国际竞争压力巨大，加之发达国家不断抬高农产品准入门槛，使得新疆加工农产品出口空间进一步压缩。从国内来看，农产品统一市场越来越成熟，物流手段越来越先进，农产品加工市场竞争越来越激烈。

### 2. 农业基础较弱、产业链不够完善

一是新疆土地碎片化严重，部分区域存在阶段性缺水问题；二是新疆农产品产地

仓储保鲜设施建设及冷链物流网络体系建设相对滞后，整个物流配送体系不够完善；三是家庭农场、农民合作社等新型农业经营主体的规模较小；四是农产品精深加工能力不高，农产品加工产业链短，新疆最大的两家林果企业——新疆果业集团有限公司和新疆红旗坡农业发展集团有限公司基本以原果销售为主；五是新疆在打造文旅融合品牌，挖掘乡村休闲体验、生态涵养、文化传承等功能产业增值增效等方面还有巨大的提升空间。

### 3. 企业发展基础较弱、经营环境有待优化

一是由于新疆整体产业化发展水平不高，第一产业向后端延伸不够，第二产业向两端拓展不足，第三产业向高端开发滞后。现代农业产业园、现代特色农业示范区、田园综合体等项目建设起步晚，导致龙头企业集聚化、产业集群化发展缓慢。

二是涉农企业融资需求具有明显的季节性，而投资回收呈现分散性和长期性特点，但由于农业存在的自然风险和有效抵押资产不足（土地、厂房等多数"无产权"），涉农企业融资难、融资渠道窄，加上这两年受疫情影响，市场疲软，部分龙头企业出现订单下滑、销售困难等问题，企业担保能力进一步下降，企业资金短缺，影响企业做大做强。

### 4. 要素流动面临诸多挑战、科技人才短缺

一是资金、技术、人才向农业、农村流动仍有诸多障碍。农业利润率较低，生产原料季节性强、价格波动大，龙头企业资金周转期长、原料成本和用工成本逐年上升，导致企业生存压力逐年增大。经营成本增大将是新疆农产品加工业需要长期面对的问题，对整个产业链的发展提出了严峻考验。

二是资金稳定投入机制尚未建立，社会资本下乡动力不足。人才激励保障机制尚不完善，人员流动性强、稳定性差，专业技术人才和管理类人才短缺，尤其是季节性临时用工阶段，招工难、用工成本高。

### 5. 品牌建设仍需加强、品牌营销能力有待提高

与国内外企业横向比较，新疆企业核心品牌打造能力还不是很强，国家级龙头企业拥有的中国驰名商标和中国名牌产品较少，产品包装设计水平还不高，借助多方平台积极主动开拓市场的力度不够，品牌自我保护、营销宣传需要进一步加强。名优特新农产品创建不足，企业创新运用新媒体拓宽营销渠道的能力不足。

### 6. 利益联结机制不够完善、联农带农能力有待加强

目前，新疆产业化经营中企业与农户的利益联结机制不够紧密、不够完善；利益分配形式单一，龙头企业辐射能力较弱，联农带农能力不高。

## 四、支持新疆农业产业化国家重点龙头企业高质量发展的对策

虽然近年来新疆农业产业化国家重点龙头企业发展较快，但与新疆作为农业大区的地位相比，整体发展水平不高，存在强势龙头企业少、能力不强、发展基础较弱、精深加工短板制约明显、科技装备和人才不足、带动能力有限等问题，需进一步强化指导服务和政策支持。

### （一）支持龙头企业做大做强、优化龙头企业梯队

一是按照"扶优、扶大、扶强"的原则，加快扶持规模以上加工企业队伍，重点培育一批产业链条长、产品附加值高、市场竞争力强、品牌影响力大的企业，扶持企业升级，优化四级龙头企业梯队；二是鼓励龙头企业通过兼并、重组、参股、联合等方式，促进要素和资源整合，扩大规模，增强实力，积极支持龙头企业申报农业产业化国家重点龙头企业；三是建立招商引资重点项目库，招引一批产业链头部企业及上下游配套企业。鼓励各地积极开展大招商招大商，吸引全国农产品加工业"百强企业"、大型领军型龙头企业入疆兴业。

### （二）补齐短板锻造长板、加快培育农业全产业链

#### 1. 提升农产品有效供给能力

推进高标准农田建设，解决土地碎片化问题；提高区域水资源调配能力，解决区域性、阶段性缺水问题；围绕粮食、棉花、林果、畜牧、区域特色产业，培育布局区域化、生产标准化的原料基地；加大农产品流通加工技术、保鲜技术、冷链物流等现代农产品流通作业技术的推广应用，加快农产品产地仓储保鲜设施建设，完善农产品冷链物流网络体系，健全完善农产品物流配送体系，贯通供应链。

#### 2. 加快培育新型农业经营主体

鼓励农民以土地、林权、资金、劳动、技术、产品为纽带，开展多种形式的合作与联合，积极发展生产、供销、信用"三位一体"综合合作，依法组建农民合作社联合社。综合运用多种政策工具，与农业产业政策结合、与脱贫攻坚政策结合，形成比较完备的政策扶持体系，加快培育家庭农场、农民合作社等新型农业经营主体。

#### 3. 延伸农产品精深加工产业链条

突出发展农产品加工业，延长产业链，构建完整完备的农业全产业链。充分发挥对口援疆优势，以产业链招商为重点，坚持精准招商，努力做到引来一家企业、带动一个产业。

#### 4. 大力培育新产业新业态，提升价值链

围绕打造"新疆是个好地方"文旅融合品牌，挖掘乡村休闲体验、生态涵养、文化传承等功能，培育发展创意农业、休闲农业、教育农园、康养农业、体验农业等新业态，贯通产加销、融合农文旅，拓展乡村多种功能，拓展产业增值增效空间。

### （三）夯实龙头企业发展基础、优化企业经营环境

#### 1. 引导支持龙头企业进行现代特色农业产业体系布局

以《自治区农副产品加工业发展"十四五"规划》《自治区纺织服装等劳动密集型产业"十四五"发展规划》《自治区葡萄酒产业"十四五"发展规划》《自治区乡村产业发展规划（2021—2025年)》《自治区关于加快农业全产业链培育发展的实施意见》为指引，整合资源要素，建设产业化基地，发展农产品精深加工和综合利用加工，推进农产品多元化开发、多层次利用、多环节增值。

#### 2. 积极落实财政、税收、用地、用电等相关扶持政策

参照国家支持新疆棉纺织业的特殊优惠政策，积极争取国家对新疆农产品加工业的政策支持和资金扶持；发挥财政投入引领作用，进一步完善涉农资金整合长效机制，用好土地出让收益政策、城乡建设用地增减挂钩结余指标政策，保障龙头企业建设用地需求。落实农产品初加工用电执行农业生产用电价格政策，严格执行农产品"绿色通道"政策，降低农产品运输成本。

#### 3. 加大金融信贷支持力度

落实国家、自治区出台的相关政策，为农产品加工各环节提供多元化金融服务；推动金融机构服务乡村产业振兴，鼓励开发专属金融产品支持农产品加工业，增加首贷、信用贷；完善银担合作和风险分担机制，发展小额信贷保证保险，为加工企业融资增信，增加项目建设中长期贷款，创新短期金融贷款产品。积极推进厂房抵押和存单、订单、应收账款质押等融资业务，创新"信贷＋保险"、产业链金融等多种服务模式；支持符合条件的龙头企业上市融资、发行债券。

#### 4. 加快龙头企业集聚化、产业集群化发展

推动现代农业产业园、现代特色农业示范区、田园综合体等项目建设，引导支持龙头企业进入优势特色产业集群、农业产业强镇和各类园区；聚拢各类经营主体打造乡村产业发展"新雁阵"，加快构建现代乡村产业体系。

#### 5. 充分发挥新疆作为丝绸之路经济带核心区的优势地位

支持龙头企业走出去，在农业政策、农业技术、人才交流、农产品贸易与金融投资

等诸多方面与"一带一路"沿线国家深化合作，共同维护地区粮食安全、农产品安全。

### （四）支持龙头企业科技创新、提升精深加工水平

#### 1. 提升龙头企业创新主体地位

鼓励大型龙头企业建立技术研发中心，引导龙头企业在现代种业、现代设施装备、信息技术、生物技术、农产品精深加工、农业农村生态环境安全等方面加大研发投入，研发开发适合新疆特色农产品精深加工的新品种、新技术、新工艺和新设备，支持龙头企业申报认定高新技术企业和各类科技奖项、申请国家发明专利。

#### 2. 创新高新技术成果转化机制

鼓励科研院所、高校等科研机构或科研人员以技术承包、入股、技术、专利转让等形式，与龙头企业合作，促进高新技术成果转化。

#### 3. 提升服务和自动化信息化水平

支持龙头企业开展农业物联网、大数据、人工智能、区块链技术、卫星遥感、信息传输、5G 等信息化新技术新装备的应用和推广，提升企业生产、经营、管理和服务的自动化和信息化水平。

### （五）强化科技人才支撑、解决企业人才短缺问题

#### 1. 建立健全科研人员校企、院企共建双聘机制

鼓励科技人员以科技成果入股乡村企业，坚持科技创新与人才培养同步推进，完善竞争激励机制，通过项目支持、合作研究、成果推广、教育培训等途径，加强科技创新与推广复合型人才培育。指导县（市）成立乡村产业专家顾问团，为乡村产业发展提供智力支持。

#### 2. 探索"产学研推用"新模式

建立以企业为主体、市场为导向、产学研相结合的技术创新体系，支持龙头企业加大科研投入，加强与科研院所、大专院校合作，重点研发具有自主知识产权的新品种、新技术、新工艺。

#### 3. 多渠道解决龙头企业用工难题

深入调研龙头企业人才和用工需求，积极组织农业领域专家学者、技术人才，为龙头企业提供人才支撑和技术服务。鼓励县（市）创办新型劳务公司，协调解决企业季节性用工难的问题。

## （六）加强龙头企业品牌建设、提升品牌营销能力

### 1. 支持龙头企业创建"三品一标"

强化环保、能耗、质量、安全、卫生等标准作用，以农产品品牌培育和营销推介为抓手，加强绿色食品、有机农产品认证和农产品地理标志登记保护，争取将"库尔勒香梨""吐鲁番葡萄干""哈密瓜""阿克苏苹果""和田玉枣""新疆褐牛""伊犁马""新疆黑蜂""精河枸杞"等区域公用品牌纳入中国农业品牌目录；对新获"三品一标"等品牌的企业给予资金补助。

### 2. 支持龙头企业主导或参与制定、修订标准

支持龙头企业主导或参与制定、修订国际标准、国家标准、新疆地方标准工作，承担国家级、自治区级标准化理论研究科研工作，对符合条件的龙头企业，按规定给予标准化工作专项资金补助。引导企业积极采用先进标准，大力推行标准化生产，因地制宜开展绿色食品认证、有机产品认证、ISO 9000等质量体系认证。支持龙头企业开展GMP（良好生产规范）、GAP（良好农业规范）、HACCP（食品安全管理体系）等国际通行的各类产品和质量管理体系认证，推动内销与出口产品的标准接轨。

### 3. 支持龙头企业发展壮大地方特色产业

及时更新发布新疆农产品品牌目录，打造一批"土字号""乡字号"的特色农产品品牌和特色突出、特性鲜明的农业企业品牌，构建农产品区域公用品牌、农产品品牌和企业品牌协同发展的农业品牌体系，提高新疆国家级和自治区级农产品区域公用品牌的影响力和认知度。实施农产品质量安全管理，加强责任主体逆向溯源、产品流向正向追踪，推动对其他省、市农产品质量安全追溯平台对接、信息共享。

## （七）完善利益联结机制、加强联农带农能力

支持龙头企业出资领办、创办农民合作社，鼓励农民、农民合作社以土地经营权、劳动力、资金、设施等生产要素入股龙头企业，探索"保底＋分红""优先股""先租后股"等多种形式的利益分配方式，让农民参与生产各环节利润分享。

引导龙头企业与国家乡村振兴重点帮扶县、脱贫地区开展帮扶与对接合作，在巩固拓展脱贫攻坚成果同乡村振兴有效衔接中发挥积极作用，促进脱贫人口持续增收。支持龙头企业牵头成立农业产业化联合体，并按规定给予项目补助。

# 乡村振兴战略分类推进调研报告

孜列·木合牙提[①]

## 摘　要

　　本文分析乡村振兴战略分类推进的实施背景，结合已有实践案例和学界研究成果，建立面向乡村振兴战略的村庄分类方法，助力村庄分类和规划编制工作。新疆在乡村振兴战略分类推进取得的主要成效有积极申请国家级特色保护村，持续巩固拓展易地扶贫搬迁成果，分类推进示范引领县、巩固提升县、稳步发展县振兴等。今后的工作重点应锚定农业强区目标，科学谋划分类推进工作；坚持实行分类推进，做到有的放矢、有序安排，因地制宜、精准施策，保护乡村的多样性，打造各具特色、不同风格的美丽乡村。

## 关键词

　　乡村振兴；村庄分类；规划编制

　　2022 年中央 1 号文件指出"抓点带面推进乡村振兴全面展开。开展'百县千乡万村'乡村振兴示范创建，采取先创建后认定方式，分级创建一批乡村振兴示范县、示范乡镇、示范村"[②]。统筹城镇和村庄布局，科学确定村庄分类，合理选择村庄振兴途径，有的放矢地建设、发展、治理村庄，打造多样化美丽乡村，这是扎实推进乡村振兴的要求。

## 一、乡村振兴战略分类推进的实施背景

### （一）村庄多样化的演变趋势

　　村庄是乡村振兴的基本单位，乡村振兴最终要落实到一个个村庄的振兴，村庄的振

---

　　①　孜列·木合牙提，新疆社会科学院经济研究所助理研究员。
　　②　中共中央　国务院《关于做好 2022 年全面推进乡村振兴重点工作的意见》［EB/OL］．（2022－02－22）［2023－05－05］．http：//www.gov.cn/zhengce/2022－02/22/content_5675035.htm.

兴需要通过建设和经营将自身多元的潜在价值转化为财富。村庄的价值除了传统的农产品生产、农民居住和生活价值外，还有着生态价值、景观价值、文化价值、社会价值、康养价值、民宿价值等，不同村庄所拥有的价值有区别，甚至不同时期村庄所拥有的价值也会发生变化。乡村振兴面对的是村庄的未来，村庄的未来离不开产业发展和适度规模化聚集，根据村庄的资源禀赋、区位条件、历史文化特点等，结合现代农业产业园、乡村综合体、特色小镇、乡村旅游与休闲农业等产居聚集模式，才能释放村庄的潜在价值。因地制宜精准施策，有利于保护乡村的多样性，利用地域特色、民俗风情、文化传承、历史脉络等的差异性，打造各具特色、不同风格的美丽乡村。村庄多样化的演变与聚集是乡村振兴的必然结果，也是城乡融合发展的助推器。

### （二）乡村振兴战略规划的要求

中共中央、国务院印发的《乡村振兴战略规划（2018—2022年）》提出"顺应村庄发展规律和演变趋势，根据不同村庄的发展现状、区位条件、资源禀赋等，按照集聚提升、融入城镇、特色保护、搬迁撤并的思路，分类推进乡村振兴，不搞一刀切"①。《新疆维吾尔自治区乡村振兴战略规划（2018—2022年）》第九章（分类推进乡村建设）中指出：顺应乡村发展规律和演变趋势，结合南疆、北疆乡村发展不同阶段特征，针对农区、牧区、城郊和贫困地区、边远山区的乡村面貌，按照集聚提升、融入城镇、特色保护、搬迁撤并的思路，综合考虑建设形态、居住规模、服务功能等因素，分类有序推进村庄建设②。加强顶层设计能为村庄的发展提供清晰的思路，明确村庄的定位与建设重点，有利于形成生产、生活、生态协调发展的格局。

### （三）国土空间规划"多规合一"的要求

2019年，中共中央、国务院发布了《关于建立国土空间规划体系并监督实施的若干意见》，提出了"多规合一"理念，将主体功能区规划、土地利用规划以及城乡规划等融合为国土空间规划③。自然资源部办公厅《关于加强村庄规划促进乡村振兴的通知》和《关于进一步做好村庄规划工作的意见》指出，村庄规划是国土空间规划体系中的详细规划，要统筹村庄耕地、产业、设施，结合上级国土空间规划和农民意愿等因素，对村庄分类提出相应的规划编制要求，并且加强监督和评估。因此，进入乡村振兴阶段，需要编制实用性村庄规划，科学划分村庄类型，坚持乡村分化和差异性发展，才能保证国土空间规划在村一级的实施。

① 中共中央　国务院印发《乡村振兴战略规划（2018—2022年）》［EB/OL］．（2018-09-26）［2023-05-05］．http：//www.gov.cn/zhengce/2018-09/26/content_5325534.htm.

② 新疆维吾尔自治区党委，新疆维吾尔自治区人民政府．新疆维吾尔自治区乡村振兴战略规划（2018—2022年）［EB/OL］．（2018-11-26）［2023-05-05］．http：//www.moa.gov.cn/ztzl/xczx/gh_24713/201811/t20181126_6163695.htm.

③ 中共中央　国务院《关于建立国土空间规划体系并监督实施的若干意见》［EB/OL］．（2019-05-23）［2023-05-05］．http：//www.gov.cn/xinwen/2019-05/23/content_5394187.htm.

### （四）层层落实乡村振兴责任制的要求

2022年11月28日，中共中央办公厅、国务院办公厅印发的《乡村振兴责任制实施办法》第三章第八条指出，地方党委和政府有依法编制村庄规划、分类有序推进村庄建设、严格规范村庄撤并的责任①。省级党委和政府对本地区乡村振兴工作负总责，并层层落实乡村振兴责任制；市级党委和政府负责做好上下衔接、域内协调、督促检查等工作，并发挥好以市带县的作用；县级党委和政府是乡村振兴"一线指挥部"，以县域为单位组织明确村庄分类，优化村庄布局，指导推动村庄规划编制，分类推进乡村振兴；乡镇党委和政府应当发挥基层基础作用，健全统一指挥和统筹协调机制，"一村一策"加强精准指导服务，组织编制村庄规划；村党组织统一领导村级各类组织和各项工作，村民委员会和农村集体经济组织发挥基础性作用，组织动员农民群众共同参与乡村振兴。科学合理的村庄分类和布局有利于统筹安排各类资源，发挥社会主义集中力量办大事的优势，实现各类基础设施和公共服务的共建共享，广泛调动各方面的积极性与创造性。

## 二、乡村振兴战略分类推进的基本方法

### （一）乡村振兴战略分类推进的意义与基本原则

切实依据村庄现实基础和未来前景科学划分村庄类型是推进乡村振兴的基础。加快推进村庄分类有利于及时指导村庄规划编制，促进乡村振兴战略规划在村级层面的落地；有利于实现村庄主体功能定位，促进土地、产业、基础建设、生态环境等有效布局；有利于保护和传承村庄的历史文化，发展乡村文化产业；有利于建立和完善村庄基本情况档案，为乡村振兴战略的持续深化提供系统的数据储备。

维护人民群众根本利益，提升乡村生产生活品质是乡村振兴战略分类推进的出发点和落脚点。因此，乡村振兴战略分类推进要遵循乡村演化的一般规律，兼顾现实情况和长远发展需要，科学推进；乡村振兴战略分类推进要符合实际与特色，综合考虑人口、区位、经济、产业、历史、文化、生态环境等建立县域的统一标准；乡村振兴战略分类推进需要做到充分尊重民意，由县（市、区）政府主导、乡（镇）政府具体实施，村委会配合，农户参与；乡村振兴战略分类推进还要把握村庄的差异，建立有针对性的指导方案，与时俱进的调整。

### （二）乡村振兴战略分类推进的依据

在国家乡村振兴战略规划的基础上，不同省份对村庄分类开展了相关工作，31个

---

① 乡村振兴责任制实施办法［EB/OL］.（2022-12-14）［2023-05-06］. http：//www.gov.cn/xinwen/2022-12/14/content_5731828.htm.

省级乡村振兴规划全部出台，80%以上的市、县制定了地方规划或实施方案。江西省将村庄分为农户和公共设施较多的中心村、发展乡村旅游的特色村、一般自然村 3 类；湖南省在城郊融合村、特色保护村、搬迁撤并村、集聚提升村 4 类的基础上划分成先行区、重点区、攻坚区；北京市将行政村分成了城镇化、局部或整体迁建、特色保留、提升改造 4 类；上海市将行政村划分为保留改造村、置换搬迁村、适当发展村 3 种类型；不同地区的大量实践为村庄规划提供可借鉴的经验。

《新疆维吾尔自治区村庄规划编制技术指南（试行）（2022 年修订版）》给出了较为细化的村庄规划编制方法，在县（市、区）人民政府统一部署，自然资源主管部门同有关部门统筹协调和指导下，乡（镇）人民政府开展村庄规划编制工作[①]。编制人员要通过现场调研、资料收集、入户调查等方式，全面分析村庄基本情况，找准存在的主要问题和诉求，预判村庄发展方向。分类编制指引中指出集聚提升类村庄应加快村庄规划编制，城郊融合类的村庄可纳入城镇控制性详细规划统筹编制，搬迁撤并类村庄由上位规划统筹管控不单独编制村庄规划，国家历史文化名村按照《历史文化名城名镇名村保护规划编制要求（试行）》开展村庄规划编制工作，中国传统村落应按照《传统村落保护发展规划编制办法》开展村庄规划编制工作。

村庄分类的难点在于对村庄特性和区域一般性的理解，目前的分类方法普遍较为模糊，有时过度强调某一种要素，会导致村庄分类模型的建构不够科学。基于乡村振兴战略规划和国家空间规划，结合已有实践案例和学界研究成果，建立面向乡村振兴战略的村庄分类方法，能为村庄分类提供科学依据，进而助力乡村振兴。

## （三）乡村振兴战略下村庄分类标准量化

### 1. 集聚提升村

集聚提升村是现有规模较大的中心村和其他仍将存续的一般自然村，占村庄类型的大多数，也是乡村振兴的重点。可以依据人口和用地规模、经济和产业基础、区位和交通条件、公共服务设施的完善程度、政策扶持 5 个方面来分类。人口规模的具体指标可以为人口在 1 000 人以下、人口在 1 000 人到 3 000 人之间、人口在 3 000 人以上；用地规模的具体指标可以为耕地面积占比在 50%以上。经济基础的具体指标可以为人均收入在 8 000 元以上（主要参考全面建设小康社会的基本标准，确定农村居民家庭人均纯收入 8 000 元以上）；产业基础的具体指标可以为第二产业生产总值占比在 30%以上。区位和交通条件可以具体量化为国道、省道、县道 10 分钟车程，高速公路出入口或火车站 10 分钟车程。公共服务设施的完善程度可以具体量化为拥有学校、医务室、敬老院、集贸市场等设施的数量。政策扶持可以具体到国家或自治区确定的试点示范村。

---

① 新疆维吾尔自治区自然资源厅. 新疆维吾尔自治区村庄规划编制技术指南（试行）[EB/OL]. (2022 - 07 - 27)[2023 - 05 - 07]. http://zrzyt.xinjiang.gov.cn/xjgtzy/c112439/202207/265263317e5f4dfd9e797dfe2859f80f.shtml.

### 2. 城郊融合村

城郊融合村是县城城关镇和城市近郊区的村庄，有成为城市后花园的优势，也具备向城市转型的条件。城郊融合村的分类依据主要是城镇开发边界的距离，具体而言，村庄与城镇相交或村庄距镇区 10 分钟车程、距城区 15 分钟车程，其次村庄需要位于城市与镇区未来拓展的方向上，能够承接城镇外溢功能、共享城镇设施。

### 3. 特色保护村

特色保护村是历史文化名村、少数民族特色村庄、乡村旅游重点村、传统村落等自然历史文化特色资源丰富的村庄，可以参考各级政府确定的历史文化名镇名村、少数民族特色村寨、乡村旅游重点村、传统村落目录开展分类工作。

### 4. 搬迁撤并村

搬迁撤并村是位于自然灾害频发、生态环境脆弱、生存条件恶劣或因重大项目建设需要搬迁的村庄，通过生态移民搬迁、易地扶贫搬迁等方式，实施村庄搬迁撤并，解决生态保护和村民生计等问题。需要进行搬迁撤并的村主要有 3 类：第一类，生存环境恶劣、自然灾害多发、受严重安全威胁需要搬迁的村庄；第二类，位于自然保护区、饮用水源核心保护区、生态保护红线范围内的需要搬迁的村庄；第三类，因建设高铁、发电站、垃圾处理厂等重大项目而需要搬迁的村庄。

### （四）乡村振兴战略下村庄分类方法与模型

村庄的具体分类工作应当收集村庄信息并初步整理形成村庄信息库；然后按照特色保护村、搬迁撤并村、城郊融合村、集聚提升村的顺序构建村庄分类模型，图 3-4 为村庄分类模型流程图。根据村庄信息库，通过不同村庄类型的分类要求，达到村庄分类的目的。在进行具体的村庄分类工作时，村庄分类模型是一组筛子，具体的量化标准是滤网，村庄通过特征能依序被分类出来。

## 三、新疆乡村振兴战略分类推进取得的成效

### （一）积极申请国家级特色保护村

国家层面评选的特色保护村主要有历史文化名村、传统村落、少数民族特色村寨、乡村旅游重点村等。中国历史文化名村，是由国家文物局和住房城乡建设部组织评选的，能反映一些历史时期地方民族特色和传统风貌的村，自 2003 年到 2019 年评选了 7 批，总计 487 个村，新疆有 4 个村入选（表 3-2）。中国传统村落，是住房城乡建设部、农业农村部（原农业部）、自然资源部、财政部、文化和旅游部（由原文化部和原国家旅游局合并）、国家文物局组织评选的，蕴藏丰富文化景观和历史信息的村落，自

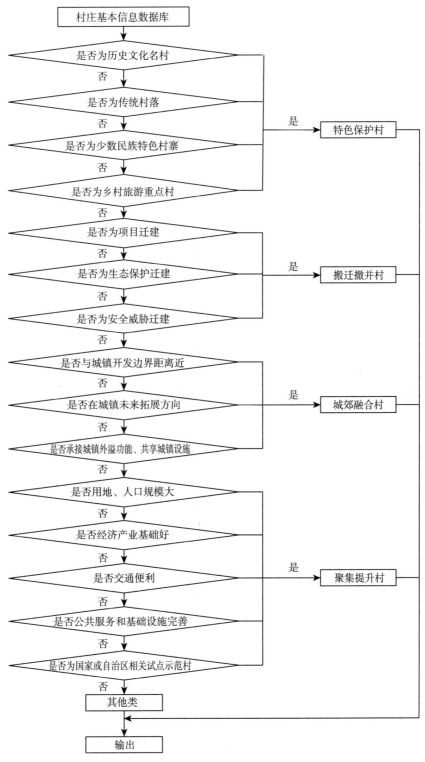

图 3-4　村庄分类模型流程图

2012 年至 2022 年评选了 6 批，总计 8 171 个村，新疆有 53 个村入选。中国少数民族特色村寨，是由国家民委评选的，居民特色突出、民族文化浓郁、产业支撑有力、民族关系和谐、人居环境优美的少数民族特色村寨，自 2014 年至 2020 年评选了 3 批，总计 1 652 个村，新疆有 47 个村入选。全国乡村旅游重点村，是由文化和旅游部、国家发展改革委共同评选的，有一定独特自然人文景观，在观光旅游和休闲度假方面具有开发价值的村庄，自 2019 年至 2022 年评选了 4 批，总计 1 399 个村，新疆有 45 个村入选。

表 3-2 新疆特色保护村名录

| 序号 | 类型 | 具体村庄名称 |
|---|---|---|
| 1 | 中国历史文化名村 | **吐鲁番市**：鄯善县吐峪沟乡麻扎村<br>**哈密市**：回城乡阿勒屯村、五堡乡博斯坦村<br>**伊犁州直属县（市）**：特克斯县喀拉达拉乡琼库什台村 |
| 2 | 中国传统村落 | **吐鲁番市**：高昌区葡萄沟街道办事处拜西买里村、鄯善县吐峪沟乡麻扎村、鄯善县鲁克沁镇赛尔克甫村、鄯善县鲁克沁镇吐格曼博依村、鄯善县鲁克沁镇迪汗苏村、鄯善县鲁克沁镇英夏买里村、鄯善县鲁克沁镇木卡姆村、鄯善县鲁克沁镇阔纳夏村、鄯善县鲁克沁镇三个桥村<br>**哈密市**：回城乡阿勒屯村、五堡镇博斯坦村<br>**伊犁州直属县（市）**：特克斯县喀拉达拉镇琼库什台村、霍尔果斯市伊车嘎善锡伯族乡伊车嘎善村<br>**阿勒泰地区**：富蕴县可可托海镇塔拉特村、吉木乃县乌拉斯特镇乌拉斯特村、布尔津县禾木哈纳斯蒙古民族乡禾木村、布尔津县冲乎尔镇合孜勒哈英村、喀纳斯景区铁热克提乡白哈巴村<br>**克孜勒苏柯尔克孜自治州**：阿克陶县克孜勒陶乡艾杰克村、阿图什市松他克镇阿孜汗村<br>**昌吉回族自治州**：奇台县大泉塔塔尔族乡大泉湖村、木垒哈萨克自治县西吉尔镇果树园子村、木垒哈萨克自治县英格堡乡庙尔沟村、木垒哈萨克自治县照壁山乡河坝沿村、木垒哈萨克自治县西吉尔镇水磨沟村、木垒哈萨克自治县西吉尔镇屯庄子村、木垒哈萨克自治县英格堡乡街街子村、木垒哈萨克自治县英格堡乡马场窝子村、木垒哈萨克自治县英格堡乡英格堡村、木垒哈萨克自治县英格堡乡月亮地村<br>**和田地区**：民丰县萨勒吾则克乡喀帕克阿斯干村、于田县阿羌乡普鲁村、墨玉县普恰克其镇布达村、皮山县垴阿巴提塔吉克民族乡康阿孜村<br>**巴音郭楞蒙古自治州**：和静县巴音布鲁克镇巴西里格村、和静县巴伦台镇巴伦台村、和静县克尔古提乡浩尔哈特村、且末县琼库勒乡欧吐拉艾日克村、且末县库拉木勒克乡江尕勒萨依村、且末县库拉木勒克乡库拉木勒克村、且末县托格拉克勒克乡托格拉克勒克村、且末县库拉木勒克乡阿克亚村、若羌县铁干里克镇果勒吾斯塘村、若羌县铁干里克镇托格拉克勒克村、尉犁县墩阔坦乡霍尔加村<br>**阿克苏地区**：新和县依其艾日克镇加依村<br>**博尔塔拉蒙古自治州**：博乐市小营盘镇明格陶勒哈村、博乐市青得里镇阿里翁白新村、博乐市乌图布拉格镇介格得布拉格村、温泉县哈日布呼镇阿日夏特村、精河县大河沿子镇呼和哈夏北村<br>**喀什地区**：英吉沙县芒辛镇喀拉巴什兰干村、英吉沙县芒辛镇恰克日库依村 |

（续）

| 序号 | 类型 | 具体村庄名称 |
|---|---|---|
| 3 | 中国少数民族特色村寨 | **吐鲁番市：**鄯善县鄯善城镇蒲昌村、鄯善县吐峪沟乡麻扎村、托克逊县夏乡南湖村、托克逊县伊拉湖镇郭若村<br>**巴音郭楞古自治州：**和硕县乃仁克尔乡乌勒泽特村、焉耆回族自治县永宁镇下岔河村、焉耆回族自治县七个星镇霍拉山村、若羌县铁干里克镇果勒吾斯塘村、和静县巩乃斯镇阿尔先郭勒村、和静县巴音布鲁克镇巴西力克村<br>**伊犁州直属县（市）：**伊宁市都来提巴格街道办事处、伊宁市解放路街道六星街社区、伊宁市达达木图乡布拉克村、伊宁市喀尔墩乡东梁村、伊宁县愉群翁回族乡愉群翁村、伊宁县萨木于孜镇撒拉村、伊宁县阿热吾斯塘镇古库热提曼村、尼勒克县种蜂场艾米尔布拉克队、尼勒克县克令克孜勒土木斯克村、尼勒克县克令乡阔依塔斯村、霍城县惠远镇央布拉克村、霍城县萨尔布拉克镇萨尔布拉克镇齐巴嘎西村、霍城县三宫回族乡下三宫村、霍城县兰干乡其плба克村、昭苏县萨尔阔布乡萨尔阔布村、特克斯县特克斯镇博斯坦村、特克斯县喀拉达拉乡琼库什台村、特克斯县特克斯镇霍斯库勒村、特克斯县乔拉克铁热克镇克孜阔拉村、察布查尔锡伯自治县纳达齐牛录乡纳达齐牛录村、察布查尔锡伯自治县琼博拉镇琼博拉村<br>**阿勒泰地区：**布尔津县喀纳斯景区管理委员会铁热克提乡白哈巴村、布尔津县喀纳斯景区管理委员会禾木哈纳斯蒙古民族乡禾木村、布尔津县冲乎尔镇布拉乃村、布尔津县窝依莫克镇也拉曼村、布尔津县窝依莫克镇哈太村、布尔津县冲乎尔镇哈热阿布拉克村、布尔津县也格孜托别乡克孜勒托盖村、布尔津县也格孜托别乡克孜勒加尔村<br>**阿克苏地区：**新和县依其艾日克乡加依村、库车县伊西哈拉镇库木艾日克社区<br>**喀什地区：**泽普县布依鲁克塔吉克民族乡布依鲁克村<br>**克孜勒苏柯尔克孜自治州：**阿合奇县阿合奇镇科克乔库尔民俗文化村<br>**克拉玛依市：**克拉玛依区小拐乡小拐村<br>**昌吉回族自治州：**奇台县大泉塔塔尔族乡大泉湖村<br>**博尔塔拉蒙古自治州：**博乐市小营盘镇明格陶勒哈村、温泉县扎勒木特乡博格达尔村 |
| 4 | 全国乡村旅游重点村 | **乌鲁木齐市：**乌鲁木齐县水西沟镇平西梁村<br>**克拉玛依市：**乌尔禾区乌尔禾镇哈克村、乌尔禾区乌尔禾镇查干草村<br>**昌吉回族自治州：**奇台县半截沟镇腰站子村、木垒哈萨克自治县英格堡乡月亮地村、阜康市城关镇山坡中心村、吉木萨尔县北庭镇古城村、昌吉市六工镇十三户村<br>**吐鲁番市：**托克逊县夏镇南湖村、高昌区亚尔镇上湖村、高昌区葡萄镇巴格日社区<br>**哈密市：**巴里坤哈萨克自治县石人子乡石人子村<br>**伊犁州直属县（市）：**伊宁市巴彦岱镇苏勒阿勒玛塔村、特克斯县喀拉达拉镇琼库什台村、新源县那拉提镇阿尔善村、霍城县芦草沟镇四宫村、昭苏县昭苏镇吐格勒勤布拉克村、新源县那拉提镇拜依盖托别村<br>**阿勒泰地区：**布尔津县禾木喀纳斯蒙古族乡禾木村、喀纳斯景区禾木哈纳斯蒙古族乡喀纳斯村、富蕴县可可托海镇塔拉特村、喀纳斯景区铁热克提乡白哈巴村、吉木乃县托斯特乡塔斯特村（石头村）<br>**塔城地区：**额敏县加尔布拉克农场酒花村<br>**博尔塔拉蒙古自治州：**温泉县扎勒木特乡博格达尔村 |

（续）

| 序号 | 类型 | 具体村庄名称 |
|---|---|---|
| 4 | 全国乡村旅游重点村 | **巴音郭楞蒙古自治州：**库尔勒市阿瓦提乡吾夏克铁热克村、库尔勒市巴州阿瓦提农场、和静县巴音布鲁克镇巴西里格村、尉犁县兴平镇达西村、博湖县乌兰再格森乡乌图阿热勒村、博湖县才坎诺尔乡拉罕诺尔村<br>**克孜勒苏柯尔克孜自治州：**阿克陶县塔尔塔吉克民族乡巴格艾格孜村、阿克陶县奥依塔克镇奥依塔克村<br>**喀什地区：**疏附县托克扎克镇阿亚格曼干村、岳普湖县岳普湖乡喀拉玉吉买村、泽普县国营林场长寿村、莎车县米夏镇夏玛勒巴格村、喀什市帕哈太克里乡尤喀尔克喀库拉村<br>**阿克苏地区：**阿瓦提县英艾日克镇恰其村、新和县依其艾日克镇加依村、拜城县康其乡阿热勒村、温宿县柯柯牙镇塔格拉克村<br>**和田地区：**洛浦县恰尔巴格乡阔恰艾日克村、于田县达里雅布依乡达里雅布依村、和田市吉亚乡阔恰村 |

## （二）持续巩固拓展易地扶贫搬迁成果

易地搬迁是解决一方水土养不好一方人的问题，"十三五"期间，新疆已经全面完成了易地扶贫搬迁建设任务。全自治区共建成 10 个地（州、市）56 个县（市、区）333 个易地搬迁集中安置点，4 万余套建设安置住房，总建筑面积近 297 万平方米，搬迁群众的人均住房面积达 17.6 平方米，搬迁群众居住条件发生了翻天覆地的变化。在为搬迁群众安置好住房的同时，配套建设了大量的基础设施，修建 1 440 千米道路，铺设 1 382 千米饮水管网，建设 762 千米电网，安置点的水、电、路、气、网、通信全部通达，累计修建 509 个科、教、文、卫等各类公共服务设施，搬迁群众不再为就学难、就医贵而发愁，生活更加方便快捷。依托安置点及周边自然资源禀赋，引进劳动密集型企业，积极培育和发展特色种养业，累计修建了 10 920 座棚圈、6 084 座农业大棚、5 309座禽舍，开发 10.4 万亩特色林果基地及饲草料种植基地、5.8 万平方米畜禽养殖基地、121 座鱼塘，配建 192 个扶贫车间、11 个工业园区、53 个农牧业产业园区、15 个商贸物流园区及冷链仓储基地、22 个旅游产业项目、27 万平方米农产品交易中心及商铺，实现 3.8 万户 7.9 万搬迁群众就业，有劳动力的搬迁家庭至少有 1 人就业，产业带动多渠道就业①。

中共中央、国务院《关于实现巩固拓展脱贫攻坚成果同乡村振兴有效衔接的意见》强调，易地搬迁后续扶持工作的长期性、复杂性、艰巨性，完成搬迁建设任务只是第一步，现在搬得出的问题基本解决了，下一步的重点是搬迁后续扶持工作，稳得住、有就

---

① 新疆维吾尔自治区发展和改革委员会. 自治区发展改革委负责同志就《自治区关于切实做好易地扶贫搬迁后续扶持工作巩固拓展搬迁脱贫成果的实施意见》答记者问［EB/OL］.（2022－08－19）［2023－05－07］. http：// xjdrc. xinjiang. gov. cn/xjfgw/c108363/202208/0838f22ab9094f80997e0937016e1685. shtml.

业、逐步能致富①。为了支持安置区的产业发展，新疆维吾尔自治区发展和改革委员会、农业农村厅已经将易地搬迁安置区的产业发展纳入脱贫地区"十四五"特色产业发展规划，努力实现让每个安置区至少有1个稳定增收的主导产业。新疆财政安排易地扶贫搬迁集中安置区后续产业扶持专项资金，大力支持大中型安置区农产品加工园区、农产品仓储保鲜冷链基地的建设提升，继续支持安置区的纺织服装等劳动密集型产业和农副产品加工等特色优势产业，在特色种养、农林畜产品加工等方面对一些小的安置区给予帮助。中国农业发展银行（简称农发行）新疆分行印发《农发行新疆分行2022年易地扶贫搬迁后续扶持专项行动工作方案》，2022年农发行新疆分行易地扶贫搬迁后续扶持贷款投放7亿元，对全自治区46个800人以上集中安置区贷款覆盖率不低于40%。

### （三）分类推进示范引领县、巩固提升县、稳步发展县乡村振兴

新疆乡村振兴分类推进的框架已经构建，到了由顶层设计转向全面推进的重要阶段。新疆在对村庄按城郊融合村、特色保护村、搬迁撤并村和集聚提升村分类前，按照35个巩固提升县、20个示范引领县、38个稳步发展县，分类推进乡村振兴，并且落实乡村振兴示范创建标准，确定了100个示范乡（镇）、1 000个示范村，坚持农村现代化和农业现代化一体化设计与推进，细化梳理共性和个性任务清单。《自治区农村人居环境整治提升五年行动方案（2021—2025年）》明确提出到2025年前，20个示范引领县充分发挥农村人居环境带来的红利，推动农村第一二三产业融合发展，60%以上的村庄打造成为乡土特色、业兴民富、人文和谐的自治区级生态宜居美丽乡村示范村；38个稳步发展县实施一批牵引性强、有利于生产消费"双升级"的农村基础设施工程，农村生产生活条件改善，乡村面貌发生明显变化；35个巩固提升县加大对传统村落的保护力度，深入开展村庄绿化美化行动，提升村容村貌，建成一批特色宜居的村庄。阿克苏地区率先出台《阿克苏地区巩固拓展脱贫攻坚成果分类全面推进乡村振兴实施方案》，将9个县划分为2个巩固提升县、3个示范引领县、4个加快发展县，科学设定阶段目标、分类推进乡村振兴。

## 四、乡村振兴战略分类推进今后的工作重点

### （一）锚定农业强区目标，科学谋划分类推进工作

党中央描绘了实施乡村振兴战略的宏伟蓝图，谋划了2020年、2035年、2050年的阶段目标，自治区党委和人民政府已经对接国家乡村振兴规划体系，坚持把农业农村优先发展的要求摆在优先位置，因地制宜积极探索乡村振兴示范点工作，充分发挥试点示范的引领作用。接下来的工作重点应落在县级行政单位，以制定乡村规划为重点，科学

---

① 中共中央 国务院《关于实现巩固拓展脱贫攻坚成果同乡村振兴有效衔接的意见》[EB/OL].（2021-03-22）[2023-05-07]. http://www.gov.cn/zhengce/2021-03/22/content_5594969.htm.

把握乡村差异性，建立差别化的支持策略，系统落实乡村振兴战略中的空间、产业、环境、政策等任务。南疆全面推进乡村振兴的基础相对薄弱，在已经确定乡村振兴重点帮扶县的基础上，加强与山区、少数民族地区、边境地区、易地搬迁安置区等特殊类型地区的政策衔接，重点提升农村医疗服务、特困群体救助服务等关键基本公共服务的投入。

## （二）坚持实行分类推进，做到有的放矢、有序安排

### 1. 集聚提升村

科学确定村庄发展方向后，在原有基础上有序改造提升，发挥自身比较优势，支持农业、工贸、休闲服务等专业化发展，以产业促进聚集提升村经济繁荣。农业基础条件较好的村庄加快改善农业基础设施，发展现代农业，发展农产品加工业，延长农业产业链，提升农业附加值，促进村庄产业经济提升，带动村庄功能转型，实现产业、人才、文化、生态和组织振兴。在牧区结合牧民定居工程建设，发展草食畜牧业，努力实现现代化、智能化养殖，处理好粪污问题，打造现代畜牧业产业园，优化加工、销售等环节，加快传统畜牧业改造支撑牧区村庄集聚提升。针对第二产业、第三产业发展相对较好的村庄，重点以特殊工艺和手工制造为核心资源，利用加工业的基础优势，带动原材料种植行业发展，配套发展相关生产性服务业，形成完整链条，带动村庄产业转型升级。同时，鼓励发展农产品加工、储藏、包装、运输、商品化处理等产业，加强品牌建设、认证、保护和宣传，打造具有地域特色的农产品公共品牌，提升农产品知名度和市场竞争力，拓展融资渠道，推行"公司＋基地＋农户""合作组织＋基地＋农户"等模式，探索连锁经营、产销直挂、产品配达等新业态，实现农产品快速、有序流通。

### 2. 城郊融合村

一是促进城乡产业融合发展。首先，合理布局城郊融合村的农业发展空间，发展农村现代服务业，促进农村服务业标准化、规范化发展，推动农旅文商体等产业深度融合，促进乡村旅游产业提档升级，更好地满足城市消费需求。其次，鼓励城镇工业生产要素向城郊融合村流动，以新型城镇化为契机，充分利用连接城乡的区位优势，积极承接城市加工、制造业转移，支持发展冷链物流仓储服务。

二是促进城乡基础设施互联互通。重点建设旅游路、产业路、便民路，配套规划修建停车场、服务区，形成从城市到农村、市场到田野便捷畅通的交通网络体系；优化水资源配置，新建集中式供水工程、管网延伸工程、水质净化和消毒配套工程，解决工程性缺水问题，保障农村生活用水，实施高效节水灌溉工程，推进农业节水行动；实施农村电网改造升级行动，改造提升现有燃气管网，融入城镇管网体系，保障城乡电力、燃气的供给。

三是促进城乡公共服务共建共享。改善原有学校的基本办学条件，与城市优质学校

结对帮扶，打造城市优质教育资源合理分散布局的承接区，在承接区域建立分校，有效缓解城市优质教育资源过于集中带来的交通压力；推进城郊公共卫生资源合作共享，改善本地医疗卫生软件硬件，抓住国家大力推进医疗联合体建设的契机，实现农村医疗与城市医院的双向转诊，优化医疗资源配置；打造城郊康养基地，探索"公建民营""民办公助"的养老服务模式，打造专业化、个性化、便利化的城郊康养基地，既为农村留守老人提供高质量养老服务，又满足城市老人就近养老的需求。

3. 特色保护村

一是坚持保护、利用与开发并重，强化村庄规划设计引导，保护和塑造特色风貌，根据村庄自身条件和发展需要，在原有村庄格局、形态机理的基础上，注重村庄详细规划，遵循村庄自然演变规律，尊重农民生产生活习惯和乡风民俗，构建村庄绿色发展的新格局，培育一批自然环境优美、人文特色鲜明、建筑风格独特的特色美丽村庄；充分挖掘文化旅游资源，开展村庄物质和非物质文化遗产普查登记，发展运动、民宿、文创等经济业态，积极举办各类文化节庆活动，传承展示村庄特色，吸引游客观光并从中体会到特色文化、生活习俗的乐趣。

二是改善村庄基础设施和公共环境。推进村镇道路提档升级，在主要村口、路口增设村标和路标，增加停车场地；优化农村生态环境，按照城区环境卫生管理的模式进行村庄环境卫生建设，加大村庄垃圾收运处理设施和污水处理投入，探索城乡环卫设施资源共享，实现由"以建为主"向"建管结合"的转变，引入市场机制，培育市场化专业管护队伍。

4. 搬迁撤并村

一是坚持集中安置和分散安置相结合。统筹考虑水土资源条件、贫困人口分布及搬迁对象意愿，向靠近交通要道的中心村、移民新村、工业园区、乡村旅游区等适度集中安置，引导搬迁群众通过进城务工、投靠亲友等方式分散安置。

二是加快推进安置区产业发展。根据安置区资源禀赋、环境承载情况，培育发展特色优势产业，产业发展长短结合、种养结合，鼓励搬迁户流转承包地、林地经营权，促进乡村发展规模经济；优先安排搬迁贫困户适应性技能培训，支持搬迁安置区发展物业经济、社区经济等业态，提高就业能力，增加搬迁户收入，增强脱贫的稳定性与可持续性。

三是推进迁出区土地整治与生态修复。通过平整土地、改良土壤等方式，实施迁出区基本农田改造，增加有效耕地面积；加强迁出区生态修复，与退耕还林还湿、地质灾害防治等工程相结合，有效治理迁出区水土流失，提高林草植被覆盖率。

**参考文献：**
邓小刚，等，2022. 乡村振兴十年间［J］. 乡村振兴（07）：22-27.

丁波，2022. 空间治理：空间变迁视角下乡村治理重构［J］. 云南民族大学学报（哲学社会科学版），39（05）：102 - 107.

范文群，2022. 村庄规划编制的创新思考——以燕花庄连片区村庄规划为例［J］. 城市建筑空间，29（03）：60 - 64.

蒋费雯，张昭，2021. 关于供给需求双侧管理分析视角的易地扶贫搬迁政策研究［J］. 开发性金融研究（05）：33 - 40.

焦若水，2022. 乡村振兴中四类村庄的社会工作服务重点与策略［J］. 中国社会工作（07）：7.

李高峰，郝润梅，吴晓光，2020. 乡村振兴战略背景下的村庄规划编制类型划分［J］. 中国国土资源经济，33（08）：36 - 41.

李裕瑞，卜长利，曹智，等，2020. 面向乡村振兴战略的村庄分类方法与实证研究［J］. 自然资源学报，35（02）：243 - 256.

刘彦利，2022. 国土空间规划体系下实用性村庄规划编制——以壶关县小山南村为例［J］. 华北自然资源（05）：131 - 134.

谭剑，金邑霞，徐晴，等，2022. 县域城乡村庄空间布局规划探索——以义乌市为例［J］. 小城镇建设，40（01）：35 - 43，50.

# 新疆农牧民收入增长与
# 民生保障调研报告

张蒙蒙[①]

**摘 要**

习近平总书记在党的二十大报告中指出:"全面建设社会主义现代化国家,最艰巨最繁重的任务仍然在农村。"要坚持把增加农民收入作为"三农"工作的中心任务,千方百计拓宽农民增收致富渠道。而在推进共同富裕的进程中,社会保障、医疗、教育、住房等都是承担社会托底作用的重要领域。新疆在2022年政府工作报告中将"加快以改善民生为重点的社会建设,不断提升人民生活品质"列为全年9个方面重点工作之一,一方面在稳住就业和坚持按劳分配为主的分配制度的同时,保障农村收入群体的劳动权益,让他们继续通过劳动就业实现收入增长;另一方面提高教育、医疗、养老等民生保障领域的公共服务,减轻农民家庭的生活负担。促进共同富裕,不仅要依靠增加农民收入,也要完善民生保障服务。新疆民生保障建设在稳中推进,本文对新疆民生保障建设取得的成效进行经验总结,对农民增收方面取得的实践成效进行归纳总结,对存在的问题进行剖析并提出建议。

**关键词**

新疆农牧民;收入增长;民生保障

---

① 张蒙蒙,新疆社会科学院民族研究所助理研究员。

## 一、新疆民生保障对农牧民收入增长的重要作用

到 2021 年年末，新疆乡村人口数为 1 107 万人，占新疆总人口的 42.7%①。新疆低收入群体的主体是农村人口，促进共同富裕的重要一环也是农村人口。促进农牧民共同富裕一方面需要增加农民收入，另一方面也要完善民生保障。重点是加强基础性、普惠性、兜底性民生保障建设。稳定的收入增长是为了保障民生，民生建设也是农民收入稳定增长的保障。有效的民生保障政策，不仅可以为经济发展创造稳定和谐的环境，而且能够增强低收入群体的安全感，从而促进其参与社会经济发展的积极性，形成良性循环。

### （一）基础设施建设为农牧民收入增长提供物质保障

农村基础设施的建设与完善，可以提高农业生产抵抗自然灾害的能力，为农业生产提供便利条件，提升农业生产效率。同时对于农村公共产品的投入，可以引导农村产业结构的调整，进而实现农业产业优化、促进就业，从根本上提高农民的收入。

### （二）教育、医疗卫生为农牧民收入增长提供人力资源保障

农村义务教育作为基础教育，是农民能够学习其他知识或接受更高教育的前提，为个人今后的发展提供基础保障，为农村人力资本的积累创造有利条件。农村义务教育的有效供给能够在一定程度上提升农民的知识水平，对从事农业生产的这部分农民来讲，受过基础教育的他们能够更易于理解并应用现代农业科技成果，改变落后的农业生产方式，这会在很大程度上推动农业生产效率的提高，从而增加涉农收入；而对于那些外出务工人员来讲，义务教育是其更快学习和掌握工作技能的基础，能够满足用工需求，在就业市场上抓住更多的机会，获得更高的工资性收入。

农村医疗卫生主要是通过人力资本积累最终影响农民收入的。农村医疗卫生服务的供给包括基础的卫生服务和医疗服务，当前对重大疾病治疗费用的减免，对农村医药价格的补贴，也彰显国家在致力于解决"看病难""看病贵"问题。农村医疗卫生水平的提高，能够在很大程度上降低农民患病的可能性，为其身体健康提供保障，从而提高工作和生产的效率。此外，农村医疗卫生有效供给能够促进当地医疗水平提升，有利于及早发现和治疗疾病，避免病情恶化而带来重大的经济损失，减轻农民的负担，相对而言也是增加了农民收入。从内生视角来看，农村医疗卫生公共产品的提供，能够提高农民健康水平，在其自身受益的同时，也可通过优生优育，提高下一代身体素质和智力水平，增加接受教育机会和提高农业生产能力，在人力资本积累的基础上，对农民收入可持续增长产生影响。

---

① 新疆维吾尔自治区统计局，国家统计局新疆调查总队．新疆维吾尔自治区 2021 年国民经济和社会发展统计公报 ［EB/OL］．（2022 - 03 - 21）［2023 - 05 - 05］．http：//tjj. xinjiang. gov. cn/tjj/jgn/202203/7ab304445f174a7eb1f5165be4f94041. shtml．

### （三）就业为农牧民收入增长提供直接保障

就业是最大的民生，也是发展的保障。党的二十大报告高度重视就业问题，提出要"实施就业优先战略"，把它提到了战略高度，确立为全局性、前瞻性、长远性的国家战略。就业是民生之本，也是安国之策，是人民改善生活的基本前提和途径。众所周知，对农民的工资性收入有着最为显著的积极影响。相关研究表明，农村劳动力转移就业为农牧民收入增长提供直接保障。

### （四）社会保障为农牧民收入增长提供兜底保障

农村社会保障对于农村居民的生产生活有着非常重要的现实意义，比如农村社会养老保险能够为农村老人减轻一部分生活负担，同时也会在一定程度上减轻老人子女的经济压力，而节省的这部分资金可以投资教育或者用来提升工作技能，通过乘数效应而获取更大的回报。此外，农村社会救济费用的投入一方面可以直接提高困难农民的收入，另一方面国家给予的农业救济补贴也能够为农业生产提供帮助，助力农业生产有序进行。农民转移性收入主要来自社会保障方面，我国社会保障的有效供给能够直接促进农民转移性收入水平的提高，从而直接提高农民的收入，但这种方式并不能有效地促进农民收入可持续增长。

## 二、新疆农牧民收入增长与民生保障发展现状

### （一）收入现状

#### 1. 农牧民收入水平显著提升

人民生活持续改善：2021 年年底新疆居民收入整体实现较快增长，农村居民人均可支配收入 15 575 元（图 3-5），比上年增长 10.8%，其中工资性收入 4 710 元，比上年增长 17.1%；经营净收入 7 285 元，比上年增长 14.3%；财产净收入 353 元，比上年增长 18.0%；转移净收入 3 227 元，比上年下降 4.0%。2022 年农村居民人均可支配收入 16 550 元，比上年增长 6.3%①。2022 年，新疆推动巩固拓展脱贫攻坚成果同乡村振兴有效衔接取得新进展新成效，脱贫人口人均纯收入达 14 951 元，较上年增加 1 608 元，比全国脱贫人口人均纯收入高 609 元，同比增长 12.1%，比全自治区农村居民人

① 新疆维吾尔自治区统计局，国家统计局新疆调查总队．新疆维吾尔自治区 2022 年国民经济和社会发展统计公报［EB/OL］．（2022-03-24）［2023-05-07］．http：//tjj.xinjiang.gov.cn/tjj/tjgn/202303/6fc01f2b37a84efaa38fd34363c0a84e.shtml．

均可支配收入增幅高 5.8 个百分点①。

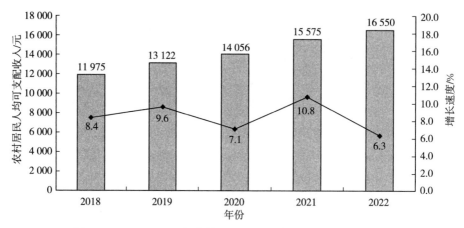

图 3 - 5　2018—2022 年农村居民人均可支配收入及其增长速度

**2. 巩固脱贫成果与乡村振兴有效衔接成效明显，守住了不发生规模性返贫的底线**

新疆出台一系列巩固拓展脱贫攻坚成果同乡村振兴有效衔接的政策举措。

一是资金项目支撑保障作用显著。2022 年落实各类资金 344.81 亿元，新发放小额信贷 22.98 亿元支持 6.89 万农户发展生产②。

二是大力实施乡村建设行动和乡村产业提升行动，脱贫劳动力就业形势保持稳定。脱贫人口就业规模稳中有升、达到 108.7 万人，完成年度任务的 100.43%，务工收入持续稳定增加、人均达到 8 364 元。

三是落实防止返贫动态监测和帮扶机制，强化收入监测分析，监测对象户均享受帮扶措施 2.14 项③，"三类户"风险消除率达到 90.45%，脱贫户人均增收 2 400 元左右，守住了不发生规模性返贫的底线。坚持就近就地就业和跨区域外出务工有机结合，着力稳定脱贫人口务工规模，超额完成年度目标任务④。对重度残疾、大病、丧失劳动能力等群体纳入农村低保或特困人员救助供养范围，做到应帮尽帮、能消都消，做好帮扶兜底工作，确保无返贫情况发生。

2022 年新疆在持续精准帮扶防返贫基础上，抓住产业和就业"两个关键"，用活用

①③　新疆维吾尔自治区人民政府新闻办公室．新疆举行巩固拓展脱贫攻坚成果同乡村振兴有效衔接 2022 年工作情况和 2023 年重点工作新闻发布会 ［EB/OL］．（2023 - 02 - 27）　［2023 - 05 - 07］．http：//www.scio.gov.cn/xwfbh/gssxwfbh/xwfbh/xinjiang/Document/1737305/1737305.htm.

②　新疆维吾尔自治区人民政府新闻办公室．新疆举行巩固拓展脱贫攻坚成果同乡村振兴有效衔接 2022 年工作情况和 2023 年重点工作新闻发布会 ［EB/OL］．（2023 - 02 - 27）［2023 - 05 - 07］．http：//www.scio.gov.cn/xwfbh/gssxwfbh/xwfbh/xinjiang/Document/1737305/1737305.htm.

④　新疆维吾尔自治区人民政府．2023 年自治区政府工作报告 ［R/OL］．（2023 - 01 - 23）［2023 - 05 - 07］．https：//www.xinjiang.gov.cn/xinjiang/xjzfgzbg/202301/7cc6e53ea0da40beb436177ed60b2044.shtml.

好产业发展专项资金,强化脱贫地区产业后续长期培育;大力发展劳动密集型产业,壮大优势特色产业,以南疆4个地(州)为重点,打造棉花(棉纺织)、葡萄及葡萄酒等产业,扶持农业产业化龙头企业,培育脱贫地区知名品牌,完善联农带农利益联结机制,实现每个易地搬迁集中安置区至少有一项稳定增收主导产业等。脱贫地区发展持续加快,中央衔接资金用于产业发展比例达59%,脱贫地区内生发展动力进一步增强。实施乡村产业提升行动,粮食生产再获丰收,棉花等重要农产品持续增产,农产品市场营销扎实有效,销售渠道畅通,开展消费帮扶助农行动,帮助销售脱贫地区农副产品110.27亿元,消费帮扶助农增收活动成效明显①。

### 3. 农牧民收入结构逐渐优化

新疆落实《关于促进农民大幅增收的指导意见》,促进脱贫人口收入较快增长。以南疆为重点实施促增收专项行动,人均纯收入低于1万元的脱贫人口由2021年年底的95万人降至2022年年底的25.71万人、降幅72.9%②。同时,新疆制定落实应对疫情影响持续巩固拓展脱贫攻坚成果5个方面40条具体措施,落实落细各类就业帮扶政策,2022年脱贫人口人均务工收入达8 364元,工资性收入占脱贫人口人均纯收入的比重为55.9%③。从收入结构看,工资性收入占比较高,是农村居民最重要的收入来源。随着乡村振兴的发展,农业农村改革的深入,农牧业发展质量日益提升,农村劳动力就业持续扩大,民生保障体系逐步完善,农牧民收入增长较快的同时收入结构也日益优化。

## (二) 新疆农村民生保障现状

### 1. 就业保障:实现"劳有所得"

就业就是最大的民生。新疆深入实施扩大就业惠民工程,开展多种形式的就业创业行动,突出重点群体稳定就业局势。通过线上线下的岗位信息的发布,动态更新、跟踪互通就业服务网络,举办多场现场和网络招聘会,实现共用单位和求职者的互动与对接,实现了农村富余劳动力就业。同时各地强化就业技能培训,促进稳岗就业。新疆将职业技能培训作为促进就业的基础性工程来抓,围绕产业特点,以适应产业发展需求为导向,为有就业需求的劳动力量身定做培训方案,落实职业培训补贴、职业技能鉴定补贴、就业见习补贴等减负稳岗扩就业政策。如截至2022年上半年喀什地区已经发放社保补贴2亿元,4万多人受益;发放培训补贴1.3亿余元,23万人次受益;发放稳岗返

---

① 新疆维吾尔自治区人民政府.2022年新疆推动巩固拓展脱贫攻坚成果同乡村振兴有效衔接取得新进展新成效 [EB/OL].(2023 - 03 - 01)[2023 - 05 - 07].https:∥www.xinjiang.gov.cn/xinjiang/gongzuodt/202303/ eac7b4b24860414b9e2d885c 5ac8b11a.shtml.
②③ 新疆维吾尔自治区人民政府办公室.新疆举行巩固拓展脱贫攻坚成果同乡村振兴有效衔接2022年工作情况和2023年重点工作新闻发布会[EB/OL].(2023 - 02 - 27)[2023 - 05 - 07],http:∥www.scio.gov.cn/ xwfbh/gssxwfbh/xwfbh/xinjiang/Document/1737305/1737305.htm.

还补贴 6 011 户、3 708.42 万元[①]。2022 年年底农村劳动力外出务工 303.24 万人次，开展各类职业技能培训 216.8 万人次。

### 2. 教育保障：实现"幼有所育""学有所教"

农村义务教育全覆盖，"两免一补"政策得到较好的落实。教育质量不断提升，实现适龄儿童和青少年就学全覆盖、国家通用语言文字教学全覆盖，全域通过国家义务教育基本均衡评估认定，学前教育毛入园率、九年义务教育巩固率、高中阶段毛入学率分别达到 98.19%、95.69%、98.87%。巩固农村学前教育发展成果，农村 4～6 岁儿童实现幼儿园免费入园"应入尽入"。资助政策体系更加完善，累计发放学生资助资金 82 亿元，惠及学生 666.5 万人次，实现学前教育至高等教育所有学段全覆盖，公办、民办学校全覆盖，家庭经济困难学生全覆盖。

### 3. 医疗卫生保障：实现"病有所医"

新型农村合作医疗（简称新农合）基本达到了全覆盖，参合率均已达到 99% 以上。在缓解农民因病致贫、返贫及促进农民的卫生服务利用中发挥了较大作用。调查研究表明，随着新农合的覆盖面的扩大和筹资水平的提高，农民有病不医或因病致贫现象得到较大缓解。

农村卫生服务得到基本解决。利用中央预算内资金，新疆持续改善基层医疗卫生机构基础设施条件，基本实现每个乡（镇）建好 1 所卫生院，每个行政村设有 1 个村卫生室的目标。目前，乡、村两级医疗卫生机构 100% 完成标准化建设。全自治区所有村卫生室 100% 实施了国家基本药物制度，100% 配备使用基本药物及零差率销售，村卫生室配备药品品种不低于 80 种。

新疆持续开展城乡居民免费健康体检，实现"应检尽检"。加快区域医疗中心建设，首批国家区域医疗中心建设试点项目北京儿童医院新疆医院挂牌成立；第二批试点项目中山大学附属喀什医院和西安交通大学第二附属医院新疆医院获批建设。推动公立医院高质量发展，深化县域综合医改，建设紧密型县域医共体 106 个，覆盖基层医疗卫生机构 950 个。推进基本公共卫生服务和家庭医生签约服务，重点人群签约率达到 86.19%。全面落实结核病"应查尽查、应治尽治"，成功治疗率达 95% 以上。实施定向生免费医学生培养项目，加强全科医生和乡村医生队伍建设。促进养老托育服务健康发展，开展医养结合机构服务质量提升行动。积极推动 3 岁以下婴幼儿照护服务。

### 4. 住房保障：实现"住有所居"

新疆把改善农村居民居住条件作为巩固脱贫攻坚和乡村振兴有效衔接的重要抓手，

---

① 赵西娅. 新疆各地促就业实招频出［EB/OL］.（2022－06－16）［2023－05－08］. http：//nynct. xinjiang. gov. cn/nynct/gjtp/202206/d71735893d9a47a5972749a17c331ee5. shtml.

大力推进农村安居工程建设，实现了各族群众住有安居、住有宜居。"十三五"期间全面完成脱贫攻坚住房安全有保障任务。累计建成农村安居工程116.98万户，支持59.81万户农村建档立卡贫困户等4类重点对象改造危房，提前1年结束了农村贫困人口住危房的历史。2021年年底新疆农村人居环境整治全面推进，农村厕所改革有序推进，完成1 000个村庄绿化美化。完成"煤改电"最后28.7万户建设任务，"煤改电"（一期）工程全面完成，南疆89.2万户农牧民用上了清洁能源。2022年3月，自治区人民政府办公厅印发《新疆煤改电二期工程实施方案（2022—2024年）》，要求形成多方参与、整体联动的工作格局，统筹"煤改电"工程与有关规划方案、入户工程改造与配套电网建设、改造工程与运行服务的衔接，完成了21万户年度改造任务。2022年持续推进1 067个农村厕所革命整村推进示范村建设，新建户厕6.1万座，整改问题户厕39万座，卫生厕所普及率44.1%较上年提高6.6个百分点[①]。新疆持续推进农村生活污水治理，32.42%的行政村生活污水得到处理。农村人居环境逐渐从"住有所居"到"住有宜居"转变。

### 5. 社会保障兜底：实现"老有所养""弱有所扶"

新疆在全国率先试行农村户籍人员在所在地公立医院"先诊疗、后付费"一站式结算。2021年年底农村低保标准提高到每人每年不低于4 600元、涨幅达12%。基本养老、失业、工伤3项社会保险参保2 019.77万人次，较上年增加55.76万人次，基本医疗保险参保率保持在95%以上。继续提高退休人员基本养老金和城乡居民基础养老金标准，惠及全自治区273.17万退休人员和城乡参保居民。城乡居民最低生活保障应保尽保，有效保障了全自治区155万城乡低保对象和2.2万特困供养人员的基本生活。发放困难残疾人生活补贴和重度残疾人护理补贴，惠及34.6万残疾人。实现有意愿的"五保"老人全部集中供养、孤儿全部集中收养。保障基本民生，托住底线最为重要。充分发挥社会救助等政策的托底功能，兜住民生保障的底线，守好社会和谐稳定的红线。

## 三、新疆农牧民收入增长与民生保障面临的困难与挑战

### （一）收入增长仍不均衡不充分

随着农业现代化进程的加快，农民收入显著提升，但是城乡收入差距依然突出。在2021年，新疆农村居民可支配收入为15 575元，比城镇居民可支配收入37 642元低22 067元。农村居民多数属于低收入群体，有效缩小城乡收入差距任重而道远。尽管近

---

① 新疆维吾尔自治区人民政府新闻办公室. 新疆举行巩固拓展脱贫攻坚成果同乡村振兴有效衔接2022年工作情况和2023年重点工作新闻发布会［EB/OL］.（2023-02-27）［2023-05-07］. http://www.scio.gov.cn/xwfbh/gssxwfbh/xwfbh/xinjiang/Document/1737305/1737305.htm.

年来新疆农民收入增速较高，但基础较差，收入水平一直低于全国平均水平，相较于全国其他省市，新疆农民总体收入偏低。

受资源环境影响，南疆、北疆农民收入差距较大。如图3-6所示，南疆4个地（州）（喀什地区、和田地区、阿克苏地区、克孜勒苏柯尔克孜自治州）农村居民收入明显低于其他地（州）。低收入和中低收入群体比重较高。

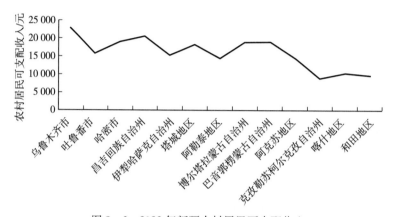

图3-6  2022年新疆农村居民可支配收入

农村居民收入结构也不尽合理，收入增长慢。工资性收入和生产经营性收入虽然有所增长，但整体增长缓慢。农村居民普遍学历较低，相关职业技能也较弱，从事的职业大多数是建筑工人、搬卸工人、服务临时工等，呈现就业岗位层次低、工资收入低的局面。尤其是南疆4个地（州）的低收入群体占比多，在低收入群体中也出现过度依赖转移性收入的情况，财产性收入占比较小。这些情况影响到新疆农民的收入水平。

## （二）就业面临问题不容忽视

受劳动力素质和新疆经济社会发展影响，新疆农村居民就业层次低，灵活就业占比较高，有一定的不稳定性。农牧民受教育年限少、文化水平较低、非农职业技能少，人力资本存量不足，制约了劳动力实现跨地区转移就业。再加上新疆许多地方目前经济发展仍然较为落后，经济底子薄，规模以上企业数量较少，基础配套设施仍不完善，对经济发展支撑不足，使得劳动力市场吸纳就业能力较弱。当前新疆乡村本身的产业自主发展能力较差，多数农村经济合作产业发展规模也很小，产业发展缺乏稳定的产业链且脆弱性特征较为明显，使通过产业带动就业的目标受到一定影响，对农牧民实现就业也产生了相当大的制约。

就业缺乏合理的社会保障体制，农牧民工就业不正规而且缺少就业权益保护。农牧民工主要从事一些技术水平较低的职业，比如清洁工、建筑工、保姆、服务员、推销员等，而且农牧民工只能以临时工或合同工身份才能获取这些岗位。与国有、集体单位的就业相对比，农牧民工就业呈现出不正规的特点，而且这种不正规性还表现为较强的流动性，在劳动权益和社会待遇上也有所缺失。另外，农牧民工很难进入国有或者集体单位进行工作，即使能够在较为正规的单位进行工作，也很难获得升迁的机会。

## （三）推进城乡基本公共服务均等化任务艰巨

近年来，我国城乡居民在医疗保障、义务教育以及基本养老保险方面均实现了制度的全覆盖。但是农村居民同城镇居民在保障水平上还存在很大差距，一方面，农村教育、卫生等方面硬件建设起点较低，起步较晚，在南疆 4 个地（州）贫困地区，都是脱贫攻坚战开始后才加大了建设投入力度，整体提高程度较小。另一方面，软件建设差距更大，农村人力资源数量少，质量依然较差，城乡人口受教育水平、城乡医疗人力资源配置差距有所扩大，最终制约了城乡基本公共服务均等化程度的提高。

## （四）高质量教育体系建设存在差距

### 1. 乡村教师队伍素质有待提高

由于城市学校教学设施、社会环境、进修学习、个人发展、工资收入及住房等方面都优于农村学校，优秀教师主要聚集在城市，特级教师更是如此。而由于农村经济不发达、社会环境差、办学条件不好，师范院校毕业生不愿在农村任教，师资总体素质不高，队伍不稳定。

### 2. 农村教育供给结构不合理

农村教育供给结构不合理，主要体现在供给种类单一，供给主体错位，职业教育、成人教育发展滞后。这样的教育结构比率严重制约了各层次农村教育的均衡发展。

### 3. 高素质农牧民教育培育面临困境与问题

首先是难以满足培训需求。例如对农牧民进行国家通用语言文字的学习与培训，目的是提升其与外界交流的能力。但由于学习的时间为农闲或夜间，学生的积极主动性和学习效果并不明显，那么在择业过程中，就出现国家通用语言水平较低而无法胜任工作岗位的情况。第二是缺乏丰富的培训内容和方式。不能满足实际生产的需要、不贴合农牧民实际需求。实践指导老师的专业技能、实践经验方面还存在一定的缺陷。第三缺乏完善的管理服务机制。各地在不同的层级和区域的认定标准存在差异，认定证书的通用性不足也会导致高素质农民学习成果的专业性和权威性大打折扣，成绩评价和监督机制不健全。培训后续服务缺乏，导致培育效果受很大影响①。

## （五）医疗卫生供给与服务水平不均衡

乡村医生在数量上达到标准，但质量上还有待提升。农村医务人员的学历水平与城

---

① 孙若风，宋晓龙，王冰，等. 中国乡村振兴发展报告（2021 年）［M］. 北京：社会科学文献出版社，2022：100-110.

市有较大差距，在农村卫生机构工作人员中，中专学历者占总体比重较高，本科及本科以上学历者较少，中专学历的工作人员在校学习的大多是农村医学、预防医学、西医士等专业，此类专业在技术上具有严格的应用范围，内容较为初级，很难应对基层公共卫生工作逐年扩大项目范围的新形势，难以提供高质量基本公共卫生服务。大部分村卫生室设备配备仅能满足国家卫生健康委《村卫生室标准化建设标准》的最低标准，由于农村医疗机构通常只能进行最基础的疾病诊断和护理，基础化医疗设备很少能够投入治疗之中，医疗设备的闲置一方面导致了医疗资源的浪费，另一方面也陷入了一种仪器无专业操作人员的恶性循环中。村卫生室承担三级医疗预防保健网中最基础的基本公共卫生服务工作，城市与乡村的医疗资源配置和资源利用情况存在明显的不均衡现象，直接导致了城乡提供基本公共服务水平的不均衡。

## 四、新疆农牧民收入增长与民生保障发展建议

### （一）多举措提升农牧民收入

#### 1. 农牧民职业化

继续推进分工分业，加快农村劳动力转移。提升第一产业劳动力从业者的人力资本，达到"有文化、懂科技、善经营、会管理"的要求。使从业者由普通农牧民成长为具有人力资本的职业化农牧民，具有爱农情怀、工匠精神、创新意识、社会责任感4项基本素质[①]。

#### 2. 优化农牧民收入结构

直接提升农业效益、增加经营性收入。改良农产品品种、提高农牧民种养殖技能，增加农牧民农业生产收入来源。促进农牧民充分就业。保障农牧民财产权益，增加财产性收入。加大对农牧民直接补贴力度，完善农业服务补贴政策、重要农产品生产者补贴制度、农业生态补偿制度，让农牧民有稳定的收入预期。

#### 3. 提高农牧民文化技能素质，激活增收内在动力

新农村建设的主体因素是农牧民自身的素质，农牧民的科学文化水平是影响农业发展效益、农村农牧民就业水平的直接因素。科教兴农是中国所特有的政策，政府应加大对农村基础教育、生产技能培训的扶持力度，鼓励农牧民转变落后观念，提高农业生产的科技含量，掌握市场信息，提高市场竞争力。各地农专院校、职业技术学校等应该成为各级政府教育投资的主要方向，要通过经常性、系统化培训，使农牧民有知识，懂技

---

① 孙若风，宋晓龙，王冰，等. 中国乡村振兴发展报告（2021年）［M］. 北京：社会科学文献出版社，2022：100－110.

术，提高各级乡村干部的管理能力，从整体上提高农村发展的内在动力。可通过项目扶持、职称评定等制度创新和政策，以政府补贴、财政支持等方式，吸引广大农牧民投入现代农业中去。通过技术培训，提高劳动力素质，实现农业剩余劳动力可持续再生产，增加农牧民收入厚植潜力。

## （二）加大就业帮扶力度，加强就业创业服务

大力发展经济营造就业环境，创造就业机遇。加快产业升级，促进一二三产业融合发展。全面推进产业升级，对传统产业进行升级优化，不断增强企业的生命力和竞争力。延长企业生命周期，让更多的企业为农村就业帮扶提供稳定的就业岗位。加快农村一二三产业融合发展，只有产业发展，才能提供充足的就业岗位。做好特色农业产业规划，重点发展有前景、有基础、有竞争的产业，深入打造形成产业集群，提供较多就业岗位。加快农业产业园、现代农业核心示范区、农民工创业示范园及特色小镇建设，以园区小镇为平台，纵向上不断延伸产业链，让深加工、包装、电商、物流等环节深入农村地区，增加就业岗位，为农村剩余劳动力在乡村就近就业提供可能。横向拓展农业功能，推进农旅文融合，大力发展农家乐、少数民族风情演艺、乡村民宿、农事体验、农村休闲观光和农村传统农耕博物馆等新业态，让村民群众就地就业。充分挖掘农业内部就业潜力，鼓励引导农业企业、农民专业合作社、种养大户、家庭农场、村级集体经济等各类生产经营主体吸纳农村劳动力就业。

加强就业创业服务，完善平台载体，不断提升就业服务水平。大力开展线上线下就业服务。因地制宜，积极开展特色专场招聘会，为农村劳动力提供就业岗位。采取线上与线下相结合的方式展开就业宣传，营造良好的就业氛围。完善村级公共服务平台，加快出台加强村级劳务输出工作站建设方案，进一步建立完善行政村劳务输出工作站，为乡村劳动能力人员提供就业平台。对于吸纳劳动力较多的企业，给予经费扶持或奖励。对建成的劳务输出工作站要充分利用好，实现就业意愿和招聘需求有效对接，让村民群众在家门口就能了解就业信息。

## （三）完善社会保障体系，提升保障水平

加快社会保障制度完善进程是新农村建设的时代需求，对于改善和保障民生有重要作用。应当根据各地的具体情况、具体问题具体分析，发掘当地的优势、有限资源，探索寻求有特色的农村经济发展道路。如推进城乡居民养老统筹的一体化，缩小城乡差距居民养老待遇差距。缩小城乡养老保险给付差距，促进制度完善。新型农村养老保险与城镇职工基本养老保险进行更深入的整合，结束养老保险的"双轨制"，促进养老保险的城乡一体化。再如对于失地人口、个体户和其他自由职业者等，可以适当降低城市社会保障制度门槛，吸纳这部分人群主动参与到养老保险体系，并允许其根据自身经济条件决定缴纳的金额，允许自主选择参加新农村型养老保险或者城镇职工养老保险，让制度更加人性化。

### （四）加强教育事业的发展力度

#### 1. 在教学资源方面

政府加大教育财政投入，缓解农村教育办学经费不足的问题。加强对乡村教育基础设施的供给，配备符合教育现代化水平的软硬件设备，不只是上课的教室，还包括生活区等各方面的改善，缩小农村学生与城市学生学习环境的差距。充分发挥社会力量，吸引社会各界对乡村教育进行投资，通过税收优惠政策，鼓励企业和社会各界参与乡村教育建设。

#### 2. 在教师方面

在招聘乡村教师过程中，注意考察教师对发展乡村教育的认同感，严格执行教师招聘流程，确保教师基本素质。注重对教师的培训教育，提高教学专业技能，引导教师建立职业生涯自我规划，给予他们充分发挥才能的机会。提高乡村教师工资待遇水平，建立合理的教师生活津贴制度。对在困难地区工作的外地教师，可以发放交通补贴等进行心理激励，让教师感受到学校的温暖和关爱，并逐渐产生强烈的情感效果，使他们全身心投入乡村教育建设之中。

### （五）提升医疗卫生事业的服务水平

#### 1. 加强基层卫生人才队伍建设

首先，建立一支素质高、技术过硬的基层专业人才队伍是提升新疆基本公共卫生服务水平的关键因素。卫生行政部门应该采取相应措施鼓励专业人才到基层服务，如与医院的住院医师规范化培训（简称住陪）工作相结合，住培医师需要完成规定时长的基层服务工作，切实丰富基层专业人才队伍；也可与大专院校达成合作，为毕业生打通基层工作渠道，吸引大专医学院校毕业生到基层参与到基本公共卫生服务中来。同时，为了留住人才，要从政策入手，对基层卫生机构编制进行合理化核定，避免空编、编制配备不合理等问题，也可以将乡（镇）卫生院的乡村医生纳入编制管理，既能进一步实现医疗机构的规范化管理，又能吸引专业人才加入基本公共卫生服务队伍中来。其次，政府应该将建立基本公共卫生服务专业团队作为工作重点，参与人员包含全科医师、临床医师、公共卫生医师，也应包含护理人员、医疗技术人员和后勤保障人员，负责基本公共卫生服务项目，包含内容的实施、管理与研究，团队服务范围涵盖所有区域，以专业团队的形式开展基本公共卫生服务，提升服务质量与服务效率。

#### 2. 推进基本公共卫生服务城乡均等化

为确保农村医疗机构的服务水平，使农民能够享受公平的基本公共卫生服务，就需要完善农村基本公共卫生服务的管理和投入机制。完善基本公共卫生体系的关键在于人才,应该进一步明确农村卫生机构专业技术人员的职能分工,健全职称晋升体系和创新机制,建立人才引进机制,开展定向培养计划,政府牵头鼓励专业人员同农村卫生机构签订定向培养计划,使专业人才到农村服务。同时保障人员经费,提升专业技术人员收入水平,通过以奖代补与补助相结合的方式调动积极性,吸引优秀医疗人才加入振兴农村基本公共卫生服务的事业中来。通过城乡资源整合的方式进一步推进分级诊疗模式,明确各层级医疗机构的职责,赋予基层更多的权力,促进优质医疗资源下沉到基层,成立医联体,打破公立医院、民办医院、乡村卫生机构三级卫生服务网络之间的界限,将竞争关系转化为合作共赢关系。从财政制度上向农村卫生机构倾斜,运用政府主导和市场机制相结合的手段打破医疗机构内部的封闭性,一定程度上减少市民盲目就医的情况,缓解公立医院的医疗资源压力,促进城乡基本公共卫生服务的协同发展。

**参考文献:**

刘楚杰,江文曲,2020.乡村振兴战略下农村人力资本对农民收入增长的影响路径研究 [J]. 新疆农垦经济 (11):12-21.

刘欢,向运华,2022.基于共同富裕的社会保障体系改革:内在机理、存在问题及实践路径 [J]. 社会保障研究 (04):45-59.

史慧,2022.乡村振兴视角下完善农村社会保障体系的现实意义 [J]. 农业经济 (11):85-87.

新疆维吾尔自治区党委办公厅,新疆维吾尔自治区人民政府办公厅,2022.自治区党委办公厅自治区人民政府办公厅印发 关于促进农民大幅增收的指导意见 [N]. 新疆日报,12-03 (6).

新疆维吾尔自治区人民政府,2022.2021年新疆维吾尔自治区政府工作报告 [R/OL]. (2022-02-07) [2023-05-08]. http://www.xinjiang.gov.cn/xinjiang/xjzfgzbg/202202/454f514c7f88470c9fb9e0683194fa7b.shtml.

新疆维吾尔自治区统计局,2022.2021年新疆统计年鉴 [EB/OL]. (2022-03-01) [2023-05-08]. http://tjj.xinjiang.gov.cn/tjj/zhhvgh/list_nj1.shtml.

# 4

# 案例报告

# 温泉县创建全国休闲农业
# 重点县的经验与做法

额尔代①

## 摘 要

温泉县地处新疆西北边陲、亚欧大陆腹地、准噶尔盆地西缘，三面环山，因境内有数处著名的温泉而得名。距自治区首府乌鲁木齐市 630 千米，距阿拉山口口岸 169 千米，距霍尔果斯口岸 170 千米。与哈萨克斯坦共和国接壤，是一个以农为主、农牧结合的边境县。2022 年温泉县依托相对丰富的休闲农业资源优势和旅游业发展优势，通过出台优惠政策、开发特色旅游产品、强化旅游宣传推介、扶持壮大休闲观光农业、提高综合服务水平等做法加快休闲旅游发展。通过综合施策，休闲旅游基础设施建设得到进一步改善，旅游县城功能得到进一步完善，休闲农业市场主体蓬勃发展，旅游产品体系日益丰富。在"十四五"发展阶段，温泉县将依托创建全国休闲农业重点县建设工作，全面巩固休闲农业发展的农牧业产业化基础、乡村振兴基础和休闲旅游融合发展基础，以进一步提升旅游强县发展水平。

## 关键词

温泉县；休闲农业；重点县

温泉县地处新疆西北边陲、亚欧大陆腹地、准噶尔盆地西缘，三面环山，因境内有数处著名的温泉而得名。距自治区首府乌鲁木齐市 630 千米，距阿拉山口口岸 169 千米，距霍尔果斯口岸 170 千米。与哈萨克斯坦共和国接壤，是一个以农为主、农牧结合的边境县。全县总面积 5 881 平方千米，总人口 7.25 万人（少数民族 2.202 9 万人，农村人口 5.047 1 万人），生活着蒙古族、汉族、哈萨克族、维吾尔族等 24 个民族。辖 3

---

① 额尔代，温泉县农业农村局中级农艺师。

镇、2 乡、2 场，境内驻有兵团第五师所属 87、88 两个团场。县境三面环山，中间呈喇叭状谷地平原，博尔塔拉河、鄂托克赛尔河东西横贯境内。县境平原及低丘陵地区具有光热资源丰富、冬暖夏凉、四季不分明的特点，属大陆性半干旱温凉气候，年均降水量为 204 毫米，无霜期 141～166 天，年平均气温 3.6℃。宜人的气候、优美的环境、悠久的历史、自然的造化创造了温泉县旅游、避暑的优势，境内有国家级风景名胜区 AAA 级旅游区——圣泉景区，国家 AA 级景区——阿敦确鲁母亲石景区、鄂托克赛尔天泉景区，而且是中国濒危动物新疆北鲵的故乡。温泉县生态资源丰富，是休闲农业、乡村旅游开发的好地方，成为新疆初具规模的投资、旅游、观光、疗养、避暑胜地。温泉县是"自治区旅游强县""全域旅游示范区""中国避暑胜地""国家卫生县城""自治区休闲农业示范县""自治区平安县""自治区最佳卫生县城""全国粮食生产大县"。

## 一、创建全国休闲农业重点县实施背景

为贯彻落实 2021 年中央 1 号文件、自治区党委 1 号文件和国务院《关于促进乡村产业振兴的指导意见》（国发〔2019〕12 号）精神，根据农业农村部《关于开展全国休闲农业重点县建设的通知》（新农办产〔2021〕61 号）文件精神，紧紧围绕发挥乡村多种功能，丰富乡村产业业态、拓展农民就业空间、增加农民致富渠道，以农耕文化为魂、以田园风光为韵、以村落民宅为形、以绿色农业为基、以创新创意为径，彰显"土气"、回味"老气"、焕发"生气"、融入"朝气"，争取建设"全国休闲农业重点县"，形成体制机制创新、政策集成创设、资源要素激活、联农带农紧密的休闲农业创业福地、产业高地、生态绿地、休闲旅游打卡地。践行"绿水青山就是金山银山"的发展理念，推动生产生活生态协调发展，促进宜居宜业乡村建设，利用特色农业、绿水青山、田园风光，挖掘农耕文化、民俗风情、传统工艺，发展农（牧）家乐、乡村民宿、休闲农庄、休闲农业聚集村和休闲旅游精品线路等，为城乡居民提供休闲旅游好去处。

第一，在国家层面：国务院出台《关于加快发展旅游业的意见》，确立了把旅游业培育成为国民经济的战略性支柱产业和人民群众更加满意的现代服务业的战略定位，提出要制定国民旅游休闲纲要，促进区域旅游协调发展，支持有条件的地区发展生态旅游、森林旅游、医疗健康旅游等，为旅游业发展提供了强有力的政策支撑，必将对旅游业发展起到巨大的推动作用。湖北省按照中央决策部署，进一步加强对口支援工作，特别安排以旅游产业见长的宜昌市和咸宁市对口援温，并决定启动温泉县旅游业发展控制性详细规划编制。

第二，在自治区层面：自治区党委会议提出把"稳疆兴疆、富民固边"作为实现新疆跨越式发展和长治久安的总体战略方向，在加速经济跨越发展的举措中，指出要通过发展旅游业带动餐饮、宾馆、物流、商业、文化、休闲等相关产业，真正把新疆的旅游业做大做强，并开发具有中国地域特色和新疆民族特点的旅游品牌与项目，使旅游业成为新疆调结构、促就业、惠民生的支柱产业。还强调要重点支持一批成长性好的县城按照高标准的小城市进行规划建设，并立足辐射带动农村经济，打造一批文化旅游名镇。

大力支持温泉县旅游业发展，授予温泉县"自治区旅游强县"称号，并纳入新疆"五区三线"旅游空间布局之中，进一步加大赛里木湖等景区旅游资源的整合力度。

第三，在自治州层面：明确提出在发展第三产业、加快推进新型城镇化方面，坚持把旅游业作为重点，以赛里木湖风景名胜区、温泉县生态旅游区为龙头，着力打造集休闲观光、民俗风情、生态科教、边境旅游购物等为一体的中高端旅游目的地，通过发展旅游业带动餐饮、宾馆、物流、商业、文化、休闲等相关产业的发展。

第四，在温泉县自身发展层面：县党委、县人民政府着力将旅游业作为支柱产业加以培育，加快旅游产业规划、开发和建设，在旅游发展规划、扶持政策、经费保障、人员配备、机构设置等方面给予大力支持，"旅游强县"战略深入推进。随着旅游业在调整经济结构、转变经济发展方式，促进第三产业发展以及保就业、保民生等方面的作用日益显现，城乡居民对县内旅游业实现跨越式发展的期望日益增长，并以此举办"农（牧）家乐"、休闲观光农业等特色旅游，从事餐饮旅游、个体商贸、手工艺品制作等服务业的参与意识和积极性日益增强。"十三五"期间举全县之力打造旅游支柱产业，不断释放稳定红利，引领一条增收致富路。

## 二、创建全国休闲农业重点县资源优势分析

作为博尔塔拉蒙古自治州的生态区、旅游区和农牧业经济区，温泉县开展创建全国休闲农业和乡村旅游示范县工作资源优势明显。乡村旅游资源丰富多样且特色鲜明，既有地方文化特色的人文景观，又有雄奇秀丽的自然生态景观，自然景观从冰川、雪山、山地、森林、戈壁、草原、绿洲、湿地、河谷等一应俱全，大多都保持了原生态，处于待开发状态。同时，县城与景区合一，众多优质资源分布在县城周边。

一是乡村地热资源丰富神奇。温泉县是全国唯一以温泉命名的县，已初步开发利用的温泉有3处，即：博格达尔温泉、鄂托克赛尔温泉、阿尔夏提温泉，分别被誉为"圣泉""天泉""仙泉"。泉水含有碘、硫、磷等多种矿物质，水质润滑，水温均在42℃至61℃之间，能治多种皮肤病，经常沐浴对关节炎、气管炎、高血压、胃病、眼病及妇女不孕等有疗效，每年吸引着大量的疗养度假者。

二是乡村自然景观奇特秀丽。县内生态环境保护较好，有迤逦迷人的河谷风光，独特的湿地资源，花秀草茂的草原美景，从海拔3 000米的冰川活动遗迹到蜿蜒流淌的博尔塔拉河谷次生林地，博大、宽广、壮观的景观处处可见。拥有博尔塔拉河国家湿地公园、博尔塔拉国家森林公园、新疆北鲵科研宣教中心等一批国家级公园和科研中心。

三是乡村民俗风情浓郁。温泉县生活着蒙古族、汉族、哈萨克族、维吾尔族等24个民族，在漫长的历史发展过程中各民族相互学习、取长补短，形成具有鲜明特色的文化艺术和风土人情。无论生活方式、服饰饮食、婚丧习俗、宗教信仰、音乐歌舞、节庆活动等，都具有鲜明的民族特色。温泉县更是西迁察哈尔蒙古人的故乡，戍边文化、生态草原文化得到传承和发展，保持着较好的原生状态，"蒙古族民歌短

调"已被列入新疆非物质文化遗产目录。

四是人文古迹蕴涵深厚。县内现存文物古迹 259 处，有国家重点文物保护单位 2 处，自治区级文物保护单位 17 处，是新疆文物古迹最多的县之一。积福寺、母亲石、阿尔夏提石人墓在新疆更是闻名遐迩。阿敦乔鲁遗址入选 2012 年中国十大考古新发现，呼斯塔遗址入围 2018 年全国十大考古新发现。以与恐龙同处一个年代、距今约 3.5 亿年的活化石——新疆北鲵最为著称，被列入国际自然资源保护联盟红皮书。

五是休闲农业资源丰富。温泉县是一个以农为主、农牧结合的边境县，全县耕地面积 56.59 万亩，草场面积 619 万亩，森林面积 55.1 万亩。温泉县农耕文化、田园风光、村落民宅、绿色农业等形成了丰富多彩的休闲农业资源体系。温泉县立足水土光热条件，着力打造有机绿色粮油（玉米）、畜禽、冷水鱼、食葵生产基地，积极发展食用菌、食葵、糯玉米、豆制品、酿酒等特色产业，已通过绿色、有机认证农产品 12 个，其中有机产品 11 个，绿色食品 1 个。

六是城镇环境优美。县城所在地依山傍水、空气清新、冬暖夏凉、气候宜人。俗话说，山环水抱必有气。温泉县从建筑外形、园林绿化、道路、照明及街区景观设计上体现不同的特色，县城整体建筑体现了一种异域风情，彰显"城景合一"特色。依偎于博尔塔拉河旁的大片湿地，是县城天然的大花园，是县城和景区的"绿肺"。县城气候宜人，环境优美，是宜居宜业的休闲旅游小镇。

七是区位地缘优势显著。温泉县东依州首府博乐市，南邻国家级名胜景区赛里木湖，与周边景区景点形成较强的协作、互补优势。特别是随着新疆将乌鲁木齐市打造为我国西部地区辐射西亚和中亚的区域中心城市，推进天山北坡经济带建设、加快阿拉山口和霍尔果斯口岸发展、抓好霍尔果斯经济开发区发展战略的实施，温泉县交通便利、毗邻两大口岸的区位效应、"后花园"效应将更加明显。

## 三、休闲旅游发展主要做法

近年来，温泉县出台优惠政策，大力开发特色旅游产品，强化旅游宣传推介，提高综合服务水平，为温泉县休闲农业与乡村旅游的发展注入了新的动力。

### （一）出台优惠政策，促进旅游产业发展

一是坚持政府主导型的旅游业发展战略，成立温泉县旅游产业发展领导小组，充分发挥温泉县旅游产业发展资金作用，重点解决旅游宣传促销、组织旅游活动、编制旅游规划、实施旅游奖励、组织人员培训等问题。

二是坚持规划先行，推动项目建设。完成国家旅游度假区控制性详细规划及可研文本的编制、申报工作。

三是出台《温泉县旅游业发展实施意见》《温泉县旅游业招商引资优惠政策》《温泉县旅游业管理办法》等文件，在旅游建设用地、投资酒店、家庭宾馆、旅游商品开发、星级争创、旅游企业对外宣传等方面完善激励机制，培育旅游服务组织，促进旅游业

发展。

## (二)充分发挥资源优势，大力开发特色旅游产品

温泉县加大对重点景区的开发建设，打造旅游精品线路，努力形成旅游品牌。依托生态、自然和人文资源，重点对5个区域（以戍边历史、休闲度假为主的圣泉景区，以医疗养生为主的天泉景区，探寻古文化遗址的阿墩乔鲁遗址公园，集徒步、漂流于一体的阿尔夏提景区，突出浓郁民俗、民风的扎勒木特乡乡村旅游）加大开发建设。打造一日游、两日游精品旅游线路，推出戍边文化一日游、阿日夏提草原逍遥一日游、天泉景区生态养生一日游、阿墩乔鲁遗址公园神秘科考一日游等精品旅游线路。做好全县符合条件村镇申创特色村寨、美丽乡村等项目工作，以新疆旅游示范乡扎勒木特乡为示范，发展卡伦文化乡村特色旅游，推出民俗风情一日游线路。

## (三)强化旅游宣传推介，大力拓展旅游客源市场

一是积极组织旅游企业参加新疆内外各类旅游推介会、旅游博览会、旅游商品大赛等活动，借助会展平台，宣传推介温泉县旅游品牌。与旅行社加强合作，抓好旅游线路推介。加强与其他地（州）、县（市）的合作，在景区景点的有效串联、区域联动、区域游客互送上出台激励办法并取得实效。

二是文化引领，提升旅游内涵。整合文物遗址、非物质文化遗产、民俗文化、传统体育项目、乌兰牧骑精品文化节目等要素，融入旅游线路，形成特色娱乐和体验活动，实现固定平台展示，将文化历史与旅游产业结合起来。

三是以节促游，办好各类节庆活动。办好冬春旅游、环湖赛和"香紫苏"节等活动，利用承办的各类活动、会议，展示生态文化、戍边文化、非遗民俗，加强旅游宣传和推介。

四是重视旅游整体形象的包装和宣传。制定旅游宣传规划，完善旅游宣传促销手段，做好旅游宣传册编制工作，在做好常规宣传的同时，充分利用歌曲、微博、微信、微视频等网络媒介扩大宣传，增强旅游宣传实效。

## (四)扶持壮大休闲观光农业

建立农、畜、禽、蛋、奶种养殖产业链，充分利用博尔塔拉蒙古自治州口岸进出口贸易和旅游消费品市场，扩充温泉县特色农畜等农产品的市场份额。通过温泉县精品游、温泉县休闲观光游，建设以"春赏花""夏纳凉""秋采摘""冬农趣"为主题的"农业＋旅游"精品路线，引领休闲农业和乡村旅游走"高端、精品、特色"高质量发展道路。积极引导休闲农业和乡村旅游创意精品开发，鼓励支持将特色农副加工产品开发设计成为旅游商品，推动名优特及精深加工产品进机场、进景区、进列车、进宾馆、进网店。

### （五）加强冰雪资源利用，做好淡季旅游

通过淡季旅游宣传、冬季冰雪资源开发、旅游活动的常态和市场价格引导等措施，吸引游客来温泉县旅游。结合以"爱新疆·游家乡——新疆第一泉，温泉清肺养生冰雪游"为主题的冬季旅游活动，推出"滑冰雪、泡温泉"优惠活动，开办雪地摩托、马拉爬犁、陀螺竞赛、滑雪圈赛等项目活动，促进温泉县冬季旅游业有序发展。

### （六）强化旅游管理，提高综合服务水平

一是建立健全旅游市场综合治理机制，统一协调处理旅游市场综合整治中的重大问题；加大旅游执法监管力度，强化旅游安全管理。

二是加强对景区环境卫生、服务管理等方面的日常督查，加大对星级宾馆、家庭宾馆、农牧家乐的检查指导，做好农牧家乐服务质量等专项整治工作，规范旅游市场秩序。

三是加强旅游队伍建设。引进旅游管理专业人才，建立一支由稳定、专业的核心导游和覆盖面广的解说员组成的队伍，规范导游解说，形成团队运作。加大对旅游从业人员的培训，不断提升服务质量。

## 四、取得的成效

近年来，温泉县内乡村旅游基础设施明显改善，旅游服务质量不断提高，旅游市场主体蓬勃发展，旅游产品日益丰富，产业规模逐步扩大，服务接待能力明显增强，已成为全县国民经济最具发展潜力和市场前景的优势产业之一。

### （一）休闲旅游基础设施得到进一步加强

加快国家旅游度假区创建工作，积极争取自治区、州旅游发展基金的支持，整合力量，加大对旅游基础设施的投入。进一步夯实旅游基础设施建设，投资 40 亿元，实施旅游项目 181 个。进行民俗运动场、26 个旅游厕所、G219 进城段绿化、湿地景观提升、河谷林休闲步道、小温泉景区供电、孟克特街改造、湿地保护与修复提质改造、圣泉景区建设项目—道路建设工程、生态休闲停车场建设、木栈道景观、河谷林建设、博格达山历史文化浮雕工程等一系列生态和景观融合建设工程。温泉县通用机场各项前期工作进展顺利。配合自治州启动鄂托克赛尔景区建设。

### （二）旅游县城功能得到进一步完善

温泉水引入县城为招商引资打下坚实基础，3 000 亩苹果采摘园、央企中林集团参股赛湖渔业、酒店民宿、电影院等一批项目落地。温泉县完成第二批国家全域旅游示范区创建，扎勒木特乡博格达尔村被评为第三批中国少数民族特色村寨、第二批全国乡村旅游重点村。"浴"文化展现活力温泉，多"馆"齐下迸发魅力温泉，流光溢彩"秀"

出童话温泉，低空飞行饱览"醉"美温泉，有效拉长游客在温泉县的时间，旅游产业呈现"业态丰富、要素健全"可喜局面。环赛里木湖自行车赛、新疆青少年篮球赛、河谷林半程马拉松、香紫苏文化旅游节等系列活动常态化开展，芒果 TV 频道《野生厨房》聚焦温泉，关注度超 1 亿人次。"十三五"期间累计接待游客 792.17 万人次、旅游总消费 91.9 亿元，分别是"十二五"期间的 3.32 倍、28.7 倍。

### （三）休闲农业市场主体蓬勃发展

近年来，在县委、县人民政府的高度重视下，温泉县休闲农业、乡村旅游发展较快，已建成具有一定规模的休闲农业与乡村旅游点 84 家，其中农牧家乐 58 家（星级 41 家），休闲农庄 5 个，休闲农园 5 个，民宿 16 个（其中自治区级休闲观光农业示范点 4 家，自治州级休闲观光农业示范点 3 家），酒店 14 家（星级酒店 5 家），旅游商品生产企业 5 家，乡村旅游重点村 2 个。全县休闲农业与乡村旅游点共接待游客 100 万人次，实现收入 5 000 万元，从事农牧家乐经营的农牧民已达 1 345 人。冷水鱼基地被评为新疆高新技术企业。察哈尔庄园、绿香园度假村、绿多多牧家乐 3 家农牧家乐被评为"三星级"自治区级农牧家乐。建立最佳旅游乡（镇）2 个——扎勒木特乡、哈日布呼镇。随着康养温泉、冰雪温泉、卡伦文化网红村、精品民宿等新业态的活力注入，温泉县乡村旅游呈现出多元化、综合化、精品化的发展趋势，已逐步发展成为带动农牧民持续增收的"富民工程"和旅游产业转型升级的主要推力。

### （四）旅游产品体系日益丰富

加大旅游产品开发力度。依托绿色畜牧、有机农副产品、火山泥、书籍、歌碟、民族手工艺品等，按照市场导向和消费需求，建立旅游纪念品研发中心、生产基地和销售体系，加大政府扶持力度，培植和扶持龙头企业，研制开发具有温泉地域文化特色、技术含量高、携带方便的系列旅游商品，统一旅游产品标识，打造"温泉礼物"。实施"名菜""名店""名厨"工程，通过举办美食赛、烹饪大赛等方式，不断引导和挖掘绿色美食，推广温泉县地方特色佳肴。建立奖励机制，打造有特色的餐饮街区。"十三五"期间入选"博州礼物"特色旅游商品 35 个，其中 6 个入选"新疆礼物"。

## 五、促进休闲旅游发展的建议

### （一）着力打造旅游度假休闲康养小镇

温泉县依托极佳的生态和气候条件，围绕温泉康养、中医康养、蒙医康养、运动康养、休闲康养等业态，将康养产业作为战略性支柱产业进行科学规划，全力推进。

一是加强规划引领，积极创建国家康养旅游度假区。积极对接知名专家团队充实至专家库、智库，帮助温泉县科学谋划康养产业发展格局、重点任务、阶段任务，加快补齐具有温泉特色康养产品培育与开发、康养服务住宿接待设施、康养知名度与品牌打造等方面短板，加速推动温泉康养产业发展。

二是围绕"康养＋"推进产业深度融合。围绕"康养＋温泉"，招引温泉康养酒店，开发温泉室外体验业态等，用足用好优势资源。围绕"康养＋文旅"，依托全域旅游示范区，在圣泉核心区、哈夏林场、天泉方向打造一批综合性、区域性不同形态的康养旅游精品体验地。围绕"康养＋运动"，完善河谷森林、湿地、体育基础设施建设，举办、承办、申办相关户外运动赛事。围绕"康养＋医疗"，依托县蒙医院，建立集医疗、康复、治胃病、体检、养生五位一体的诊疗及健康服务医养体系。围绕"康养＋农业"，依靠香紫苏、蜜脆苹果、黑小麦、冷水鱼等建设特色农产品生产加工基地和田园综合体，完成冷水鱼公园建设。围绕"康养＋社区"，在社区试点建设康养小屋，为居民提供签约医生、诊疗、查询服务，运用已建的智慧旅游平台，建设全县统一的康养大数据平台和信息服务平台。

三是从机构、政策、招商等方面加大保障力度。成立以县党委主要领导为组长的领导小组，从土地供应、功能配套、品牌推介、财政支持等方面给予保障。探索设立康养产业发展局，加强队伍建设，建立考核评价机制，压实责任，制定年度行动计划。

### （二）全力打造全域旅游品牌

温泉县立足温泉和新疆北鲵两种独特资源，突出优良生态，以"温泉浴"为亮点，以康养为核心，打响"养在温泉"的旅游品牌。快速推进精品景区建设，完成温泉县圣泉景区 5A 级旅游景区创建，启动温泉县国家级旅游度假区创建工作。对现有景区进一步配套完善相关的基础和服务设施。配套完善现有的圣泉、天泉、湿地河谷林、阿敦乔鲁等景区、景点基础设施，实现景区提质升级。开发建设察哈尔庄园民俗旅游接待区、田园旅游、博河风景廊道、滑雪场、温泉水康养项目，不断提升旅游新业态，增强游客参与感、体验感。依托自治州公路路网架构，将阿敦乔鲁、冷水鱼公园、圣泉、鄂托克赛尔、哈夏林场连接到全州的旅游干线当中，打造连接全州各精品旅游景区的闭环旅游线路，连点成线、串景成廊，形成旅游大环线。力争"十四五"末创建国家 AAAAA 级景区 1 个、AAAA 级景区 3 个、AAA 级景区 8 个，A 级景区总数达到 12 个。

### （三）加快特色乡村旅游发展

编制乡村旅游发展总体规划，发挥温泉县乡村民俗与生态农业优势，加快"旅游＋农业"的产业融入，以城乡一体化为抓手，解决城乡景观环境、生活设施、服务配套差异化，扶持壮大休闲观光农业，引领休闲农业和乡村旅游走"高端、精品、特色"高质量发展道路。建成 3 个以上的乡村旅游示范镇、村，3 个自治区级旅游特色镇、村，2 个全国农业旅游示范点；打造 16 个特色精品农牧家乐，重点培育五星级农牧家乐 2 家、四星级农牧家乐 5 家以上，星级农牧家乐达到 40 家以上。

### （四）深挖精品旅游产品

温泉县按照一城集散、两级联动、三轴支撑的旅游通道，以县城游客集散中心为集散地，发挥赛里木湖和温泉的联动优势，推出7条精品旅游线路。积极探索具备观光性、体验性、度假性和文化性等多重特性的冰雪游、温泉游、度假游高度融合的多元旅游发展模式，实现温泉四季旅游。引进1~2家有实力的企业开发具有温泉地域文化特色的系列旅游商品。用足用好国家优惠政策，因地制宜发展地方特色手工业、旅游产品加工业，积极发展托布秀尔、特色肉制品、乳制品产业。大力调整产品结构、丰富产品内容，进一步深化旅游与文化的结合。

### （五）加快推进温赛旅游一体化

抓住赛里木湖—温泉旅游度假区纳入天山廊道世界遗产旅游产业带的机遇，加快推进温赛旅游一体化，实现"游在赛湖""养在温泉"旅游产业联动发展。

一是探索建立跨区域、多层次综合协调机制。成立推进温赛区域旅游一体化协调小组，统一进行旅游项目开发及投融资管理，统一规划区域旅游基础设施和旅游生态环境保护，统一进行区域旅游市场开发和联合促销，统一进行区域旅游形象设计与塑造等。

二是统筹区域旅游发展规划。加强两地旅游规划衔接，深化细化温赛区域旅游一体化发展规划，确定两地旅游的发展定位和目标，合理安排旅游功能分区，实现区域旅游开发一体化和优势互补。

三是创新区域旅游产品与线路。以区域内旅游资源为基础，以历史文脉为背景，以区域交通为纽带，针对旅游市场特征，优化配置旅游资源，共同培育和打造一批特色鲜明、具有市场吸引力的新兴旅游业态与产品，积极开发一日游、二日游、多日游线路，形成规模效应，提升区域旅游核心竞争力。

四是实现区域旅游联合促销。制定区域旅游市场整体营销战略，使用统一的旅游促销主题、宣传口号、形象识别标志等，实现营销资源共享。通过共享品牌形象，共同策划旅游主题宣传，联合组团参加国内旅游展销博览会，共同推介旅游产品，共享市场，"互为目的地、互为客源地"，实现旅游客源空间拓展，降低区域内交易成本，共同提升"温赛"旅游产品知名度，增强市场竞争力。同时，共同组织节庆、比赛、演艺活动等形式多样的一体化系列旅游宣传营销活动，形成区域旅游促销合力。

### （六）提升旅游公共服务水平

温泉县出台招商等旅游产业发展优惠政策，积极引导民间资本、社会资本、金融资本等各类资本兴办旅游项目，推进项目投资多元化。打造温泉小镇购物、民俗美食、特色小吃一条街，吸引新疆内外的名小吃和知名快餐连锁机构落地。针对游客差异化的住宿需求，加快星级特色民俗旅游酒店、主题度假酒店和连锁经济型酒店的规划建设，培育旅游民宿、航空小镇、自驾游营地、健身中心、水世界综合体等多样化休闲、娱乐业态。力争到 2025 年全县酒店总数达到 27 家，全县旅游接待床位达到 5 600 张，旅行社总数达到 15 个。依托大中专院校及相关社会资源，逐步完善旅游人才培训体系，切实抓好旅游人才队伍建设。加大旅游信息服务体系建设力度，提高旅游信息化、智能化、便捷化水平。建立智慧旅游大数据中心，形成集交通、气象、治安、客流信息等为一体的综合信息服务平台。推进景区数字化建设，开发具备在线预订、网上支付、智能导游、电子讲解、实时信息推送、旅游投诉等功能的旅游应用程序。发展壮大旅游投资公司，培育壮大旅行社和导游队伍。优化旅游市场环境，加强旅游市场监管，全面提升文化旅游综合执法和旅游安全监管能力水平，加强文明旅游、诚信旅游宣传引导，打造良好旅游市场秩序。探索网站、微博、微信、微电影、手机应用程序等"五位一体"宣传营销模式。加强区域联合与合作，加强与新疆内知名旅游县（市）对接，着力打响"神山圣水 康养泉都"旅游品牌。

**参考文献：**

石鑫，2019. 自治区印发实施方案促进乡村旅游发展提质升级［EB/OL］.（2019 - 05 - 14）［2023 - 05 - 05］. http：//xczx. xinjiang. gov. cn/xjfp/fpzzqyw/201905/bed75b10fa3b4e19bdaa0bbb341f2bb9. shtml.

王思超，2022. 新疆十四部门联合出台措施促进旅游等行业恢复发展［EB/OL］.（2022 - 05 - 13）［2023 - 05 - 05］. http：//wlt. xinjiang. gov. cn/wlt/hydt/202205/0cc00e41f3e74cde81be7ed99d77da54. shtml.

温泉县发展和改革委员会，2021. 温泉县国民经济和社会发展第十四个五年规划和二〇三五年远景目标纲要［R/OL］.（2021 - 12 - 13）［2023 - 05 - 05］. http：//www. xjwq. gov. cn/info/1731/47960. htm.

# 以试点求突破 以示范促引领

## ——阿克苏市乡村治理体系建设的新格局

李传善 李文春 韩鹏①

摘 要

阿克苏市是阿克苏地区首府所在地，区位优势明显，是丝绸之路经济带向西开放的重要战略支点，文化底蕴厚重，独具地域特色的龟兹文化和多浪文化融合发展，自然资源富集，是全国"长绒棉之乡""瓜果之乡"。近年来，阿克苏市抓住全国乡村治理体系建设试点契机，建立健全乡村治理体制机制，发挥村民事务理事会的作用，从农村人居环境整治、矛盾纠纷调解等群众最关心、最头疼、最受益的问题入手，抓住健全乡村组织体系这个关键，有效发挥农村基层党组织的战斗堡垒作用，进一步规范小微权力，创新基层管理体制机制，整合优化乡村公共服务，健全乡村便民服务体系，推进平安乡村、法治乡村建设，持续深化农村改革，大力发展产业，积极推进农村公共基础设施建设，各族群众的获得感、幸福感显著提升。阿克苏市坚持以试点求突破，在试点中不断探索，同时注重发挥典型示范带动作用，形成了一批可复制、可推广的先进经验，构建了乡村治理体系建设新格局。

**关键词**

阿克苏；试点；示范；乡村治理

阿克苏市地处南疆中部、塔克拉玛干沙漠西北边缘、塔里木河上游，是新疆阿克苏

---

① 李传善，阿克苏社会科学研究所副所长；李文春，阿克苏社会科学研究所农村研究科科长；韩鹏，阿克苏地委政策研究室经济研究科科长。

地区 7 个县 2 个市政治、经济、文化中心，总面积 1.36 万平方千米，辖 3 个乡 3 个镇、5 个街道、6 个片区管委会，共有 116 个行政村、60 个社区，总人口 71 万人，由汉族、维吾尔族、回族、哈萨克族等 30 个民族组成，是一个多民族聚集地区。长期以来，基层党组织引领作用发挥不明显，农村集体经济底子薄、增收渠道窄，群众参与基层治理意识不强，村级管理不规范等问题，制约了阿克苏市农村改革发展稳定。近年来，阿克苏市抓住全国乡村治理体系建设试点契机，以健全党组织领导的自治、法治、德治相结合的乡村治理体系为目标，切实加强组织领导，强化统筹部署，有序推进乡村治理体系建设，乡村治理基础进一步夯实，治理成效逐步显现，为建设美丽宜居乡村、实现乡村振兴提供了坚强保障。

## 一、实施背景

党和国家历来高度重视"三农"工作，党的十八大以来，以习近平同志为核心的党中央坚持把解决好"三农"问题作为全党工作的重中之重。党的十九大报告中首次提出乡村振兴战略，2018 年中央 1 号文件对全面推进乡村振兴作出总体部署，提出"产业兴旺、生态宜居、乡风文明、治理有效、生活富裕"的总要求，其中，"治理有效"是推动乡村振兴的保障性因素和关键性环节，推进乡村振兴必须夯实乡村治理根基，建立健全党委领导、政府负责、社会协同、公众参与、法治保障、科技支撑的现代乡村社会治理体制，以自治增活力、以法治强保障、以德治扬正气，健全党组织领导的自治、法治、德治相结合的乡村治理体系，构建共建共治共享的社会治理格局，为实现乡村振兴创造善治环境。新疆地处祖国边陲，社会稳定形势严峻复杂，阿克苏地区经过几年的持续努力，地区社会大局持续稳定，经济发展大跨步前进，民生福祉大幅度提升，但影响改革发展稳定的风险隐患依然存在，迫切需要进一步提升基层治理水平和治理效能，以基层之治固社会稳定之基、以改革之力蓄经济发展之势，为乡村振兴夯实坚实基础。

## 二、基本做法

### （一）加强组织领导，强化责任落实

1. 加强统筹协调

阿克苏市市委、市人民政府始终把乡村治理工作摆在重要位置，坚持规划先行，将乡村治理体系建设纳入经济社会发展总体规划和乡村振兴战略规划，成立了阿克苏市乡村治理体系建设试点工作领导小组，研究制定了《阿克苏市乡村治理体系建设试点示范工作实施方案》。实行市委书记、市长"双组长"制，定期召开乡村治理工作专题会议，领导小组定期调度、听取工作汇报，及时总结推广建设试点中好经验、好做法，分析解决存在的问题，推动试点工作有序开展。

## 2. 强化目标考核

突出强基层、打基础，将乡村治理纳入乡（镇、街道）专项考核体系，创新实施乡村治理工作年度绩效目标考核，阿克苏地委、组织部、宣传部、政法委，阿克苏市农业农村局、乡村振兴局等牵头部门围绕乡村治理主要任务，制定具体考核办法，细化考核细则。坚持考在经常、多方印证将乡村治理考核指标得分情况融入乡（镇、街道）考核结果运用中，充分发挥考核"指挥棒"作用，推动乡村治理工作责任落到实处。

## 3. 形成工作合力

充分发挥各级干部、社会组织、志愿服务等各支队伍作用，将工作重心向基层转移、治理力量向基层聚集，持续提升乡村服务管理能力。有效发挥职能部门作用，整合各类涉农资金、落实乡村治理经费，足额保障村级运转经费、服务群众工作专项经费。积极宣传农民、组织农民、发动农民，最大程度激发农民参与乡村治理主动性，形成了乡村治理人人参与、治理成果人人共享的良好局面。

### （二）突出党建引领，夯实治理根基

#### 1. 夯实基层基础

持续强化党对乡村治理体系建设工作的领导，不断加强基层阵地建设，按照"五个好"党支部创建要求，着力规范组织生活制度、工作运行机制、决策议事机制、村民自治机制等9项制度，不断深化党组织标准化、规范化建设。严格落实"四议两公开""三务"公开制度，健全完善各类组织定期向党组织报告工作制度，推动基层党组织全面领导、统筹推进乡村各项事业，始终发挥党组织统揽全局、协调各方的作用。

#### 2. 选优配强干部队伍

坚持把政治标准摆在首位，严格落实村党组织书记组织部备案管理制、村干部市级联审制。全面优化村"两委"班子结构，选派国家干部担任村党组织书记，目前已选派240名优秀国家公职人员到村任职，其中54名干部任村党支部书记，依法依规选举产生熟悉村情、办事公道正派、在群众中威望高的人担任村委会主任，形成优势互补。选派带领群众致富有办法、生产经营有方法、发展产业有门路的党员、群众到行政村担任科技副职，进一步壮大村"两委"班子力量。深化"4+1"帮带工作机制，全面推行"访惠聚"驻村工作队、村（社区）干部联系帮带制度，村干部队伍整体素质明显提升。抓实村级后备干部"选育用管"各环节，建立并动态调整村级后备干部储备库，更新完善后备干部"一人一档"纪实手册，通过"一对一"师带徒的方式指导后备干部积极参与村级事务管理，加强村级后备干部培养，打造了一支数量充足、结构合理、素质优良的村级后备干部队伍，切实解决了基层村干部队伍后继乏人的问题。依托市委党校培训

主阵地，举办村干部能力素质提升班，通过党员远程教育站、农牧民夜校对村干部、农民党员开展经常性学习教育，不断提高基层党员干部理论素养和乡村治理工作能力。

### 3. 不断完善保障机制

严格落实"四个不摘"要求，党员干部结对帮扶脱贫户，巩固拓展脱贫攻坚成果与乡村振兴有效衔接。扎实推动整顿软弱涣散村党组织常态化、长效化，加大乡（镇）"五小"工程、干部周转房和村（社区）阵地建设力度，严格落实村"两委"班子成员报酬与绩效考核结果挂钩机制，积极推动优秀村干部录（聘）用国家干部工作，不断激发村干部投身村级事务的热情。

## （三）坚持群众主体，激发自治动力

### 1. 发挥群众监督作用

织密织牢责任、人员、信息、制度"四张网"，成立专项监督检查组，选优配强乡（镇、街道）纪检监察干部，配备村（社区）纪检委员、监察信息员，运用信息化、科技化手段，先行先试、探索建立"1234"群众工作举报机制（设立"一个中心"即损害群众利益专项整治中心；打造"两个品牌"即1234微信举报平台和12388举报热线；建立"三项机制"即首接责任机制、分级办理机制、回访问效机制；破解"四个难题"即基层群众举报损害自身利益问题成本高、不敢举报、不愿举报的难题）。部分基层组织压案不查、查而不结、执纪不严等"中梗阻"难题，损害群众利益专项整治散光走样、不聚焦的难题，在党风廉政建设和反腐败斗争中群众参与度不高的难题，将与群众利益息息相关的医疗卫生、食品药品安全、物业管理、财政补贴资金等11类29项内容列入举报平台板块内容，群众通过上传图片、编辑信息、语音留言等方式反映问题。"1234"举报中心成立以来，受理群众各类诉求问题1 200余件，办结反馈率98%以上，群众满意率100%，搭建了干部与群众之间的"连心桥"，打通基层群众监督的"最后一公里"。

### 2. 落实群众评价制度

以扩大有序参与、推进信息公开、加强议事协商、强化权力监督为重点，健全完善"一核两委一会"（"一核"即以党组织领导为核心；"两委"即村委会和村务监督委员会；"一会"即村民大会）决策机制，创新民事民议、民事民办、民事民管的有效形式，把建设村级事务阳光工程作为推动乡村治理的重要举措，深入开展民主评议党员，落细落实"四议两公开""三务"公开等制度。以村务"大事共议、实事共做、难事共解"为抓手，紧贴群众需求，严格审核、表决程序，发挥村务监督理事会、村务监督小组、民主理财小组等自治组织的监督作用，实现事前、事中、事后的全程监督。落实重大事项党支部引领、党员带头、群众共商机制，在编制村庄规划、人居环境整治、产业发展等关乎群众切身利益的重大问题上，由村民代表座谈会先集中讨论，再挨家挨户征求意见，充分保障群众的知情权、监督权。引导村民积极参与制定符合实际、科学合理、依法依规、共建共享、有效治理的村规民约，推动村级自主议事、自我管理，真正让群众的事群众自己说了算，不断提高村民自治的实效性。

### 3. 提升为民服务能力

推进"最多跑一次"政务服务改革向基层延伸，整合综治、民政和社保等部门功能，设立了集综合治理、市场监管、综合执法、公共服务等为一体的乡级为民服务中心6个，可直接在乡受理和办结的政务服务事项119项，其中审批服务50项、公共服务69项，有效提升了乡（镇）、村服务群众能力。搭建市、乡、村3级政务服务体系，确保基层有事办、能办事、办成事，各乡（镇）充分运用新疆政务服务一体化平台，不断提升网上办件能力，截至目前，基层网上办件达74 724件。

### （四）抓好依法治理，筑牢法治保障

#### 1. 深入开展"法治进乡村"教育活动

深入推进"八五"普法宣传，深入开展法律进乡村活动，引导干部群众尊法学法守法用法。建成市、乡、村3级公共法律服务中心（站、室），"12348"热线、网络平台全天候在线，覆盖城乡、便捷高效、均等普惠的现代公共法律服务体系日趋完善。大力开展民主法治示范村建设，积极构建文化长廊、法治文化墙、法治宣传栏等宣传阵地，组建125支农村释法宣讲队，积极组织开展法治文艺演出、法律知识讲座、以案释法等活动，将法治宣传融入乡村文化活动，用群众身边人身边事教育群众爱国守法，全民法治教育深入人心。

#### 2. 深入开展乡村法制创建活动

积极开展村级组织"星级化""平安法治星"创建，将"星级化"创建与年度普法教育相结合，大力宣传国家政策和法治知识，有效提升了农村法治化建设水平，全市98个村级组织获得"平安法治星"，乡村创建率达78％以上。依干其乡巴格其村被命名为首批"自治区民主法治示范村"。

#### 3. 持续加强平安乡村创建

以平安阿克苏市建设为统领，以"平安乡镇、平安村、平安家庭"等细胞创建为抓手，充分调动基层组织、农民群众主动参与社会治理创建活动的积极性，推动平安创建提档升级，拜什吐格曼乡、托普鲁克乡、喀拉塔勒镇先后创建为新疆"优秀平安乡镇"，全市平安乡（镇）、平安村、平安家庭创建率达95％以上。

### 4. 优化乡村矛调机制

持续发展新时代"枫桥经验"，积极探索矛盾多元化解新思路，整合警务室民警、"访惠聚"工作队、村干部、支教老师、法律顾问等各支力量，深入开展"民生大走访、矛盾大调处、隐患大整治"活动，畅通群众诉求表达、利益协调、权益保障渠道，让群众不出家门就解决了"烦心事、急难事、愁苦事"。成立市、乡、村三级群众工作指挥部，整合全市 24 小时公共服务热线电话，设置村情民意征集箱、信息线索举报箱，建立困难诉求"123"限时解决机制，确保服务群众"永不下线"。依托 6 个乡（镇）综治中心矛盾纠纷调解室，成立 122 个乡、村调解委员会，配强配齐 639 名人民调解员，利用好"枫桥经验"实践站、"石榴籽屋"、"枫桥屋"、"老张调解室"等调解平台，常态开展矛盾纠纷排查化解工作，切实让群众感受到了公平正义就在身边。

### 5. 推进"一村一法律顾问"

持续整合优化乡村公共法律服务工作站，选派专业知识过硬、服务水平高的法律工作者担任村法律顾问，定期到村开展法治宣传、法律咨询等活动，推动法律知识进村入户，让广大村民享受到更加便捷的法律服务。2019 年以来，受理各类法律援助 1 156 件、解答法律咨询 3 550 余次，从源头上预防和减少了农村违法犯罪问题的发生，有效促进了社会和谐稳定。

## （五）注重文化先导，弘扬德治正气

### 1. 加强思想道德建设

持续深化党的理论、方针、政策宣传教育，通过下派宣讲队、农牧民夜校、入户走访等方式，积极宣传宣讲习近平新时代中国特色社会主义思想以及党的十九大和十九届历次全会、第三次中央新疆工作座谈会等重要会议精神，推动党的创新理论走进千家万户。坚持教育引导、实践养成、制度保障三管齐下，把培育和践行社会主义核心价值观融入村规民约，使之成为群众日常工作生活的基本遵循。大力推进新时代文明实践中心（所、站）建设，用好"五大平台"，构建文明实践志愿服务工作体系，组建党员先锋、巾帼妇女和团员青年等志愿服务队伍，开展宣讲活动 286 场次、受教育群众 5.23 万余人次，打通了宣传服务群众"最后一公里"。

### 2. 实施乡风文明培养行动

不断加强乡风文明建设，推进"红白理事会"规范运行，推进移风易俗。大张旗鼓地宣传表彰"五好家庭"，倡导良好家风，为周围群众树立榜样，促使各家庭主动立家规、严家教、正家风。大力开展文明创建活动，目前全市创建自治区级"最美家庭"3 户、地区级 7 户、市级 45 户；评选出星级文明户 45 753 户、文明村 54 个、文明乡（镇）3 个。

### 3. 发挥道德模范引领作用

坚持选树典型，持续开展"爱在阿克苏"风尚人物评选活动，文明村镇、文明家庭、星级文明户等创建活动，最美家庭、最美邻里、身边好人、新时代好少年等选树活动，传播真善美，传递正能量。突出示范引领，大力宣传中央和新疆道德模范先进人物事迹，特别是近年来入选"中国好人榜"的阿克苏市喀拉塔勒镇红枣种植户曹晓飞、乌什县前进镇国家通用语言小学校长库尔班·尼亚孜、库车市消防救援站政治指导员李运飞，引导广大群众争当道德模范，在全社会营造了崇德向善、见贤思齐的良好氛围。

### 4. 加强乡村文化引领

强化乡村文化阵地建设，利用乡村现有办公场所，统一规划、统一建设，改造成新时代文明实践所、实践站，打造了一批村史馆、初心馆、文博馆。加强文化基础设施建设，配齐乐器、音响等娱乐设施和篮球、排球等体育器材，开展形式多样的文化活动2 440余场次。深入开展"我们的中国梦·文化进万家"系列活动，各村成立了15~30人的文艺队伍，送戏下乡106场次、送电影下乡1 204场次。

## （六）加快产业发展，夯实治理基础

### 1. 纵深推进农业农村改革

结合行政村经济发展基础和地理资源条件，通过"一村一策、一村一发展方案"等方式，积极探索发展壮大村级集体经济有效途径，2019年以来，连续3年实现村集体收益分红，累计分红金额达1 192.95万元。扎实推进全国农业社会化服务创新试点和农民合作社质量提升整市推进改革试点，扶持128家新型经营主体从事社会化服务，涉及土地面积45万亩，实现农业生产社会化服务营业收入8 490万元，执行会计制度的合作社455家，注册商标82个，2021年合作社实现盈利分红711万元。健全完善土地流转制度，农业适度规模经营不断扩大，通过就地就业、创业等形式向第二、三产业转移，实现多元化增收。

### 2. 推进农业产业化发展

坚持以工业化理念、市场化办法、产业化路径发展现代农业，大力发展肉牛肉羊、核桃（红枣）、苹果（香梨）、蔬菜、家禽、现代种业主导产业链和辣椒等特色产业链，不断提升"粮头食尾""农头工尾"产业链层次，推动农牧业全产业链发展。发展壮大农副产品加工业，坚持做优存量与引进增量并重，在优化要素供给、加强跟踪服务上下功夫，扶持现有农副产品加工企业做大做强，培育壮大农业产业化龙头企业；聚焦补链、延链、拓链、强链，持续加大招商引资力度，先后引进农副产品精深加工企业8家，签约金额10.97亿元。农副产品加工业发展壮大，加速了农业产业化进程，有效解决了农产品"卖难"问题，提供了大量就业岗位，促进了农民群众持续增收。按照"精深加工在园区，初级加工在乡村"发展理念，积极推进现代农业产业园、设施农业产业园和畜牧产业园建设，以乡村振兴示范村为重点，积极引导农业产业化龙头企业与乡（镇）、村结对子，通过引进实施村级初加工基地、种养殖生产基地等项目，带动乡村产业发展。

### 3. 建设宜居宜业美丽乡村

深入实施美丽乡村建设示范行动，积极推进乡村人居环境整治，通过推行"三区分离"（即生活区、种植区、养殖区分离）、大力实施"厕所革命"、开展庭院绿化美化等有效举措，极大改善了农民群众生活环境。持续提升农村生活垃圾处理水平，完善"户集、村收、乡镇转运、市处理"的生活垃圾收运处置体系，实施"积分兑换制""垃圾五分法"，实现农村垃圾就近分类、源头减量。加强农村污水治理，将距离县城较近的乡（镇）、村污水管网直接接入城市污水处理系统，偏远乡（镇）、村建设小型防渗污水收集池，推进农村粪污和生活污水同步治理。坚持"因地制宜、科学引导，数量服从质量、进度服从实效"的原则，深入推进"厕所革命"，按照"两有两化四防"标准新建和改建农村卫生户厕，目前卫生厕所覆盖率达 100%。开展庭院巷道绿化工作，扩建绿化带、绿化管护草坪，种植各类景观苗木，全市行政村村庄绿化覆盖率达 55%。

## 三、初步成效

乡村治，天下安，乡村治理是国家治理的基石。阿克苏市在试点工作中，始终将"治理有效"作为实施乡村振兴战略的重要抓手，建立健全乡村治理体制机制，以试点求突破、以示范促引领，坚持"三治"融合、协同治理，不断加强乡村治理体系和治理能力建设，基层党组织的战斗堡垒和前沿阵地作用充分发挥，高效组织动员的社会基础更加牢固，农民群众向上向善的内生精神力量有效激发。阿克苏市依干其镇、喀拉塔勒镇被中央农办、农业农村部等 6 个部门共同认定为"全国乡村治理示范镇"，依干其镇尤喀克科克巴什村、巴格其村、喀拉塔勒镇博斯坦村被认定为"全国乡村治理示范村"。

### （一）基层党组织凝聚力大幅提升

试点工作中，阿克苏市注重加强党的领导，突出乡村治理人才队伍建设，深入实施村级党组织"领航"、村级党组织书记"头雁"、村级后备力量"薪火"3 大行动，通过选优配强村党组织带头人，强化村级后备干部培训历练，打造了一支立场坚定、素质过硬、作风扎实、善于做群众工作的村"两委"班子队伍，形成了乡村治理强大合力。村"两委"班子心往一处想、智往一处谋、劲往一处使，全心全意为群众办实事、解难题、谋发展、增福祉，基层党组织战斗堡垒作用充分发挥、党员干部先锋本色充分彰显，群众"办事找支部、遇事找党员"的观念深入人心，基层党组织成了宣传党的主张、贯彻党的决定、领导基层治理、团结动员群众、推动改革发展的坚强战斗堡垒。

### （二）乡村治理机制不断完善

试点工作中，阿克苏市始终将完善乡村治理体制机制摆在重要位置，以制度规范治理，以治理促进发展。搭建"一门式办理""一站式服务"的综合服务平台，推进"最多跑一次"政务服务改革向基层延伸。梳理出重大决策、日常管理、便民服务等村级3大项83小项、社区3大项63小项"小微权力"清单，绘制85项工作流程图，主动接受群众监督，切实做到了"小微权力进清单，清单之外无权力"。以健全完善的体制机制，推动乡村治理从"有形"向"有效"转变，善治乡村格局进一步形成。

### （三）农民群众参与乡村治理的积极性充分调动

试点工作中，阿克苏市始终将村民自治作为提高乡村治理水平的主要方式，作为农民政治参与的重要平台，紧紧抓住民主决策这个关键，强化"村民大会、村民代表座谈会、村务监督委员会"在村级决策中的重大作用，村级重大事项严格遵循"宣传发动—问题反馈—票决议事—全程监督"工作程序。在提出议题时充分倾听群众呼声，协商议题时充分权衡群众得失，表达议题时充分尊重群众意见，组织实施时充分接受群众监督，积极动员群众建言献策、共商共议村级事务，解决了一大批难事，办理了一大批好事实事，实现了由"村官说了算"向"村民说了算"转变，农民群众从村务的旁观者变成了决策者、管理者和监督者，大大提高了农民群众的参与度、满意度。

### （四）乡风文明焕发新气象

试点工作中，阿克苏市坚持文明乡风、良好家风、淳朴民风一体培育，纵深推进以文化人、以文育人。积极培育扎根基层的乡土文化能人，依托覆盖县、乡、村三级的新时代文明实践中心（所、站）、行政村文化活动广场，运用现代化传播方式、农民喜闻乐见形式，推出具有当地特色、贴近农民生活、积极向上的百日文化广场活动、乡村百日文体活动、农民丰收节活动等，形成了优秀剧目演起来、文化场地用起来、老百姓乐起来的生动局面。大力倡导淳朴民风和良好家风，发挥基层党员干部"关键少数"作用，用好身边"最美家庭""美丽庭院"等先进典型形象，广大农民群众成了新风正气的宣传者、践行者，移风易俗、崇尚文明、戒奢克俭、孝老爱亲、诚实守信的文明蔚然成风。

### （五）农村人居环境明显改善

试点工作中，阿克苏市坚持重点突破和综合整治、示范带动和整体推进相结合，扎实开展农村人居环境整治提升行动，因地制宜推进农村"厕所革命"，统筹实施农村生活污水治理、垃圾处理、村庄清洁行动，推进乡村绿化美化，乡村生产生活生态环境持续优化。"脏乱差"的农村面貌发生了深刻改变，干净整洁的庭院巷道随处可见，门前花草、村头景观触手可及，农民群众生活观念发生了可喜变化，"吃饭上桌、睡觉上床、学习上课桌"成为常态，生活质量明显提升。昔日乡村旧貌换新颜，呈现出村美民富生态好的可喜局面。

## 参考文献：

全国干部培训教材编审指导委员会办公室，2021. 乡村振兴实践案例选编［M］. 北京：党建读物出版社.

全国干部培训教材编审指导委员会办公室，2021. 乡村振兴政策法规解读［M］. 北京：党建读物出版社.

杨采琴，2010. 和谐农村论［M］. 北京：中国环境科学出版社.

中共中央党史和文献研究院，2019. 习近平关于"三农"工作论述摘编［M］. 北京：中央文献出版社.

中共中央宣传部，国家发展和改革委员会，2022. 习近平经济思想学习纲要［M］. 北京：人民出版社.

# 践行为民理念　实现乡村振兴

## ——鄯善县辟展镇乔克塔木村乡村振兴工作纪实

陈楣[①]

> **摘　要**
>
> 全面推进乡村振兴，要立足特色资源，坚持科技兴农，因地制宜发展乡村旅游、休闲农业等新产业新业态，贯通产加销，融合农文旅，推动乡村产业发展壮大，让农民更多分享产业增值收益。乔克塔木村，这个位于鄯善县城区东侧的城郊村，其南面就是库木塔格沙漠，区位优势明显，民俗文化独特。近年来，乔克塔木村聚焦总目标、聚力新常态，以基层组织建设引领为核心，以改善人居环境为切入点，把提振群众精气神作为突破"瓶颈"的关键，将全村农业生产、历史文化、休闲娱乐、人居环境治理融为一体，着力打造以生态为基础、文化为核心、产业为骨架的乡村振兴新业态。通过综合施策，在乡村经济发展、生态环境建设、改善宜居条件、完善配套服务、营造文明乡风、培育挖掘人才、带动创业就业等方面取得了良好成效。
>
> **关键词**
>
> 产业兴旺；生态宜居；乡风文明；治理有效；生活富裕

近年来，鄯善县辟展镇乔克塔木村聚焦总目标、聚力新常态，以基层组织建设引领为核心，以改善人居环境为切入点，把提振群众精气神作为突破"瓶颈"的关键，充分发挥各类资源优势，着力建设产业兴旺、生态宜居、乡风文明、治理有效、生活富裕的乡村振兴示范村。

## 一、基本情况

乔克塔木村总面积4.98平方千米，耕地面积4 400亩，人均耕地面积1.2亩，以

---

① 陈楣，鄯善县党史研究室副主任。

种植葡萄为主，人均年收入 1.7 万元。下辖 3 个村民小组，总人口 1 021 户 3 622 人，其中，汉族 556 人，占总人口的 15.35％；维吾尔族 3 039 人，占总人口的 83.9％；回族 27 人，占总人口的 0.75％。近年来，乔克塔木村被评为全国文明村镇、全国民主法治示范村、全国乡村治理示范村、新疆先进基层党组织、新疆农村人居环境整治"美丽乡村"、新疆文明村。

## 二、工作开展情况

### （一）以党建统揽为优势，强化政治和组织保障

#### 1. 加强组织领导

及时成立以第一书记和村党支部书记为双组长，其他村"两委"成员和"访惠聚"驻村工作队队员为成员的乡村振兴领导小组，加强对乡村振兴工作的领导。坚持和巩固第一书记统筹村级各支力量工作机制，全面推行"三个中心"建设。抽调能力素质强的干部，在脱贫攻坚原班人马的基础上，成立乡村振兴站，抓好"产业、人才、文化、生态、组织"振兴各方面任务落实。

#### 2. 加强队伍建设

通过早派工、晚研判、集中学习、远程站点培训等方式加强干部理论培训，并将乡村振兴相关内容作为重要内容，做到乡村振兴站干部"精"、全部干部"懂"，切实提高工作实效。

#### 3. 强化措施研究

认真编制"十四五"巩固拓展脱贫攻坚成果同乡村振兴有效衔接规划，按照"四个不摘""八个不变"要求，保持过渡期内主要帮扶政策总体稳定。健全防止返贫动态监测和帮扶机制，坚持每月走访入户、每季度开展研判，依托大数据平台，做好风险预警监测，确保早发现、早预警、早帮扶、早阻断，严防返贫。

#### 4. 压实工作责任

落实村"两委"主体责任，定期听取汇报，把握进度、研究措施、解决问题、推进落实，对需要上级部门解决的问题，安排专人协调对接。落实"访惠聚"驻村工作队责任，帮助制定以"民俗民宿民族团结"为主题的村级乡村振兴规划、争取政策支持、协调资源，全程参与和监督乡村振兴规划实施，并明确一名"访惠聚"工作队员具体负责脱贫巩固和乡村振兴工作，确保工作有效抓实。

### （二）以巩固脱贫成果为基点，推进有序平稳过渡

一是坚持"四个不摘""八个不变"，进一步完善防止返贫监测和帮扶机制。经测

算，乔克塔木村人均收入达到 8 000 元以上，同时将收入相对靠后、家庭发生变故可能影响生活质量的家庭作为重点加以关注。紧盯"两不愁三保障"各项指标，落实教育、医疗、住房、饮水等民生保障普惠性政策，对因病致残、生活确实困难的家庭，按照政策进行兜底保障，并落实关心关爱措施，利用春节、古尔邦节等节日走访慰问，累计发放米面油、煤炭等生活物资折合人民币 4 万余元。

二是在主要帮扶政策保持总体稳定的基础上，分类优化调整，合理把握调整节奏、力度和时限，坚持扶上马送一程，研究制定"一户一方案、一人一措施"，采取承包责任田、发展民宿、劳动力转移等方式提高收入，持续巩固脱贫攻坚成果。

三是利用入户走访、农牧民夜校、冬季技能培训等多种形式，加大扶贫和惠农政策宣传。注重挖掘党员带头致富典型，大力推广致富经验，开展"自强、诚信、感恩"主题教育，激发内生动力，引导各族群众树立勤劳致富的思想观念。

### （三）以产业兴旺为重点，提升特色现代产业发展水平

#### 1. 引进特色产业，推动家门口就业

乔克塔木村于 2019 年积极对接引进新疆西域天麦食品有限责任公司助力产业发展，靠近"一站式"服务，提供 900 多平方米集体土地作为企业场地，并积极与工商、税务、卫生等相关职能部门对接，尽量缩短落地建设、开工生产时间，及时为企业联系解决生产用地和生产用房。针对不同节点，干部进企业做好服务，督促落实企业责任。目前产品覆盖新疆大列巴、特色馕、特色面包等，销售渠道拓宽到上海、西安、武汉等外省的城市，日产能 300～1 200 条（个），2021 年生产总值 200 万元以上。突出实训助力，提升就业能力，将西域天麦面包厂作为本村农民实训基地，先后 5 次邀请培训师驻村对本村 180 余名富余劳动力开展前期面点技能培训，解决公司用人问题的同时，顺利推进村民练技上岗、就业增收。积极引导，充分发挥企业用工主体作用，着力解决村上因特殊原因不能外出就业的村民实现家门口就业。目前企业有员工 16 人，最多时可吸纳 40 余人就业，工资薪酬实行绩效制，人均月工资 2 000～5 000 元不等，促进了周边群众增收致富。

#### 2. 加大农业技术培训

跟进做好鲜食葡萄标准化生产全程技术服务，发挥包联村农业技术人才，以及新疆农业、林业、牧业专家下村助力"访惠聚"促进乡村振兴专项行动试点村等资源优势，累计组织开展鲜食葡萄标准化种植、病虫害防治等培训 12 场次，受教育群众 2 000 余人次。

#### 3. 扎实做好病虫害防治工作

为打赢病虫害歼灭战，乔克塔木村组织开展病虫害统防统治 2 次，设置固定监测点

3个，悬挂诱捕器 30 套，全覆盖悬挂迷向丝 9 000 余根。突出抓好桑树病虫害防治工作，主动对接林草局，全覆盖完成桑树打药工作。

### 4. 积极推广机械化技术

大力推广使用机械化葡萄开墩，以村民小组为单位，组织小组干部、党员、联户长、种植大户，通过现场观摩等形式，大力宣传机械化葡萄开墩好处、农机补贴政策，近年群众自主购进开、埋墩机械 2 辆，完成开墩 400 余亩、埋墩 300 余亩。

### 5. 大力发展畜牧业

持续抓好牛羊育肥工作，落实存栏畜禽应免尽免，同时大力发展庭院经济，不断促进农民增收。

## （四）以人才培育为支撑，激发乡村振兴活力

### 1. 加强村"两委"队伍建设

坚持"用责任制管责任人，以责任人带一班人，以一班人活一盘棋"的党建工作理念带领群众致富增收。结合村"两委"换届工作，调整优化村"两委"结构，激发 91 名党员活力，储备 6 名后备干部，把优秀村组干部放在乡村振兴岗位上重点培养。到 2022 年先后调整优化不适应工作要求的村干部 8 人、小组干部 6 人，将 8 名热爱农村工作、学历水平较高的年轻同志充实到了村"两委"队伍之中，提升了村"两委"带头致富能力、乡村振兴服务能力。

### 2. 抓好人才服务保障

为吸引人才返乡创业就业，乔克塔木村着力构建积极开放有效的政策环境，积极帮助解决场地、资金贷款、技术服务等支持，通过主动对接帮扶，激励各类人才返乡大施所能、大展才华、大显身手。

## （五）以乡风文明为保障，凝聚乡村振兴正能量

### 1. 扎实开展党史学习教育

协调后盾单位支持，给每名驻村干部、党员、干部发放"四本书"，坚持每周集中学习制度、开设党史学习"微课堂"、设立党史学习书籍专柜、制作党史学习园地，发挥好民族团结展览馆、红色文化廊、村民小组阵地等作用，驻村干部带头，带动干部、群众深入学习贯彻党的十九届五中、六中全会精神，学习习近平总书记"七一"重要讲话精神和第三次中央新疆工作座谈会精神，提高政治素养，坚定理想信念，增强工作责任感、使命感、紧迫感。同时，加大群众的宣传力度，除干部入户宣讲、发挥大喇叭、

流动音响作用外，给所有群众发放第三次中央新疆工作座谈会精神群众读本、党史学习群众读本、学习习近平总书记在庆祝中国共产党成立 100 周年大会上的讲话精神群众读本、永远跟党走——铸牢中华民族共同体意识群众读本、惠民政策群众读本，印制并张贴发放 3 000 余份宣传资料。坚持把学习中共党史同总结经验、推动工作结合起来，同解决实际问题结合起来，先后为群众办好事实事 360 余件，解决群众"急难愁盼"事项9 件。

### 2. 深化民族团结联谊活动

扎实开展民族团结"八进"，多形式宣传民族政策法规，大力挖掘选树民族团结先进典型 11 个并广泛宣传，在全村上下形成"人人关注民族团结、争相践行民族团结"的良好氛围。推行巷道里的民族团结联谊活动，由各片区利用巷道、门前空地等，组织临近的群众在日常、特别是各类节日的时候开展联谊活动。升级民族团结巷、建设民族团结展览馆，广泛开展民族团结进步"好家庭""好邻居""好巷道"等活动，每个片区都各推选出一个典型，并加大宣传，促进各民族交往交流交融。近年先后被评为新疆"民族团结一家亲"活动先进集体、吐鲁番市民族团结进步示范区示范单位等。

### 3. 深入精神文明建设

组建宣讲小分队，培育了 5 名草根宣讲员，利用村民小组文化活动室，深入田间地头、群众家中，与群众一起观看红色电影、讲述红色故事、回忆往昔岁月、展望乔克塔木村未来发展，在共鸣中增强感恩意识。广泛开展文明细胞创建，评选 11 名"好媳妇""好婆婆"，将星级文明户创建与美丽庭院创建活动紧密结合，2021 年新创建星级文明户 4 户。整合阵地资源，建设文化大院 3 个，设立书屋 5 个，开展活动 126 场次，参与党员群众达到 3 900 余人次。乔克塔木村于 2020 年 11 月被中央文明委评为"第六届全国文明村镇"。

### 4. 积极推进新时代文明实践站建设

以新思想强信心、新文化聚民心、新关爱暖人心、新风尚筑同心为主线，打造"志愿服务、理论学习、文化服务、文明新风、健康咨询"五大驿站，按照"党员干部融进去、农民群众引进来"工作思路，组建矛盾纠纷调解服务队、青年志愿服务队、巾帼服务队、党员先锋服务队、文化体育服务队等 5 支队伍，助力疫情防控、人居环境整治、扶贫帮困、文化营造、群众工作等。近来累计开展志愿服务 130 余场次，调节婚姻、家庭矛盾等 30 余起，开展大宣讲活动 9 场次，开展爱心生日会活动 10 场次。坚持每天组织开展环境卫生清理，推进环境整治向背街小巷和田间地头延伸，彻底清理存量垃圾，累计清运处理垃圾 400 余吨。

### 5. 扎实推进"厕所革命"

扎实开展农村户厕问题摸排整改工作，组建"厕所革命"专班，牵头推动，对全村1 021户1 109个厕所实地检查，梳理发现问题4 159条，并建立台账，销号整改。围绕厕所"建管用"，广泛开展文明如厕、科学处理粪便等科普教育，不断增强农民群众卫生意识。

### 6. 加大环境污染治理

认真落实环保属地管理责任，重点抓好辖区企业、合作社、店铺污水综合整治，大力推广分散式小型污水处理设施。持续抓好秸秆焚烧问题治理，严格执法，做到了"不见火光、不见烟雾、不见黑斑"。

## （六）以基层党建为引领，夯实乡村振兴基层基础

### 1. 强化理论武装

建立健全常态化学习的制度，定期组织开展集中学习，自觉用习近平新时代中国特色社会主义思想武装头脑、用科学的理论来指导实践，推动工作。近年来，通过早派工、每周集中学习、远程教育学习、"党旗映天山"主题党日活动等，学习乡村振兴相关政策理论研讨28场次。

### 2. 选优配强村组干部队伍

坚持书记抓、抓书记，着眼高标准，选优配强村党组织带头人。精心组织、周密部署，充分发挥乔克塔木村"市级试点"的作用，以点带面，圆满完成村"两委"换届选举，新一届村支委班子全票当选，新一届村委班子平均得赞成票率98.85%。换届后乔克塔木村"两委"班子成员中少数民族干部均能使用国家通用语言开展工作，实现了平均年龄、党员人数、学历层次、班子结构"一降一增一升一优化"的目标。

### 3. 抓实"访惠聚"工作

紧紧围绕新时代"访惠聚"7项工作任务，扎实落实"访惠聚"驻村工作队助力乡村振兴责任，在"传帮带"中促进村组干部能力提升，理清乡村振兴工作思路，统筹协调各类资源，落实乡村振兴项目，激发群众参与热情，切实打通基层"神经末梢"，激活"肌体细胞"。

### 4. 全面推进集体产权制度改革工作

因地制宜、分类施策，有序推进集体产权制度改革，将资产以股份或者份额形式量化到集体成员，盘活集体资产，让农民分享改革发展的成果。截至目前已完成集体资产

调查摸底、股权量化、股份配置、登记注册开户等各阶段工作，清产核资清查出
73.809 2 万元，资产账面数合计 1 000.023 7 万元；资源性资产集体土地总计 7 115.24
亩，建设用地 1 740.75 亩。

### 5. 深化村民自治实践

为适应乡村振兴需要，修订和完善涉及 18 项村级事务的《乔克塔木村村规民约》，
从解放思想、民族团结、文明生活、健康卫生、就业创业、安全防范等不同方面明确村
民应自觉遵守的事宜，切实发挥村民在自治建设中的主体作用。

## （七）以生活富裕为根本，持续保障和改善民生

### 1. 多渠道促进就业创业

突出抓好群众思想教育，通过面对面宣传教育，帮助群众扫清观念障碍，激发内生
动力。同时，积极与社会各界对接，挖掘就业岗位，使用微信群、公示栏和发放宣传单
等形式推荐工作岗位，推动 535 人就业。

### 2. 加大基本民生保障力度

健全最低生活保障和社会救助、临时救助、优抚安置等制度，做实做细特殊困难群
众兜底保障工作，累计发放低保金 15.1 万元，发放 80 岁高龄及残疾人两项补贴共计
8.856 万元，帮助 10 户困难群众申请医疗救助 0.78 万元。

### 3. 大力实施医疗惠民工程

全面加强村级卫生医疗队伍建设，突出抓好全民免费健康体检及地方病、传染病的
防治，完成全民免费健康体检 3 341 人；开展适龄妇女"两癌"筛查 194 人，完成脊髓
灰质炎补充免疫 366 人，完成率 100%。大力实施全民参保计划，除购买职工医疗保
险、服刑、服役等原因未参加本地农村医疗保险外，其余村民参保率 100%，综合参保
率 99%。

### 4. 全力抓好住房安全工作

按照"两不愁三保障"的要求，坚持"安全第一、质量至上"的原则，确保富民安
居房无质量安全问题。重点帮助住房最危险、经济最贫困农户解决最基本的住房安全。
去年共建设富民安居房 19 套，每套富民安居房各级资金补助 28 500 元。

### 5. 大力发展教育事业

严格落实城乡"两免一补"政策，全面推行国家通用语言文字教育，持续巩固教育
普及普惠成果，同时村校联动，做实困难学生家庭帮扶解困，做细 1 名特殊教育学生送

教上门工作，突出抓好做好"控辍保学"工作，实现"零辍学"的目标。

### （八）以治理有效为基础，推动乡村和谐发展

#### 1. 加快推进社会治理现代化

以推进市域社会治理现代化为契机，推行"党建＋治安"网格一体化建设，做实基层治理实战化平台，促进问题联治、工作联动、平安联创，确保工作有人干、办事有平台、运行有机制。

#### 2. 健全矛盾排查化解机制

坚持和发展新时代"枫桥经验"，健全完善基层矛盾纠纷排查化解机制，严格落实领导信访接待日制度和领导包案制，定人、定责、定时限，全力做好矛盾纠纷化解。同时充分发挥法律援助工作站的作用，为各族群众解答法律方面的知识、提供法律方面的建议，引导群众通过法律途径解决实际问题。截至 2022 年，共排查化解矛盾纠纷共发生 23 起。

#### 3. 深入开展重点区域整治

持续推进社会治安重点区域和突出治安问题排查整治，严厉打击涉枪涉爆、黄赌毒、盗抢骗、食药环、电信网络诈骗等群众反映强烈的违法犯罪行为，通过入户宣传、交通劝导站引导群众安装"国家反诈中心"应用程序，精准有效劝阻 235 人次，挽回经济损失 20 余万元。

#### 4. 狠抓法治建设

高举社会主义法治旗帜，弘扬法治精神，把全面依法治国的要求落实到各项工作当中。建设了法治乔克塘宣传长廊，成立 36 人组成的法治宣传队，设立了公共法律服务工作室，培养了"法律明白人""法治带头人"16 名，突出《中华人民共和国民法典》宣传贯彻，深入开展全民普法活动，引导党员干部、群众带头尊法学法守法用法，法治文化阵地建设和公共法律服务工作得到加强，创建法治示范户 4 户，"平安家庭"创建率 95％，"平安店铺"、平安单位创建率均达到 100％，2021 年 3 月被评为"全国民主法治示范村"。

### （九）以基础设施建设为突破，补齐公共服务短板

2021 年在新疆和援疆对口湖南省省委、省人民政府的关心下，以"民俗、民宿、民族团结"为主题，实施了巩固拓展脱贫攻坚成果暨乡村振兴示范点项目、农村人居环境整治项目、扶持和发展壮大村集体经济家门口就业基地项目，推进脱贫攻坚工作与乡村振兴有效衔接。补齐了公共服务设施短板，新建红石榴广场于 2022 年 1 月 1 日正式

对外开放，小游园改造工程完成招投标工作。完善了乡村基础设施，新修乡村道路、田间道路 3.82 千米，实施道路提质改造、亮化工程，X067 县道 2 千米弱电入地、路面修补、木栈道铺设，以及道路拓展及两侧人行道铺设、渠道改造工程均已完工，安装太阳能路灯 256 盏，生态停车场、高端民宿、公共厕所项目均按计划推进。人居环境整治持续推进，新修景观渠 2.07 千米，完成东湖路沿路 2 千米范围内户院外墙立面进行改造、粉刷，绘制彩门 56 个，垃圾收集点提升改造项目有序推进。推动了产业发展，完成 2.2 千米特色景观廊道景观渠、慢行步道以及亮化工程，农户房屋整治改造项目，积极推动村民发展民宿、特色饮食、民俗手工艺品，带动群众实现家门口就业，位于第一村民小组的扶持和发展壮大村集体经济家门口就业基地已竣工并验收。培育了乡村发展动力，近年来累计选派 3 人到湖南参加培训，根据村级产业发展需要举办技能培训班 1 期，乡村振兴信息化平台硬件设施已配备到位，软件设计已进行第三次改进。

## 三、取得的成效

### 1. 加快经济发展

培育主导产品，坚持以农业供给侧结构性改革为主线，加快推动产业机构调整，加大种植方式和管理技术的创新、优化，引导农民规模化生产、科学化种植、规范化管理，不断提升葡萄品质、扩大蔬菜生产规模和效益，不断壮大特色产业优势，推动农业从增产导向转向提质导向。促进"三产"融合发展。加快实施产业融合发展探索培育，根据产业优势和资源特点，围绕培育壮大具有区域特色的农业主导产品、支柱产业和特色品牌。健全完善现代农业经营体系。规范村集体经济合作社的运营，盘活集体资产资源，让群众实实在在地分到红利。大力推进农业产业化经营，引导新型农业经营主体与小农户建立紧密利益联结机制，将新技术、新业态和新模式引入到农业产业中来，加快发展订单直销、电子商务等现代流通方式，促进农业产业经营组织方式变革。加快推进现代农业。倡导农机作业等社会化服务，不断提升农业机械化水平，优化农业生产力布局，机械化使用率达到 50% 以上。

### 2. 持续整治生态环境

实施乡村人居环境整治提升计划，以垃圾污水治理、厕所革命和村容村貌提升为主攻方向，全面改善农村人居环境。全面落实新一轮草原生态奖补政策。实施垃圾治理整治行动。购置 1 辆垃圾车和 300 个垃圾桶，提质改造垃圾收集点 3 处，实现垃圾不落地，生活垃圾集中收集处理全覆盖，全面开展减量化、资源化、无害化处理，可视范围内无明显垃圾。扩大绿化覆盖面。积极采用乡土树种草种，兼顾经济效益和景观效果，对路渠两旁、村庄周边、房前屋后及公共场所进行绿化。农业生产区域内设施大棚、生产管理用房等合法规范有序，无农地非农化行为。

### 3. 改善宜居条件

统筹各类资源，积极争取项目支持，新建防渗渠 2 千米，硬化村级道路 5.15 千米，安装太阳能路灯 50 盏，新建生态停车场 1 座和公共厕所 2 座，新建国民体能拓展场馆 1 座，继续推动城乡基础设施互联互通，推进节水供水重大水利工程，实施饮水安全巩固提升工程。加快发展乡村旅游，建设 170 亩葡萄标准化示范体验园和鲜食葡萄采摘园，挖掘农业的生态价值、休闲价值、文化价值，新建 2 200 平方米高端民宿，加快发展乡村旅游等现代特色产业，积极引导群众依托乡村振兴项目实施，发展民俗产品、民宿、农家乐、农业采摘等旅游项目，让旅游产业成为群众脱贫致富奔小康的新引擎。

### 4. 完善配套服务

始终把就业作为改善民生的头等大事，深入实施"一户一工人"战略，建设村级农业创新平台，利用冬闲时间，大力开展职业技能培训。继续落实"城乡居民免费健康体检"工程，提高全民健康水平；对村卫生室进一步改造升级，完善设施设备配置，满足广大群众的就医需求，实现"小病不出村"的目标；建立完善居民健康档案，扩大家庭签约人次，为各族群众提供优质高效的健康服务。健全最低生活保障和社会救助、临时救助、社会福利、慈善事业、优抚安置等制度，着力缓解困难群众突发性、临时性生活困难；加强低保动态管理，切实做到公平施保，应保尽保，应退即退；大力实施全民参保计划，扩大全村医疗、养老保险的参保覆盖率，坚持以户为单位参保水平达到 100%；严格落实残疾人、孤儿、五保户等生活补贴、重度残疾人护理补贴政策，关心关爱妇女儿童、弱势群体生活，兜牢社会保障底线。

### 5. 营造文明乡风

大力培育和弘扬社会主义核心价值观。广泛开展寻找最美家庭、好媳妇、好婆婆、道德模范、善行义举榜等身边好人评选活动，培树文明家庭、文明户及先进典型，大力弘扬时代新风，挖掘传承各民族向上向善的优秀文化，激发各族群众热爱新疆、热爱祖国的美好情感，不断夯实中国特色社会主义思想道德基础。丰富群众文化生活，提升改造农家书屋 1 座。用好用活文化大院、村民活动室、农家书屋等基层文化阵地，挖掘和培养民间艺人，健全群众文化活动队伍，创造编排一批"上接天线、下接地气"的精品节目，吸引群众广泛参与，丰富群众的文化需求。

### 6. 培育挖掘人才

培育家庭农场经营者、农民合作社带头人，培养农业科技服务人才，壮大农业职业经理人和乡村企业家队伍。培养一批乡村文艺创作人员、乡村旅游示范者。推进乡村基础设施管护人才队伍建设，培育蔬菜种植能手、葡萄提质增效专家、星级民宿农家乐等专业人员。注重挖掘党员带头致富典型，大力推广致富经验，开展"自强、诚信、感恩"主题教育，激发内生动力，引导各族群众树立勤劳致富的思想观念。抓好人才服务保障。着力构建积极开放有效的政策环境，积极帮助解决场地、资金贷款、技术服务等支持，通过主动对接帮扶，激励各类人才返乡大施所能、大展才华、大显身手，吸引人才返乡创业就业。

### 7. 积极带动创业就业

突出抓好群众思想教育，通过面对面宣传教育，帮助群众扫清观念障碍，激发内生动力。同时，积极与社会各界对接，挖掘就业岗位，使用微信群、公示栏和发放宣传单等形式推荐工作岗位，推动就业。加大基本民生等方面的保障力度。健全最低生活保障和社会救助、临时救助、优抚安置等制度。大力实施医疗惠民工程，全面加强村级卫生医疗队伍建设，突出抓好全民免费健康体检及地方病、传染病的防治。全力抓好住房安全，按照"两不愁三保障"的要求，坚持"安全第一、质量至上"的原则，确保安居富民房无质量安全问题。丰富农村居民经营业态，兴建 1 座 700 平方米的创业孵化基地，多渠道增加农民收入，促进农村居民人均可支配收入逐年增长，进一步缩小城乡收入差距，逐步实现共同富裕。

**参考文献：**

习近平，2022. 论"三农"工作 [M]. 北京：中央文献出版社.

新华社，2015. 中共中央 国务院关于打赢脱贫攻坚战的决定 [J]. 中华人民共和国国务院公报，(35)：11-21.

新华社，2022. 习近平出席中央农村工作会议并发表重要讲话 [EB/OL]. (2022-12-24) [2023-05-05]. https://www.gov.cn/xinwen/2022-12/24/content_5733398.htm.

新疆日报，2020. 中国共产党新疆维吾尔自治区第九届委员会第十次全体会议关于深入学习宣传贯彻第三次中央新疆工作座谈会精神奋力开创新时代新疆工作新局面的决议 [N]. 新疆日报，10-12 (001).

中共中央，国务院. 2015. 中共中央国务院关于打赢脱贫攻坚战的决定 [M]. 北京：人民出版社.

中共中央宣传部，2018. 习近平新时代中国特色社会主义思想三十讲 [M]. 北京：学习出版社.

# 乡村旅游助力乡村振兴的实践探索

## ——以乌鲁木齐市葛家沟村为例

热合木提拉·图拉巴①

**摘　要**

乡村旅游产业在促进乡村基础设施建设、改善乡村人居环境、加快城乡融合发展等方面发挥重要作用，日益成为推动乡村经济发展与产业转型升级的重要引擎和推进实施乡村振兴战略的重要抓手。近年来市郊休闲游和省内周边游已成为主流，郊区乡村已成为城市居民户外游憩的主阵地。本文以乌鲁木齐市葛家沟村为例，探讨乡村旅游助力乡村振兴的实践路径，分析存在的问题并针对其问题，提出了相应的对策与建议，旨在为新疆乡村旅游产业的发展提供一定的参考依据。研究发现，乌鲁木齐市乡村旅游业存在缺乏整体规划、公共设施配置不全、村庄建设缺乏特色、乡村旅游产品比较单一、旅游业发展水平较低、辐射带动增收能力较弱、旅游组织与宣传力度不够、相关产业政策不够完善等问题。提出了主动融入城市发展、科学规划布局、积极拓展农业多种功能、充分利用首府优势等建议。

**关键词**

乡村振兴；乡村旅游；城乡融合

## 一、引言

随着我国全面建成小康社会，旅游日益成为人们日常生活的重要组成部分，成为全新的生活方式、学习方式和成长方式。近年来，全国乡村旅游市场持续升温，市场规模不断扩大，已成为我国旅游消费中发展最快、潜力最大、带动性最强、受益面最广的领

---

① 热合木提拉·图拉巴，新疆社会科学院农村发展研究所助理研究员。

域之一。2022 年 12 月 23 日发布的《乡村旅游绿皮书：中国乡村旅游发展报告（2022）》显示，全国游客出游类型中，市郊游为 43.4%、省内周边游为 41.3%、跨省长途游为 15%、其他为 0.3%，短时间、近距离的市郊休闲游和省内周边游已成为主流，城市边缘的郊区乡村已成为城市居民户外游憩的主阵地。

本文以乌鲁木齐市葛家沟村为例，探讨乡村旅游助力乡村振兴的实践路径，分析乡村旅游发展中出现的问题并提出相应的对策建议。

## 二、乡村旅游助力乡村振兴的逻辑机理

乡村振兴战略是党的十九大提出的一项重大战略，是关系全面建设社会主义现代化国家的全局性、历史性任务，是新时代"三农"工作总抓手。乡村旅游业具有融合性好、关联性强、带动性大、受益面广等特点，在乡村振兴进程中拥有特殊地位。乡村旅游承载着经济、社会、文化、生态等多重功能，乡村旅游产业的发展能够有效引导和推动更多资本、人才、科技、资源等要素注入乡村社会，实现城乡之间的资源要素流动和重组，这使得乡村旅游具有带动就业、增加农民收入、调整产业结构、提高土地利用效率、优化产业结构、改善村容村貌等的产业优势。随着乡村振兴战略深入实施，乡村旅游产业地位日渐提升，在促进乡村基础设施建设、改善乡村人居环境、促进乡村转型升级、弘扬乡村文明风尚、加快城乡融合发展等方面发挥重要作用。

### （一）发展乡村旅游有利于完善乡村基础设施建设

乡村旅游能促进交通、车站、游客服务中心、通信设备等乡村基础设施建设，有利于美丽乡村建设。将乡村旅游发展与宜居宜业和美乡村建设紧密结合起来，通过完善乡村旅游功能，大幅改善农村人居环境、村风村貌和农村生活质量，将全面加快城乡融合进程。

### （二）发展乡村旅游有利于巩固拓展脱贫攻坚成果

乡村旅游在帮助乡村居民脱贫增收方面发挥了重要作用，一大批建档立卡贫困户直接或间接通过乡村旅游发展实现了脱贫。而在巩固拓展脱贫攻坚成果中，乡村旅游将继续发挥重要作用，创造丰富的就业机会，吸引农村剩余劳动力就业，增加收入，进而可以为巩固拓展脱贫攻坚成果作出特殊贡献。

### （三）发展乡村旅游有效减少"人口虹吸效应"的影响

虹吸效应是指人口、资本和就业机会等资源从农村地区流向城市的过程，即城市的经济增长、技术发展和资源、就业和社会保障水平等因素，使得城市更具吸引力，造成农村地区的劳动力流入核心城市的现象。

要实现乡村振兴就需要充足的人口资源。乡村旅游业的发展，不仅能促进农村基础设施建设，进一步改善农村居住条件和生活环境，提高农民的生活水平与生活质量，还

能促进就近就业，使得农民离土不离乡，农忙时节既可以从事农业生产，农闲时节又能参与旅游经营，一定程度上解决农村空巢老人、留守儿童问题。乡村旅游不仅可以有效遏制农村劳动力外流，还可以吸引外来人员来本村从事商业活动。

### （四）发展乡村旅游有利于乡村产业振兴

旅游一动百业兴。通过发展乡村旅游，能够充分拓展农业生态涵养、休闲体验、文化传承功能等多种功能，带动生态农业和休闲农业的发展。乡村旅游与相关产业融合发展能够有效促进农村一二三产业的融合发展，促进农村产业结构的升级，从而带动乡村产业振兴。

## 三、葛家沟村的乡村旅游实践

### （一）葛家沟村基本情况

葛家沟村位于乌鲁木齐市水磨沟区东部，属水磨沟区石人子沟街道管辖，距离市区约 11 千米，东起月亮台子，西至马牙山，南起东大梁，北至八道湾队，东绕城高速路公路穿境而过，辖区总面积 149 平方千米。有葛家沟队、大石头沟队、甘沟队 3 个村民小组。辖区耕地面积 1 890 亩，其中旱地 1 200 亩，水浇地 690 亩，水浇地中退耕还林 244 亩；草场 15 万亩。现有常住人口 470 户 1 546 人，2021 年人均收入 24 000 元。

### （二）葛家沟村乡村旅游发展历程

葛家沟村所在的水磨沟区地处乌鲁木齐市河东地带，属低山丘陵区，是天山山脉博格达峰下的一片绿洲，位于乌鲁木齐市东北部，距市中心 5 千米，区域面积 227.6 千米。水磨沟区是乌鲁木齐市八景之一，2004 年被评为乌鲁木齐市"新十景"。

葛家沟村的乡村旅游从 2010 年开始进入水磨沟区政府的发展规划。2010 年水磨沟国土资源分局联合乌鲁木齐市国土资源勘测规划院编制《水磨沟旅游风景区管委会土地利用总体规划（2010—2020 年）》。2012 年，水磨沟区人民政府组织编制了《水磨沟风景名胜区总体规划》，该规划将葛家沟村、石人子沟村以及涝坝沟村等东部 3 个村作为风景区管委会的下辖区划入了风景名胜区范围内，将已经城市化的雪莲山片区划出了风景区范围。水磨沟风景名胜区规划总体布局结构为"一轴、一环、五片"，即"一条发展轴线、一条游览环线、五个游览片区"。其中石人子沟片区、甘沟片区和蝴蝶谷片区是东部 3 个村旅游资源最丰富的区域。

2018 年水磨沟区编制《水磨沟区东部三村总体发展规划》《水磨沟区乡村全域旅游发展规划》以及拟定了《水磨沟区农村人居环境整治三年行动实施方案（2018—2020）》《水磨沟区农村人居环境整治三年重点任务》，整体提升葛家沟村、石人子沟村以及涝坝沟村 3 个村的村容村貌，推进农村生活垃圾、生活污水治理，完善乡村基础设施建设，改善农村人居环境，推进乡村振兴战略。2018 年水磨沟区紧抓"树上山""地变绿"重大工程建设，提升城区绿地品质。完成水塔山、温泉山、清泉山的绿化补植工作，完成雪莲山、一龙荒山等荒山造林，完成"树上山""地变绿"912亩。

2022年，在第七届中国—亚欧博览会上，水磨沟区签约111.15亿元项目，其中东部3个村为主的乡村振兴生态旅游项目签约8亿元。未来东部3个村将是乌鲁木齐人短途休闲度假的优质目的地。全面推进乡村振兴，以繁荣发展产业为根本，持续在生态美的基础上做"休闲"文章，下活绿色生态＋宜居宜业"一盘棋"，拓宽发展思路，让更多人享受到生态改善带来的红利。依托东部3个村优美的自然风光，以冰雪经济、乡村文化、传统民俗为特色，大力发展旅游观光特色农牧业，积极推动农业与文化、旅游、休闲、康养等产业深度融合，打造旅游休闲度假的观光区，高品质生活康养服务区。

目前水磨沟区有2家国家AAAA级旅游景区、2家S级滑雪场、全新疆唯一的标准高尔夫球场、4个国家级文化产业示范基地、160余家农家乐、西部首条及全国第九条国家登山健身步道"水墨天山"、百年古榆树林、喀斯特地貌群等。

### （三）葛家沟村乡村旅游发展现状

葛家沟村以水磨沟区的优良生态植被环境、丰富民俗资源以及浓郁地方民族风情为依托，以山川河谷的自然生态景观和多姿多彩的乡村风物为主要特色，发展乡村旅游。

葛家沟村葛家沟队是葛家沟村村委会所在地，距离市中心（人民广场）约11千米，距离新疆师范大学不到3千米，属于城乡结合部，靠近城区、交通便利、区位优势明显。

葛家沟村"两委"根据葛家沟队的区位优势，积极打造农产品销售公共服务平台，促进服务业发展。一是利用葛家沟队原先准备用于养殖合作社的40亩场地建设农畜产品物流储存点。二是将约6亩的葛家沟队井沟片区改造为葛家沟的美食一条街和夜市，为农产品供销提供交易场所，促进农畜产品销售。三是利用葛家沟队200亩的集体土地，成立集中养殖合作社，促进养殖业发展。四是盘活现有闲置资产，以葛家沟村股份合作社牵头，出租235亩退耕还林地与15亩老学校片区土地，提高财产性收入。五是发展采摘园、亲子农场、自助菜园子等多种新型农业。

葛家沟村大石头沟队位于石人子沟南路与蝴蝶谷路所在山谷，葛家沟村的农家乐大多分布在大石头沟队。近几年随着郊区旅游日益盛行，石人子沟旅游业的不断发展，附近的农家乐越来越多，各类农家乐、牧家乐有20多家，节假日和周末，生意火爆。根据大石头沟队各类农家乐初具规模的优势，村"两委"一是对小规模经营的农家乐、牧家乐进行提档升级改造，进一步提升农家乐、牧家乐标准，同时提高服务质量和管理质量。二是充分发挥农牧区旅游扩大内需和促进消费的作用，扩大经营规模，提高辖区旅游收入。三是扶持有条件的小农户发展生态农业、设施农业、体验农业、定制农业提高产品档次和附加值，拓展增收空间。

葛家沟村3个村民小组中，甘沟队（图4-1）距离市中心最远，约30千米，位于石人子沟大景区北部，东南与米泉林场接壤，环境优美，空气新鲜凉爽，夏季有不少市民前往避暑，非常适合发展康养项目。有 34 户 102 人，目前居民主要收入还是来自畜牧业，近几年降水量减少，缺水严重，草场退化严重；通往甘沟队的道路硬化工程还没完成，移动、联通等手机信号时有时无，只有电信信号勉强能用，村庄基础设施条件较差，甘沟队有六七家牧家乐，设施较简陋，需要进一步完善基础设施。

图 4-1　葛家沟村甘沟队自然风景（热合木提拉·图拉巴摄）

## 四、葛家沟村的乡村旅游发展存在的问题

葛家沟村虽然在农家乐、牧家乐、采摘园、亲子农场等旅游经营活动上初具规模，但与其拥有的得天独厚的旅游资源优势相比，还没有充分发挥自身乡村旅游发展潜力。

### （一）缺乏整体规划

还是农牧业格局下各自为营的局面，旅游功能缺乏统一布局，周边村庄建设活动之间缺乏协调。旅游主管部门、风景区管委会与周边村庄没有形成协调机制，村庄建设呈现"双轨制"局面，村庄建设与旅游项目的开展缺乏规划指引。

### （二）公共设施配置不全

一是现有道路网系统不完善，道路狭窄，经常堵车，没有形成完善的路网；二是道路附属设施不足，停车位严重不足，车辆停放随意，游客大量驱车进入草场，乱扔垃圾，导致草场脆弱的生态环境被破坏，难以适应当下周末自驾游的高速发展趋势；三是市政基础设施不完善，缺少给排水，卫生设施条件有待提高。

### （三）村庄建设缺乏特色，用地布局有待优化

一是大部分旅游用地分布与村庄居民用地呈离散态势，没有很好的融合；二是缺乏公共文化活动的空间，土地利用效益有待提高；三是民居建筑形式杂乱，村庄风貌特色不突出。

### （四）乡村旅游产品比较单一

一是旅游业态相对传统，旅游产品相对低端，大多数以初级的农家乐为主，为简单的餐饮服务，少数旅游设施还兼有简单接待能力，能兼顾餐饮、接待和娱乐综合职能的旅游场所非常少；二是旅游活动经营项目雷同，东部 3 个村旅游产业发展面对大量同质无序竞争；三是新产品、特色产品的开发力度明显不足，特别是民族文化内涵挖掘得还不够深，缺少旅游精品，且水磨沟区大部分景区、景点的旅游服务设施还不足，不能满足游客心中的服务质量标准。

要提高水磨沟区的整体服务质量，应以超越游客心中的质量标准为目标。

### （五）旅游业发展水平较低，辐射带动增收能力较弱

葛家沟村虽然拥有较好的景观资源，但乡村旅游商业化发展不如石人子沟村，大多数为小型家庭农家乐，档次相对较低，服务水平欠缺，缺乏中高端的接待设施。

### （六）旅游组织与宣传力度不够

一是葛家沟村旅游对外宣传交流力度略有欠缺，未能有效进入乌鲁木齐市旅游发展整体推广和宣传体系之中；二是旅游组织存在着各自为政的情况，旅游局、风景区管委会、村民委员会和村民各个主体之间缺乏协调和统筹，旅游组织还处在自发萌芽状态。

### （七）相关产业政策不够完善

由于乌鲁木齐市至今未制定有关租赁宅基地的管理规定，农牧民盘活闲置宅基地发展旅游服务业没有充足政策保障，加之有偿退出宅基地机制不畅通，出现了弃用的农村危房，存在集体建设用地浪费现象。由于上一届村"两委"在土地问题上的乱作为严重损坏村集体利益，并造成"非本集体经济组织成员违法违规占用宅基地、一户多宅"等问题，如今任何一项涉及土地的议题，都会面临来自村内部的较大压力；而且涉及土地相关审批手续比较复杂，审批周期较长，在保护集体利益的前提下，想要协调各方利益、让计划能够顺利执行，需要村"两委"具备较高的能力和担当意识。

## 五、对策建议

乡村旅游能够与乡村振兴产生共振，充分利用自身旅游资源发展乡村旅游可以促进乡村振兴战略的实施，但从当前葛家沟村的乡村旅游业存在诸多问题来看，很多问题不仅仅是简单旅游产业问题，而是涉及整体规划、土地利用、产业布局、功能定位等城乡融合发展问题。尤其像葛家沟村的这样的城郊村，想要通过发展乡村旅游实现乡村振兴，必须主动融入城市发展，根据城市发展的需要调整村庄发展战略，通过融入城市发展解决自身乡村旅游发展面临的诸多基础问题并积极创造有利乡村旅游发展的外部环境和基础条件，进而实现乡村振兴。

《乡村振兴战略规划（2018—2022年）》提出："乡村发展应顺应规律和演变趋势，根据不同村庄的发展现状、区位条件、资源禀赋等，按照集聚提升、融入城镇、特色保护、搬迁撤并的思路，分类推进乡村振兴，不搞一刀切。"

葛家沟村作为近郊型村庄，有着特殊的地理区位优势，其社会经济及空间发展表现为3个过程：融合—配套—发展，层层递进，逐步完善。在融入城市发展的过程中，通过发展乡村旅游实现乡村振兴。

## （一）主动融入城市发展

### 1. 通过发展战略的融合，改善发展环境

葛家沟村在发展战略上应注重体现"都市圈一体化"意识，依据乌鲁木齐市区域分工，合理确定符合自身经济发展规律的战略、方针、政策及职能定位，从而加强自身经济发展的内在动力。紧抓首府"五大中心区"建设和乌鲁木齐市都市圈建设发展机遇，紧跟水磨沟区"一带两区五基地八大产业"发展布局，积极调整村级发展规划，充分利用葛家沟村的资源环境优势，以便更好地融入水磨沟区文化旅游全域化、全景化、全产业链化融合发展进程。

### 2. 通过空间功能的融合，改善村庄布局

一是积极主动加强与乌鲁木齐市和水磨沟市区边缘的建设用地功能的衔接，突出节约集约用地理念，统筹安排、功能互补、协调发展，优化葛家沟村村庄建设空间布局；二是充分利用和保护自己的绿色空间，由于直接与集聚的城市建成区相邻，其生态环境很易遭受破坏，在村庄发展中注重保护生态环境，尤其重点保护甘沟队的生态环境，发展康养旅游业。

### 3. 通过交通网络的融合，改善交通条件

交通网络的融合是城乡统筹发展的基础。葛家沟村在村庄建设中，应积极与有关部门对接，创造条件优化自身交通网络，与城区形成有机对接，促进人流、物流的顺利畅通，充分利用乌鲁木齐市周末自驾游高速发展趋势，促进葛家沟村乡村旅游。葛家沟村大石头沟队和甘沟队交通是个短板，这两个村民小组距离乌鲁木齐市中心的直线距离不算很远，从乌鲁木齐人民广场到甘沟队直线距离约30千米，但驾车前往需要绕道，车程将近60千米。虽然道路建设需要区、市层面统筹规划，但村庄的积极争取（例如，做好思想工作、减少村内阻力、降低征地成本等）会对上级规划产生很大影响。

### 4. 通过基础设施的融合，完善公共设施配置

葛家沟村乡村旅游存在的主要问题之一是公共设施配置不完善，基础设施建设滞后。因此在区域层面上主动实现与城市基础设施的共享共建。葛家沟村葛家沟队主动建

设公交车停车场就是个很好的例子，公交车站将会为本村带来流量，更有利于葛家沟美食一条街和夜市的发展。

## (二) 科学规划布局，加快促进乡村旅游业健康发展

### 1. 精准规划，避免同质竞争

受制于市场主体专业知识的匮乏，乡村旅游的发展往往存在"模仿大于创新"的特点，也就产生了同质竞争问题。为解决这一问题，当地旅游部门需要编制整体旅游发展规划，并每年出具乡村旅游发展评估报告。编制旅游规划的目的在于针对不同地区的人文地理特点，有目的地引导和鼓励不同特色的乡村旅游发展模式，而不是由市场自发演化成为高度同质竞争的局面。出具评估报告的目的在于动态跟踪乡村旅游发展状态，并为各乡村旅游景区的良性发展提供建议，避免出现旅游资源过度损耗的问题。同质化弊病仅靠市场调节是无法完全解决的，即便"优胜劣汰"机制能解决这一问题，然而，其不仅需要经历长时间的调整过程，又势必会损害本就弱势的农民利益。因此要积极发挥政府作用，最大程度避免上述问题的发生。

### 2. 提防短视行为，维护生态安全

乡村旅游的发展是以经济利益为导向的，这又极易引起短视行为的发生。尤其是在乡村旅游发展初期，基础设施建设、餐饮住宿发展、旅游资源开发等几乎都呈现出粗放式经营的特点。但是，农村缺乏相对完善的垃圾处理能力，生态循环和恢复能力又极其缓慢。因此，积少成多的污染和"竭泽而渔"式的开发很有可能造成永久的生态损失。乡村旅游的发展不能以牺牲生态环境为代价。为解决这一问题，政府需要建立完善的环境评估体制，加强环境治理力度，避免陷入"先污染、后治理"模式；景区管理者需要构建生态保护与经济利益的关联指标，将两者发展保持在相对均衡的范围内；景区参与者（经营者和游客）需要提高生态保护意识，构建基于市场主体内部的自我约束机制。

## (三) 积极拓展农业多种功能，促进乡村旅游产业提质升级

一是积极拓展农业多功能性，依托优良自然资源，发展大众休闲旅游市场，重点培育生态体验、度假休闲等中高端旅游市场。进一步优化民俗旅游市场的消费结构、客源分布结构，发展深度乡村民俗体验游。进一步发展民俗、生态、休闲旅游业，丰富城市居民闲暇生活，加强管理和服务水平，推进农家乐、牧家乐、亲子乐园、体验农场等标准化、规范化。

二是以食品工业园农产品精深加工带动葛家沟村农产品生产基地建设，实现"食品产业园＋农产品生产基地"融合发展，促进农产品增值增效；促进葛家沟畜牧的发展，为乌鲁木齐居民提供优质畜牧产品；与乌鲁木齐市城区大企业结盟，为其生产配套产品或向企业提供劳动力资源。

三是积极联络周边学校，联合开发农业研学项目。中共中央、国务院发布《关于全面加强新时代大中小学劳动教育的意见》，对新时代劳动教育做了顶层设计和全面部署，意义重大，影响深远。中小学研学旅行将为城郊村引来巨大机遇。乌鲁木齐市有 400 万常住人口，学校教育和机构教育受限于课程设置的拓展性，有的机构和学校或者自己设计基地或者联合开发基地或者寻找合作伙伴基地，为研学提供了庞大的需求。葛家沟村可以积极与相关学校合作，利用乡村人文和自然资源开展研学课程，将课堂延伸至乡村，提供乡土历史、古农机具展示、特色农产品展示、农事操作、环境保护、文化教育、徒步旅行、团队探险等服务项目，促进研学旅行和乡村振兴的有机融合。

## （四）充分利用首府优势促进乡村旅游业快速发展

乌鲁木齐市作为新疆首府城市，具有吸纳大量人力、物力和财力的内聚力，能够在更大的区域范围内调整优化资源分配，具有很强的规模经济和集聚效益，从而降低发展成本，提高经济效率，促进区域共同发展。葛家沟村利用乌鲁木齐市作为首府城市的优势来发展自己的社会经济，主要表现在以下 4 个方面：

一是借助首府消费市场，将葛家沟村传统的农牧业为主的"第一产业"格局提升为"三产并行，互为支撑"的新格局。把传统的种植业升级为观光农业、有机生态农业，把牧业养殖业的产品往下延伸，建立精加工的手工工坊和农特产品销售集市，形成以农副产品"种植—加工—零售"为一体的产业链，促进村庄自身经济发展，实现小康富民的目标。

二是充分利用首府的人才聚集优势，强化旅游从业人员队伍建设。乡村旅游从业人员的综合素质和专业能力直接决定着乡村旅游的发展水平。引进熟悉旅游政策、资本运作、市场导向和环境教育等乡村旅游专业知识背景的人才，打造高素质的旅游管理人才队伍。

三是借助首府智慧城市建设，构建"农业＋旅游"智慧云平台。加强大数据、互联网、物联网等科技前沿知识的运用，增强营销理念与信息服务能力，提高乡村旅游从业人员的智能化管理与服务水平。

四是优化资源分配，提高经济效益。凭借首府市场、信息的优势，实现生产要素的高效流动，按照错位发展、优势互补的原则，进行合理的分工合作，促进资源分配和产业布局的合理化。凭借乌鲁木齐市雄厚的资本、先进的科研技术和管理经验、丰富的人力资源，努力实现经济效益、社会效益最大化。

**参考文献：**

刘升，2018. 乡村旅游对乡村振兴的影响及机制研究——基于贵州花村的调研［J］. 政府治理评论，
　　3（01）：25－37.

吕丽，2022. 大城市边缘区乡村旅游地系统演化过程、机制及乡村振兴效应研究——以武汉市为例［D/
　　OL］. 武汉：华中师范大学，［2023－05－05］. https：//kns. cnki. net/kcms2/article/abstract？v＝

3uoqIhG8C447WN1SO36whLpCgh0R0Z-i16 ＿ wNaYct1rCckkTLVqOrToHIWr-scMpRS75VgVeNSWcg70zVT BIaeEUHU ＿ BErT0&-uniplatform＝NZKPT.

庞艳华，2019.河南省乡村旅游与乡村振兴耦合关联分析［J］.中国农业资源与区划，40（11）：315-320.

申始占，王鹏飞，2022.乡村旅游助力乡村振兴的逻辑机理、现实困境与突破路径［J］.西北农林科技大学学报（社会科学版），22（05）：72-81.

王金伟，吴志才，2022.中国乡村旅游发展报告（2022）［M］.北京：社会科学文献出版社.

吴儒练，2023.中国旅游效率与乡村振兴耦合协调测度及时空演化［J］.地理与地理信息科学，39（01）111-119.

向延平，2021.乡村旅游驱动乡村振兴内在机理与动力机制研究［J］.湖南社会科学（02）：41-47.

新疆乌鲁木齐市水磨沟区人民政府，2022.水磨沟区国民经济和社会发展第十四个五年规划和2035年远景目标纲要［EB/OL］.（2022-01-09）［2023-05-05］.http：//www.xjsmgq.gov.cn/xxgk/ghgk/19311.htm.

许爱云，2022.【非凡十年·魅力水磨沟】生态答卷写在碧水蓝天上［EB/OL］.（2022-09-29）［2023-05-05］.http：//www.xj.xinhuanet.com/zt/2022—09/29/c_1129042519.htm.

佚名，2018.乡村振兴战略规划（2018—2022年）［N］.人民日报，09-27（01）.

# 附录

# 2022 年新疆乡村振兴大事记

阿曼古丽·阿不力孜[①]

- **2022 年 1 月 8 日**

自治区党委农村工作领导小组暨乡村振兴领导小组召开专题会议，深入学习和贯彻习近平总书记对做好"三农"工作的重要指示精神和中央农村工作会议精神，贯彻落实党的十九届六中全会、中央经济工作会议和第三次中央新疆工作座谈会精神，完整、准确、全面贯彻新时代党的治疆方略，牢牢扭住社会稳定和长治久安总目标。按照自治区党委部署要求，听取 2021 年全自治区"三农"工作情况汇报，研究部署农业防灾减灾工作；安排近期"三农"重点工作任务，确保农业稳产增产、农民稳步增收、农村稳定安宁。

自治区党委副书记张春林主持会议并讲话。

- **2022 年 1 月 21 日**

自治区农业农村厅组织召开全自治区乡村产业融合类项目视频调度会。会议听取了各地（州）项目执行进展和储备情况汇报，通报了全自治区乡村产业项目建设进展情况，对抓好 2022 年乡村产业项目实施及储备申报工作提出要求。

自治区党委农办专职副主任、农业农村厅党组成员、副厅长徐涛出席会议并讲话。

- **2022 年 1 月 21 日**

自治区"三支一扶"人员乡村振兴能力提升培训班在克拉玛依市乌尔禾区举办。来自克拉玛依市、吐鲁番市、克孜勒苏柯尔克孜自治州、阿克苏地区、喀什地区、和田地区的 200 名学员参加此次培训。为了确保自治区"三支一扶"大学生乡村振兴能力提升培训班各项工作顺利开展，培训学员能真正做到学有所获，及时开展了前期调研和筹备工作，紧密结合培训主题，邀请自治区教学经验丰富的党校知名专家、乡村振兴局专家、生态环境局专家、高校知名学者授课，挑选环境适宜的培训场地，为实施"三支一扶"人员乡村振兴能力提升培训班奠定坚实基础。

---

[①] 阿曼古丽·阿不力孜，新疆社会科学院农村发展研究所办公室副主任。

● **2022 年 1 月 24 日**

自治区住房和城乡建设厅公布了 2021 年自治区小城镇环境整治示范和新时代美丽宜居村庄示范样板名单，共有 27 个建制镇被评为自治区小城镇环境整治示范，33 个行政村被评为自治区新时代美丽宜居村庄。打造自治区小城镇环境整治示范样板和新时代美丽宜居村庄示范样板是实施乡村振兴战略和乡村建设行动的重要举措，对整治小城镇环境，提升小城镇功能，改善农村人居环境，建设风景美、街区美、生态美、生活美的小城镇和田园美、村庄美、生活美的美丽宜居村庄具有重要意义。自治区小城镇环境整治示范样板和新时代美丽宜居村庄示范样板是自治区村镇建设的综合性示范样板，代表了自治区村镇建设的方向。

● **2022 年 1 月 27 日**

新疆维吾尔自治区第十三届人民代表大会第五次会议于 2022 年 1 月 27 日通过《新疆维吾尔自治区乡村振兴促进条例》，自 2022 年 3 月 1 日起施行。条例由总则、规划先行、产业发展、人才支撑、文化引领、生态宜居、乡村善治、城乡融合、保障措施、监督检查、附则等 11 章内容组成。

● **2022 年 2 月 15 日**

自治区住房和城乡建设工作会议召开。会议深入贯彻落实习近平总书记重要讲话和重要指示批示精神，全面贯彻落实党中央、住房和城乡建设部、自治区党委重要会议精神，完整准确贯彻新时代党的治疆方略，立足新发展阶段、贯彻新发展理念、融入新发展格局、推动高质量发展，聚焦自治区党委、自治区人民政府决策部署，结合学习党的百年奋斗历史，全面总结 2021 年住房和城乡建设工作，分析面临的形势和问题，安排部署 2022 年重点工作。

● **2022 年 2 月 25 日**

自治区党委办公厅、自治区人民政府办公厅印发《自治区农村人居环境整治提升五年行动方案（2021—2025 年)》，并发出通知，要求各地各部门结合实际认真贯彻落实。

● **2022 年 2 月 25 日**

自治区人民政府新闻办公室召开自治区巩固拓展脱贫攻坚成果同乡村振兴有效衔接工作情况新闻发布会。会上，自治区乡村振兴局一级巡视员陈雷就相关问题回答了记者提问。

● **2022 年 3 月 1 日**

根据《国务院办公厅关于新形势下进一步加强督查激励的通知》《促进乡村产业振

兴改善农村人居环境等乡村振兴重点工作激励措施实施办法（试行）》，农业农村部、国家乡村振兴局、财政部组织对各省（自治区、直辖市）和新疆生产建设兵团推荐的 32 个市（县）2021 年度促进乡村产业振兴、改善农村人居环境等乡村振兴重点工作情况进行了综合评价，提出了拟激励市（县）名单，新疆阿克苏市入围。

### ● 2022 年 3 月 2 日

自治区种业振兴行动视频推进会议召开。会议深入学习贯彻习近平总书记重要指示精神，贯彻落实全国推进种业振兴电视电话会议精神，贯彻落实国家《种业振兴行动方案》和《自治区种业振兴行动实施方案》，进一步统一思想认识，紧盯目标任务，部署全自治区种业振兴工作，确保取得实实在在的成效。

### ● 2022 年 3 月 17 日

自治区党委农村工作会议在乌鲁木齐市召开。自治区党委书记马兴瑞出席会议并讲话。他强调，要坚持以习近平新时代中国特色社会主义思想为指导，深入学习贯彻习近平总书记关于"三农"工作重要论述和中央经济工作会议、中央农村工作会议精神，贯彻落实第三次中央新疆工作座谈会精神，扎实做好新疆"三农"工作，推动乡村振兴取得新进展、农业农村现代化迈出新步伐，以优异成绩迎接党的二十大胜利召开。

### ● 2022 年 3 月 22 日

自治区党委书记马兴瑞在喀什地区调研农牧业现代化和春耕备耕等工作。他强调，要深入学习贯彻习近平总书记关于"三农"工作重要论述、关于新疆工作重要讲话和重要指示精神、第三次中央新疆工作座谈会精神，完整、准确贯彻新时代党的治疆方略，坚持农业农村优先发展，扎实做好春季农业生产各项工作，不断提升新疆农牧业现代化水平，带动农牧民持续增收，助力乡村全面振兴。自治区党委副书记、区政府主席艾尔肯·吐尼亚孜，自治区党委副书记、自治区生产建设兵团政委李邑飞，自治区党委副书记何忠友一同调研。

### ● 2022 年 4 月 12 日

根据自治区党委办公厅、自治区人民政府办公厅《关于成立自治区党委农村工作领导小组暨乡村振兴领导小组的通知》精神，自治区发展和改革委员会作为乡村建设专项组办公室组织召开了 2022 年第一次联席会议。联席会议上，自治区发展和改革委员会二级巡视员徐卫新同志领学了《乡村建设行动实施方案》《自治区 2022 年推进乡村建设工作要点》等文件精神。

### ● 2022 年 4 月 15 日

自治区巩固拓展脱贫攻坚成果同乡村振兴有效衔接工作推进会召开。会议深入贯彻落实习近平总书记关于"三农"工作的重要论述，贯彻落实全国巩固拓展脱贫攻坚成果同乡村振兴有效衔接暨乡村振兴重点帮扶县工作推进会精神，按照自治区党委农村工作会议安排，对全自治区巩固拓展脱贫攻坚成果、加快全面推进乡村振兴进行再动员再部署。

自治区党委副书记何忠友出席会议并讲话。

● **2022 年 4 月 20 日**

自治区乡村振兴局邀请新疆元正盛业律师事务所陈飞年律师专题解读《自治区乡村振兴促进条例》。讲座围绕领导干部应具备的法治思维、《乡村振兴促进法》和《自治区乡村振兴促进条例》的主要内容、特点等进行讲解，帮助局干部职工加深对法律法规的理解，提升依法开展工作能力，力争使乡村振兴工作在法治的轨道上进行。

● **2022 年 4 月 28 日**

中国人民银行乌鲁木齐中心支行出台《关于做好 2022 年度新疆金融支持全面推进乡村振兴重点工作的通知》，围绕新疆乡村振兴金融服务工作，提出优化粮食安全领域金融服务保障、推动农户贷款增量扩面、强化乡村产业振兴产品服务支撑、加大金融机构内部资源倾斜力度、持续改善农村基础金融服务等 13 条细化举措，聚焦农业农村发展的关键领域，进一步提升金融支持全面推进乡村振兴的能力和水平。

● **2022 年 5 月 21 日**

自治区党委农办、农业农村厅主办的自治区推进农业产业化重点龙头企业高质量发展座谈会在乌鲁木齐市召开。会议围绕贯彻落实自治区党委十届三次全会精神，做大做强龙头企业，推进农业产业化高质量发展，与新疆 10 家农业产业化重点龙头企业负责人和自治区发展和改革委员会经济研究院、新疆社会科学院、新疆农业科学院等单位专家，深入交流探讨，听取意见和建议。

● **2022 年 5 月 21 日**

自治区农业农村厅召开了《中华人民共和国种子法》实施座谈会。会议围绕贯彻落实习近平总书记关于种业振兴重要讲话和重要指示批示精神，按照自治区党委十届三次全会的部署要求，坚持依法治疆、依法行政、依法办事，全面学习宣传、精准把握新《中华人民共和国种子法》的核心要义，推进《中华人民共和国种子法》落实落地，促进种业振兴。

自治区党委副秘书长、党委农办主任、农业农村厅党组书记、乡村振兴局党组书记曹志文同志出席会议并发言，自治区农业农村厅党组副书记、厅长库尔班江·胡土勒克同志主持会议。新疆农业科学院、新疆农业大学育种家代表、新疆种子协会和种业企业代表以及自治区农业农村厅、昌吉回族自治州农业农村局、相关单位负责同志发言，深入交流贯彻实施《中华人民共和国种子法》，推进现代种业创新发展的意见建议。

## ● 2022 年 5 月 23 日

为深入开展政府采购脱贫地区农副产品工作，支持和帮扶脱贫地区乡村振兴，近日，自治区财政厅会同农业农村厅、乡村振兴局、供销合作社、总工会 5 个部门联合印发了《关于深入开展政府采购脱贫地区农副产品工作推进乡村振兴的实施意见》，进一步明确工作要求，多措并举落实采购任务，推动脱贫地区产业发展和农民群众持续增收。

## ● 2022 年 5 月 24 日

自治区 2021 年度巩固拓展脱贫攻坚成果同乡村振兴有效衔接考核评估发现问题整改暨防返贫监测帮扶集中排查工作动员部署会召开。自治区党委书记马兴瑞在会上强调，不折不扣抓好考核评估，发现问题整改落实，巩固拓展脱贫攻坚成果，全面推进乡村振兴。

## ● 2022 年 5 月 25 日

自治区乡村振兴示范建设现场推进会在博尔塔拉蒙古自治州召开。会议深入学习贯彻习近平总书记关于"三农"工作重要论述，贯彻落实 2022 年中央 1 号文件精神，贯彻落实自治区党委十届三次全会精神，按照自治区党委农村工作会议安排，对乡村振兴示范建设重点工作进行再部署再推进，确保高质量完成乡村振兴示范建设任务。

## ● 2022 年 5 月 27 日

自治区交通运输行业巩固拓展脱贫攻坚成果同乡村振兴有效衔接工作推进现场会在阿克苏地区库车市召开。会议深入学习贯彻习近平总书记关于"四好农村路"重要指示精神，贯彻落实自治区党委十届三次全会精神，总结党的十八大以来新疆农村公路发展的成就，分析农村公路发展形势任务，部署交通运输行业巩固拓展脱贫攻坚成果同乡村振兴有效衔接重点工作。

自治区有关领导出席会议并讲话，阿克苏地委书记王刚致辞。

自治区交通运输厅党委书记、副厅长李学东参加会议，厅党委副书记、厅长艾山江·艾合买提通报自治区"四好农村路"发展情况，安排有关工作。

## ● 2022 年 6 月 7 日

中共中央政治局委员、国务院副总理胡春华 6 月 4—7 日在新疆实地督导巩固拓展脱贫攻坚成果同乡村振兴有效衔接工作。他强调，要深入贯彻习近平总书记关于巩固拓展脱贫攻坚成果同乡村振兴有效衔接系列重要指示精神，采取更加有力有效措施，扎实推动脱贫地区巩固拓展脱贫攻坚成果，切实守住不发生规模性返贫的底线，加快全面推进乡村振兴。

● **2022 年 6 月 20 日**

自治区财政厅印发了《关于加强财政衔接推进乡村振兴补助资金使用管理的指导意见》的通知（新财振〔2022〕5 号）。

● **2022 年 6 月 24 日**

自然资源部办公厅印发《关于 2022 年支持定点帮扶县实现巩固拓展脱贫攻坚成果同乡村振兴有效衔接意见》，亮出明晰细化的"帮扶清单"，将民生承诺写进实打实的帮扶举措中，助推各定点帮扶县在乡村振兴的征途上继续攻城拔寨、闯关夺隘。

● **2022 年 7 月 8 日**

自治区党委办公厅、自治区人民政府办公厅印发《关于调整完善土地出让收入使用范围优先支持乡村振兴的实施方案》，并发出通知，要求各地结合实际认真贯彻落实。

● **2022 年 7 月 15 日**

中共中央总书记、国家主席、中央军委主席习近平近日来到新疆考察调研，看望慰问各族干部群众。习近平强调，要坚决贯彻党中央决策部署，完整准确贯彻新时代党的治疆方略，牢牢扭住社会稳定和长治久安总目标，坚持稳中求进工作总基调，全面深化改革开放，推动高质量发展，统筹疫情防控和经济社会发展，统筹发展和安全，在新时代新征程上奋力建设团结和谐、繁荣富裕、文明进步、安居乐业、生态良好的美好新疆。

● **2022 年 7 月 22 日**

自治区党委常委会 22 日上午召开扩大会议，深入学习贯彻习近平总书记视察新疆重要讲话重要指示精神，传达贯彻习近平总书记致全球重要农业文化遗产大会贺信精神和对机关事务工作重要指示暨全国机关事务工作先进集体和先进个人表彰大会精神，传达国家统计局关于督察新疆防范和惩治统计造假弄虚作假情况的反馈意见并听取新疆整改落实工作汇报，研究新疆乡村建设行动有关工作，听取新疆上半年经济运行情况汇报、研究下半年经济工作等。自治区党委书记马兴瑞主持会议。会议指出，要学习贯彻习近平总书记关于"三农"工作重要论述，坚定不移用乡村振兴统揽新发展阶段"三农"工作，稳妥有序推进美丽乡村建设，切实让农业成为有奔头的产业、让农民成为有吸引力的职业、让农村成为安居乐业的家园。

● **2022 年 7 月 27 日**

自治区乡村建设和乡村产业发展工作会议在巴音郭楞蒙古自治州尉犁县召开。会议学习和贯彻习近平总书记视察新疆的重要讲话、重要指示精神和关于"三农"工作的重要论述，学习贯彻全国乡村建设工作会议、全国乡村产业发展工作推进电视电话会议精神，按照自治区党委十届三次全会部署要求，始终把准方向，守住底线原则，确保全面推进乡村振兴行稳致远，推进乡村建设、乡村产业发展各项工作落实落地。

自治区党委副书记何忠友出席会议并讲话。

### ● 2022 年 7 月 28 日

审计署农业农村审计司副司长高宇一行 3 人来新疆调研，深入了解和掌握抽审地区实施产业帮扶中存在的新情况、新问题，指导乡村振兴重点帮扶县相关政策落实和资金审计工作。调研组一行与自治区审计厅领导及相关处室人员进行了座谈交流，了解了近年来全自治区农业农村审计工作开展情况，对新疆农业农村审计工作取得的成效给予肯定。

### ● 2022 年 8 月 5 日

自治区党委全面依法治疆委员会办公室召开"法治为民办实事"工作推进会。据悉，2022 年以来，自治区司法厅扎实推进乡村"法律明白人"培养工作，各地"法律明白人"积极参与基层法治宣传、民主管理、纠纷排查等工作，上半年共成功调解 11.1 万余件矛盾纠纷。乡村"法律明白人"是政策法规的引导员、社情民意的调查员、法律服务的先行员、矛盾纠纷的调解员、在法治助力乡村振兴工作中发挥着不可替代的作用。

### ● 2022 年 8 月 25 日

自治区首届乡村振兴专业赛通过线上方式启动，这也是在新疆创新创业大赛中首次设立乡村振兴专业赛。参赛项目须有技术、产品、服务模式创新性，具有较高的成长性和社会价值，对涉及的技术拥有合法使用权。自治区科技厅党组成员、副厅长余斗星说，希望通过举办乡村振兴专业赛，提升新疆科技创新供给能力，汇聚创新创业合力，打造创新创业人才队伍，将更好的创新资源配置到农村，引导更多社会资本、先进技术、优秀人才向农业和农村聚集，带动乡村振兴。

### ● 2022 年 8 月 26 日

为进一步完善耕地地力保护、实际种粮农民一次性补贴、重点作物绿色高质高效创建等项目管理，提升项目管理水平，8 月 26 日，自治区农业农村厅组织开展了 2022 年自治区耕地地力保护补贴、实际种粮农民一次性补贴、农业生产救灾、重点作物绿色高质高效行动、耕地休耕试点、耕地轮作试点、自治区花生种植补贴、自治区大豆种植补贴 8 类项目管理培训，全自治区各级农业农村系统 483 人参加了培训。自治区农业农村厅分管领导从强化组织领导、明确职责分工、规范项目管理、加强资金监管4个方面提出了具体要求。自治区农业农村厅计财处分管负责同志通报了农业项目资金拨付进度。

### ● 2022年8月31日

自治区党委农村工作领导小组暨乡村振兴领导小组召开会议，深入学习贯彻习近平总书记关于"三农"工作重要论述，传达学习全国乡村建设工作会议、全国乡村产业发展工作推进电视电话会议等有关会议精神，听取自治区党委农村工作领导小组暨乡村振兴领导小组2022年上半年工作总结和下半年工作安排汇报，部署新疆"三农"下一步重点工作。

自治区党委书记、自治区党委农村工作领导小组暨乡村振兴领导小组组长马兴瑞主持会议并讲话。自治区党委副书记、区政府主席艾尔肯·吐尼亚孜，自治区党委副书记何忠友等出席会议。

### ● 2022年9月9日

中国共产党新疆维吾尔自治区第十届委员会第五次全体会议在乌鲁木齐市召开。会议提出，立足新疆资源禀赋和区位优势，充分发挥油气、煤炭、矿产、粮食、棉花、果蔬等资源和产业在全国经济大局中的重要作用，推动经济高质量发展。完整、准确、全面贯彻新发展理念，强化创新引领作用，培育壮大油气生产加工产业集群，加快发展煤炭煤电煤化工产业集群，积极建设绿色矿业产业集群，推动建设粮油产业集群，加快建设棉花和纺织服装产业集群，打造绿色有机果蔬产业集群，建设优质畜产品产业集群，大力发展新能源新材料等战略性新兴产业集群，建设具有新疆特色现代产业体系。

### ● 2022年10月4日

自治区人民政府办公厅印发《关于新时代强化推进科技特派员制度服务乡村振兴的若干措施》（以下简称《若干措施》），结合新疆实际，提出"坚持政府引导、聚焦产业发展、强化精准服务、尊重基层首创"的实施原则。根据《若干措施》精神，到"十四五"末，全自治区科技特派员队伍达到10 000名，培育创新能力强、业务水平高的法人科技特派员1 000名、科技特派团300个，实现科技特派员创业和技术服务行政村全覆盖。

### ● 2022年11月4日

自治区党委办公厅、自治区人民政府办公厅印发的《关于促进农民大幅增收的指导意见》提出，围绕加快构建新发展格局，着力推动高质量发展，坚持把促进农民增收作为"三农"工作的出发点和落脚点，以改革创新为根本动力，以缩小城乡居民收入差距、区域收入差距为主攻方向，以南疆为重点实施促进农民大幅增收专项行动，激发农村发展活力和农民增收内生动力，建立农民收入持续大幅增长长效机制，持续增加经营净收入、大幅增加工资性收入、努力扩大财产净收入、稳步增加转移净收入，形成多渠道、多元化增收新格局，奋力谱写新时代富民兴疆新篇章。

## ● 2022 年 11 月 20 日

中国共产党新疆维吾尔自治区第十届委员会第六次全体会议在乌鲁木齐市召开。会议提出，完整、准确、全面贯彻新发展理念，立足新疆资源禀赋和区位优势，在构建新发展格局中推动高质量发展。加快形成以"八大产业集群"为支撑的现代化产业体系，加快推进制造强区建设，发展优质高效的现代服务业，推进以人为核心的新型城镇化，巩固拓展脱贫攻坚成果，全面推进乡村振兴，推动南疆实现更有利于长治久安的根本性变化。

## ● 2022 年 12 月 7 日

自治区党委常委会召开会议，会议强调，要深入学习贯彻习近平总书记关于"三农"工作重要论述和党中央决策部署，严格落实乡村振兴责任制，强化五级书记抓乡村振兴责任，压实党政主要负责同志乡村振兴第一责任人责任，坚持农业农村优先发展，推动巩固拓展脱贫攻坚成果同全面推进乡村振兴有效衔接，抓好粮食和重要农产品生产供应，大力发展富民产业，扎实推进乡村发展、乡村建设、乡村治理等重点工作，推动全面推进乡村振兴取得新进展。